珍本南社舊著叢刊·第一輯

松陵文集

（一）

陳去病　纂輯

張夷　主編

上海大学出版社

圖書在版編目（CIP）數據

松陵文集／陳去病纂輯.—上海　：上海大學出版社，2017.3

（珍本南社舊著叢刊/張夷主編，第一輯）

ISBN 978-7-5671-2522-3

Ⅰ.①松…　Ⅱ.①陳…　Ⅲ.①地方文獻-匯編-蘇州　Ⅳ.①K295.33

中國版本圖書館CIP數據核字（2016）第240225號

本書爲上海文化發展基金會圖書出版專項基金資助項目

責任編輯　鄒西禮
封面設計　柯國富
技術編輯　章　斐
封面篆刻　徐惠馨

松陵文集（全四冊）

纂輯者　陳去病

出版發行　上海大學出版社
社　　址　上海市上大路九十九號
郵政編碼　二〇〇四四四
網　　址　http://www.press.shu.edu.cn
發行熱綫　〇二一一六六一三五一一二
出 版 人　戴駿豪

印　　刷　江蘇蘇中印刷有限公司
經　　銷　各地新華書店
開　　本　七一〇×一〇〇〇　十六開
印　　張　一四八
字　　數　二九八六千字
版　　次　二〇一七年六月第一版
印　　次　二〇一七年六月第一次
定　　價　八八〇圓
書　　號　ISBN 978-7-5671-2522-3/K·154

《珍本南社舊著叢刊》（第一輯）編委會

出版說明

南社是一個曾經影響過中國近現代歷史進程的革命團體。這個誕生於清代末年的社團，自成立伊始，以賡續晚明時期提倡氣節的幾社、復社之風流相號召，帶有鮮明的民主革命性。他們中的許多成員，早年參加中國同盟會，追隨革命先行者孫中山先生左右，或領導、或參與，響應了辛亥革命、二次革命、護國運動、護法運動以及新文化運動等歷次反帝反封建的鬥爭，是近代歷史的直接參與者和書寫者。因此，研究中國近現代史，南社社員及其活動是無法繞開的問題。

同時，南社又是一個曾經在中國近現代文學史上綻放異彩、影響深遠的文化團體。在成立之初的南社條例中，即規定入社者須「品行文學兩優」，「社友須不時寄稿本社，以待匯刊」；一九一四年三月第十次雅集時，於條例修改稿中更是明確規定「本社以研究文學、提倡氣節爲宗旨」。在這樣的宗旨感召下，當時雅好文學的各界精英幾乎均被網羅到南社當中，社員達到一千餘人。除了皇皇二十四集《南社叢刻》以及各人另有多寡不等的單行著作外，當時由國人在海內外編輯出版的各種報刊雜誌，也大多由南社社友主持筆政，屬於南社的「地盤」，以致柳亞子曾不無自豪地開玩笑說：「請看今日之域中，竟是南社的天下。」因此，研究中國近現代文學，同樣繞不開南社人及其文學創作。

這樣一個曾經産生過重要歷史影響、代表中國當時先進文化的革命文學團體，在一個不短的時期，卻一直處於被冷落、被湮沒的境地——有關南社的史料乏人問津，關於南社的研究也廖若晨星。導致這種境況的原因比較複雜，當然自有其歷史的合理性；但總體上南社人提倡氣節的高尚情操、闡揚國魂的愛國情懷、光大中華傳統文化的民族認同，無論如何都不會過時，時至今日，仍然值得昭揭弘揚。基於這樣的認識，在中國南社與柳亞子研究會諸位專家的指導下，我們攜手中國南社研究聯合總秘書處，決定從基礎的史料發掘與文獻整理做起，除組織出版《南社史料輯存》之外，再推出這套《珍本南社舊著叢刊》，以期爲南社研究提供第一手的資料。此所謂「舊著」，當然是指南社社友的早期著作；此所謂「珍本」，則包含以下幾層意思：

一是自這些南社舊著問世，迄今遠則超過百年，最近亦達七十餘年，且絕大多數未曾再版重印過，目前存世極少，查閱頗爲不易，堪稱「珍稀」。

二是其中有的舊著或爲作者鈐印持贈，或爲南社名人藏本，洵爲難得。

三是本次重刊所用底本，均爲南社後裔數代遞傳之家藏本，今蒙其提供影印，尤具紀念意義。

綜合以上三端，此次重刊之南社舊著，底本堪稱珍貴。其中《鐵冷叢談》用一九一四年國民印刷公司初版本；《迷樓集》用一九二一年上海中華書局倣宋版；《直奉兩軍閥史——曹錕張作霖軼事》用一九二二年俄洋印刷公司初版本；《吹萬樓文集》用一九四一年金山高氏刊本、黃賓虹藏本；《浩歌堂詩鈔》、《松陵文集》、《笠澤詞徵》均用「百尺樓叢書」初印本。其中《松陵文集》、《笠澤詞徵》雖非原創而爲輯錄前代作品，但卻屬纂輯者陳去病耗費多年功力精心蒐輯考訂之經意之作（《松陵文集》並經柳亞子等人校勘），文獻價值既彌足珍貴，學術價值亦自不低，故一併收入。以上七種圖書，底本或爲石印、鉛印本，或爲刻本，其原有舊式目錄未標頁碼，檢索頗有不便；本次重刊，均爲編製詳細目錄，以便查檢利用。

一九二二年創立的上海大學，其首任校長于右任、副校長邵力子以及教務長葉楚傖、學務長陳望道等先生，均爲南社社友，且均具有重要歷史影響。作爲新時期的上海大學所屬的出版社，承擔有關南社文獻整理、出版的任務，我們深感責任重大，自然有義務將這項工作做好，爲促進南社研究做出應有的貢獻。

本次影印之七種圖書，作爲《珍本南社舊著叢刊》之第一輯先行推出；今後我們將在叢刊顧問以及南社與柳亞子研究會諸專家的指導下，在中國南社研究聯合總秘書處的大力支持與密切配合下，繼續發掘、整理有價值的南社舊著，分輯絡續出版，以期對弘揚祖國優秀文化、促進相關學術研究有所助益。

上海大學出版社

二〇一六年十一月

本書纂輯者

陳去病（一八七四—一九三三），原名慶林，字病倩，號佩忍，別號巢南、垂虹亭長、法忍、無名、醒獅等，江蘇吳江（今蘇州市吳江區）人。一八九八年在家鄉同里與金松岑組織雪恥學會，回應維新運動。一九〇二年加入中國教育會，發起組織同里支部。一九〇三年東渡日本，加入拒俄義勇隊（旋改爲軍國民教育會），又主持《江蘇》雜誌筆政；同年回國，在上海愛國女學任教。一九〇四年任上海《警鐘日報》主筆，當年十月與汪笑儂等創刊《二十世紀大舞臺》雜誌，提倡戲劇改良。一九〇六年加入中國同盟會。一九〇七年在上海主持國學保存會會務，編輯《國粹學報》，並與吳梅、劉季平等發起神交社。一九〇八年初與徐自華等在杭州組織秋社，同年又赴汕頭主持《中華新報》筆政。一九〇九年與柳亞子、高旭发起成立南社。一九一一年十一月與張默君等創辦《江蘇大漢報》。一九一二年一月至紹興擔任《越鐸日報》編輯，參與組織越社。一九一三年參加二次革命，任江蘇討袁軍總司令部秘書。一九一七年赴廣州護法，先後擔任護法軍政府海陸軍大元帥府諮議、非常國會秘書長、護法國會參議院秘書長等職。一九二一年再赴廣東，出任北伐大本營前敵宣傳主任。一九二四年出任國民黨江蘇臨時省黨部委員。一九二七年後歷任江蘇省黨部監察委員、文物保管委員會蘇州分會主任、江蘇革命博物館館長、國民黨中央黨史編纂委員會委員、國民政府考試院委員、內政部參事等職。與孫中山先生關係密切，中山先生曾以「十年袍澤，患難同嘗」概括兩人情誼。著有《百尺樓叢書》等。

松陵文集總目

第一册

松陵文集初編

卷三

梁一人

陳三人

卷四
唐一人

松陵文集二編

卷四

宋一人

范成大

卷五

宋十人（實八人）

趙磻老

黃由

盛章

王楙

沈義甫

莫子文

卷六

元三人

松陵文集三編

卷一

明十二人

卷二

卷五

明一人

莫旦

卷六

明一人

史鑑

卷七

明一人

史鑑

卷八

明一人

史鑑

第二册

松陵文集三編

卷九

明一人

史鑑

卷十六

明一人

卷十七

明一人

周用

卷十八

明一人

周用

卷十九

明一人

周用

卷二十二

明二人

卷二十三

明五人

卷二十四

明一人

王寵

卷二十六

明八人（實九人）

卷二十七

明一人

第三册

松陵文集三編

卷二十八

明一人

徐師曾

卷二十九

明一人

徐師曾

卷三十

明一人

徐師曾

卷三十一

明三人

潘志伊

錢錫汝

陳王道

卷三十二

明四人

沈位

卷三十三

明四人

卷三十四

明三人

卷三十五

明八人

卷三十八

明一人

袁黃

卷三十九

明一人

袁黄

卷四十

明一人

袁黄

卷四十一

明三人

沈瓚

毛壽南

顧大綱

第四册

松陵文集三編

卷四十四

明六人

卷四十六

明四人（實五人）

朱鷺

卷四十九

明一人

周宗建

卷五十

明一人

周宗建

卷五十一

明十一人

周永年

周永言

周永肩

趙士許

潘一桂

卷五十四

潘一桂

卷五十五

明一人

潘一桂

松陵文集初編

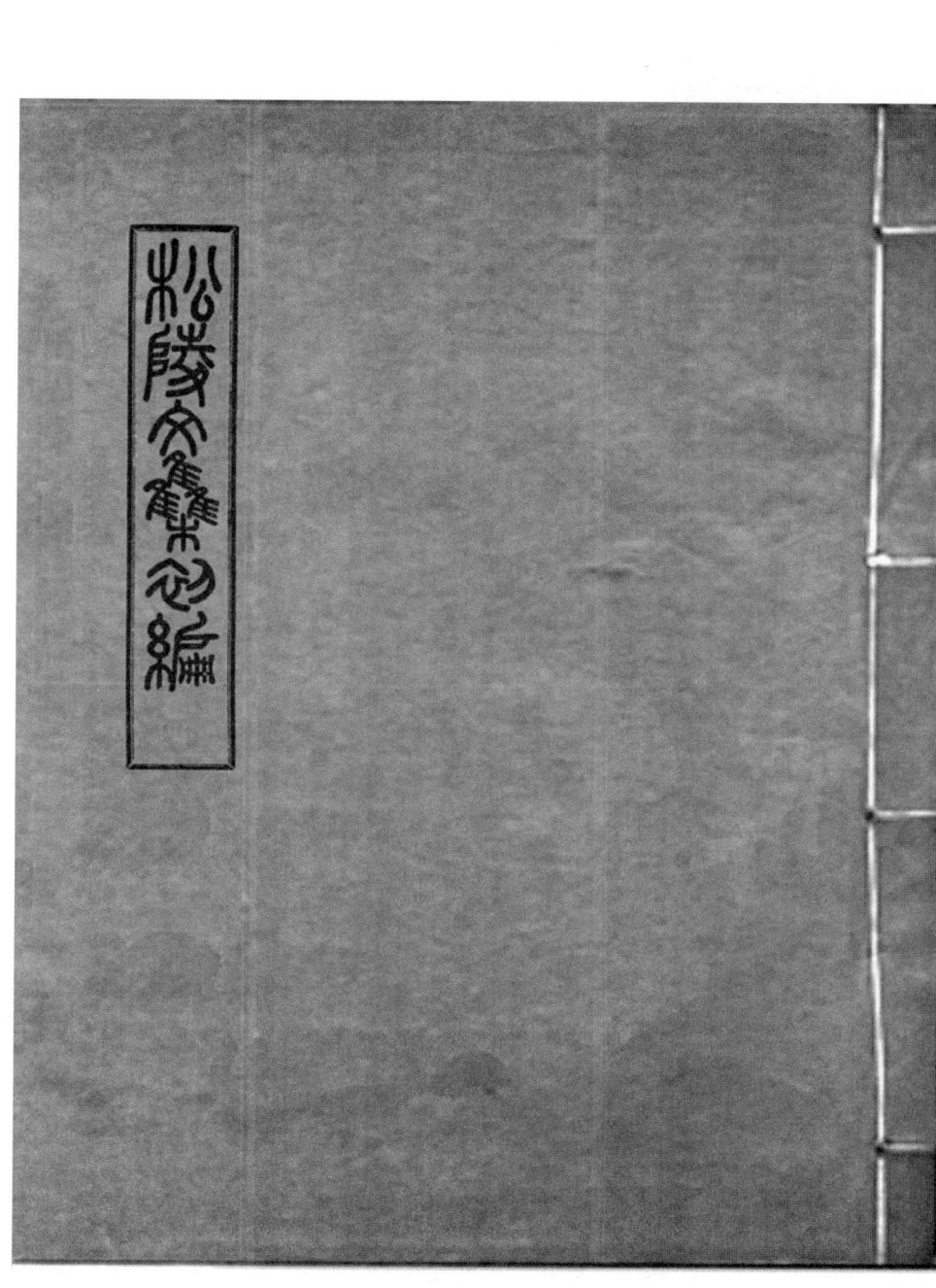

松陵文集
初編

柳慕曾題

一百尺樓叢書

中華民國十一年壬戌七月重校印

叙一

在昔七子賦詩不出鄭志孤臣奏琴樂操楚風關東風土之編兼詳墳籍會稽鄉邦之對侈述人文蓋山川能說可爲大夫典型云淪斯懷耆舊咸爲思古之幽情抑亦徵文之嚆矢況復五湖故澤三吳遺疆神禹奠定之區范蠡艤舟之所文光射牛斗之墟冠蓋萃東南之美文學之隆自古然矣惜笠澤遺書掄獻僅詳于古昔松陵文錄纂言偏限于近賢殘編既汩墜緒將湮此陳君去病所由繼潘氏之志而有文集之輯也閒嘗受而讀之知此書之長其端有三夫舉世混濁淸士乃見山林長往達人知幾惟秉性之寡諧乃知足而不辱是以西風歸隱季鷹託興于純絲秋雨索居魯望寄情于野菊恥折腰于五斗乃峙跡于三高今也俗尙梯雲士矜挾策讀其文者或亦湛然自守遠追箕潁之蹤獨寐寤歌弗諼終南之徑是曰勵俗其善一也又若陳善閉邪昔賢所責

婞直忘身人臣所難惟周公之忠憤値明社之艱虞賈誼籌邊欲繫單于之頸朱雲折檻乞斬佞臣之頭直聲既著于東林正氣恆昭于南國今也天方荐瘥士爭媚俗讀其文者庶幾勵慷慨之節存蹇諤之風荃蓀芳潔寫忠愛之纏綿松栢輪囷惟後凋之可貴是曰表義其善二也及夫詩賡蕩板民痛陸沈長興集南士之軍葉氏抗西山之節或志決身殲有死無霣或地偏心遠與世長辭桑田既易難塡滄海之波魯戈空揮莫反虞淵之日惟短簡之長留幸遺聞之未泯今也舊國故都望之悽然賸水殘山所思不見讀其文者莫不低徊往跡愍弔前徽行人抒懷舊之情壯士抱揮戈之念是曰表哀其善三也總彼一編具斯三美若夫嚴氏工悲顧生汲古王楙乖野客之書莫旦獻輿圖之賦亦復網羅散失校理秘文此則吳中故事賴以有徵江左舊聞于斯可考者矣僕少纘先業卜宅蜀岡準擬博觀載籍尙論古人旁搜遠紹萃爲一

書上溯陳徐之著旁徵冑李之章用彰淮海之英靈兼補焦汪之殘帙吾鄉當嘉道時焦循輯揚州足徵錄汪廷儒輯廣陵思古編今俱存今讀此編益貞素志因誌數語以弁簡端丙午冬月揚子劉師培敍

敘二

松陵文集之名何昉乎曰昉於潘節士力田蓋節士負良史才遭遇國變隱居韭谿既修明史記成一代實錄矯尾厲角自命馬班復感激於鄉邦掌故有松陵文獻之輯甲集以徵文乙集以庀史如鳥之有兩翼車之有兩輪也焚坑禍作文武道盡株連苕上之獄化碧弼敎之坊平生著述咸付刦灰獻集僅用獲免而文集不可問矣自是厥後朱氏鶴齡顧氏有孝周氏廷諤雖累有纂輯顧弗之見及淩氏文錄出而諸家益廢然其書尠當亦慮非節士之所安也陳子巢南生三百年後志節士之志思補撰文集以配獻集孤根崛起家尠藏書每假諸其友手自繕寫窮年矻矻罔閒暑寒又賦性善遊海陸千里炎洲日出無遠弗屆輒挾書與俱所至搜奇訪異自名山所藏鬻序所儲以及荒江老屋冷攤破肆偶有弋獲未嘗不驚喜過望馳書相告語也如是者十餘年

乃出其寫定之本刊行於世上起炎漢下逮今茲凡爲編者四編各爲卷若干烏乎可謂用力勤而成功溥矣抑棄疾因之有感焉我邑文學之傳始嚴夫子自漢及明代有聖哲用光里乘而莫盛於勝國之季者以復社爲之倡也繼此則驚隱愼交意趣雖殊宏獎則一百年而生郭靈芬沉博絕麗不名一家庶幾計顧潘吳之傳歟乃三張之徒薄文人而高心性陳沈繼之步趨方姚號召之途既隘狂民桀士望望去諸而成材亦遠遜曩昔矣同光以來文獻之緒不絕如綫讀家弢翁所撰淩敏之密之傳不禁悄悄然悲也先老凋謝後生不敏居今日而視弢翁之世其感慨抑又何如豈山川靈秀發洩無遺強陽餘閏不復能媲隆鴻朗歟抑剝極必復後起少年固未可輕量歟今陳子此書出發潛德之幽光明文章之信美用以表章前哲昭示來許杞宋有徵於是乎在而承學之士有所觀感亦將嫥精壹志發憤興起無使枌楡鴻業自我

而墮地分湖之畔笠澤之濱垂虹釣雪之間其猶有人乎雲蒸霞蔚燭

霄漢而射牛斗棄疾且拭目俟之矣辛亥春仲邑子柳棄疾叙

自敘

曩年十六七讀淩退修松陵文錄輒怦然心動思有所補綴以存一方掌故洎歲己亥蟄居無俚日以文史自遣因稍稍尋檢不半載積篇盈帙心益自憙爲之亦益勤踰年得卷二十餘提擕行篋遂有增損初未敢以示人也嗣經憂患惘惘出門東求十洲三島北陟金焦北固又西過銅梁歷鳩茲入黟中上黃山禮白嶽往來虖新安之江登嚴光之釣臺所纂未嘗不偕己而渡錢塘躡會稽探禹穴南泛滄溟浮閩入粵逍遙羅浮之巔放浪厓門之峽而茲輯亦儼然從焉雖中値變故倉猝流失然卒邀天倖璧返秦廷蓋試一溯其鉛槧之始迄今忽忽一星終矣北堂之萱既難期乎並茂岱宗之木又枯悴其不春降至車笠貞盟縞紵夙好亦多星散雲逝若存若亡而余且頻年顚躓行類邛駏貞疾嬰躬夔蚿自笑居恆冥念卽欲求如往昔之親承懿訓奉教師門俱邈不

可得其他尙何問耶爰復多方掇拾寫定其本付之梓人援東晳補亡
之旨蔵韭溪未竟之功名其書曰松陵文集庶幾附驥潘氏云爾刊既
訖輒明其大要如此輶軒來止可甄采焉辛亥孟夏中澣吳江陳去病
敘于浙江高等學堂

凡例

一吾邑當太湖下游水多陸少故春秋之季謂之笠澤其川東流則曰松江或曰吳江而江邊高岸因號松陵自古迄唐均屬吳縣爲鎭爲寨其南少半略隸浙江東南隸嘉興西南隸烏程及吳越錢氏以防楊吳築兩城於江南北並卽其地置吳江縣由是吳江之名始著然文人載筆仍號松江也綿延宋元明三朝至潘節士檉章出撰集枌榆掌故亦名松陵文獻蓋從朔之義固應然耳是書所輯卽本東晳補亡之意故命名一遵潘氏弗敢稍示背盭云

一吾邑自雍正三年始析西南地置震澤縣同城治事名雖判而實未判故兩縣之民猶一縣也及宣統三年始議合并而是編亦儼然告蕆故凡於分縣時期諸家鄉貫多所從略以昭簡易惟寄籍他府州縣者不在此例

一疆域既徵離合則篇第尤未易混淆故今分其集爲三編曰初編係未置縣前自漢嚴夫子迄唐陸天隨諸先生是也凡得文四卷曰二編係置縣初期宋元兩朝之文是也凡得文六卷曰三編係明一朝文曰四編係分縣迄今卽清一朝文是也凡得文若干卷以文繫人以人繫傳因端竟委可合可分學者苟卽是以求松陵文學之傳亦庶幾什得二三矣

一前此邑民有纂輯松陵文字者若顧雪灘之文起朱長孺之文徵周笠川之文粹今皆遺佚不可復覩惟光緒初淩氏淦曾撰文錄一編書經黎庶昌熊其英相商榷故其所持論率援婁姚椿之說以桐城爲宗分類編纂別擇頗苛是集草創亦擬從同旣而思之袁樸邨云吾鄉自有宗風何必隨人作計文派之說可以詔初學而不可以極變化他姑弗論卽如郭先生麐固親受業惜抱之門者也一時師生

相契之厚曾無倫比而造詣各極其至且與春木同門至好獨論文則落落難合觀乎文粹補遺與國朝文錄之纂軌轍迴別則吾邑文家與桐城異趣昭然見矣尙何依門傍戸不自標識貽前輩羞耶

一葉氏燮沈氏彤撰邑志並以張季鷹陸魯望范石湖入寓賢獨屈運隆志殷增詩徵張大純采風記稱季鷹爲邑人而潘氏獻集於陸范攷證尤詳允可徵信莊助墓雖在嘉興然旣屬忌子自宜附列陸瑜爲瓊從弟其集又爲瓊子從典所編故幷載焉其他均不敢濫

一方外閨閣斐然有作並入時選吾邑緇流若紫柏老人名媛若沈宛君葉瓊章母女均研精文史詞采玢璘茲亦多所撰錄附之編末至易代之際尤加斟酌不過濫亦不過廢所謂以人存文以文存人兩義兼取云爾

一是集初剏在光緒二十五年已亥七月之際時先師長洲諸杏廬夫

子福坤尙健在余亦奉親多暇力能從事每有編訂輒就師商榷多
所規誨嗣經患難奔走四方曾弗得寧晷加以疢病纏綿中道散失
幸而璧返如是者凡十有二稔至今年四月方克勒成鉅製付之手
民蓋亦悴矣然編摩攷訂鈔借餉遺多賴大雅鴻達縞紵至交匡其
不逮隆情厚誼敢用勿諼合並誌之以徵他山之助
辛亥孟夏之月上澣去病自識

松陵文集初編目次

卷一　邑後學　陳去病　纂輯

漢 二人

莊　忌字夫子吳人初仕吳旋去之梁與枚乘司馬相如鄒陽之倫俱爲孝王上客稱一時妙選卒葬邑西南爛溪以避明帝諱改氏嚴故人名其地爲嚴墓云漢書藝文志有賦二十四篇今存一篇餘並佚不見又案藝文志載常侍郎莊怱奇賦十一篇顏師古注引七略云莊夫子子或言族家子莊助昆弟也從行至茂陵詔造賦今亦盡亡

哀時命賦

哀時命之不及古人兮夫何予生之不遘時往者不可扳援兮徠者不可與期志憾恨而不逞兮抒中情而屬詩夜炯炯而不寐兮懷隱憂而歷茲心鬱鬱而無告兮衆孰可與深謀欿愁悴而委惰兮老冉冉而逮

之居處愁以隱約兮志沉抑而不揚道壅塞而不通兮江河廣而無梁
願至崑崙之懸圃兮采鍾山之玉英擥瑤木之橝枝兮望閬風之板桐
弱水汩其爲難兮路中斷而不通勢不能凌波以徑度兮又無羽翼而
高翔然隱憫而不達兮獨徙倚而彷徨悵惝罔㠯永思兮心紆軫而增
傷倚躊躇以淹留兮日饑饉而絕糧廓抱景而獨倚兮超永思乎故鄉
廓落寂而無友兮誰可與玩此遺芳白日晼晚其將入兮哀余壽之弗
將車既弊而馬罷兮蹇邅徊而不能行身既不容於濁世兮不知進退
之宜當冠崔嵬而切雲兮劍淋離而從橫衣攝葉以儲與兮左袪挂於
榑桑右衽拂於不周兮六合不足以肆行上同鑿枘於伏戲兮下合矩
矱於虞唐願尊節而式高兮志猶卑夫禹湯雖知困其不改操兮終不
以邪枉而害方世並舉而好朋兮壹斗斛而相量衆比周以肩迫兮賢
者遠而隱藏爲鳳皇作鶉籠兮雖翕翅其不容靈皇其不寤知兮焉陳

詞而效忠俗嫉妒而蔽賢兮孰知余之從容願舒志而抽馮兮庸詎知其吉凶璋珪雜於甑窐兮隴廉與孟娵同宮舉世以爲恆俗兮固將愁苦而終窮幽獨轉而不寐兮惟煩懣而盈匈魂眇眇而馳騁兮心煩寃之憹憹志欿憾而不憺兮路幽昧而甚難塊獨守此曲隅兮然欿切而永歎愁修夜而宛轉兮氣涫灪其若波握剞劂而不用兮操規榘而無所施騁騏驥於中庭兮焉能極夫遠道置猨狖於欞檻兮夫何以責其捷巧駟跛鼈而上山兮吾固知其不能陞釋管晏而任臧獲兮何權衡之能稱箟簬雜於黀蒸兮機蓬矢以射革負擔荷以丈尺兮欲伸要而不可得外迫脅於機臂兮上牽聯於矰隿肩傾側而不容兮固陿腹而不得息務光自投於深淵兮不獲世之塵垢孰魁摧之可久兮願退身而窮處鑿山楹而爲室兮下被衣於水渚霧露濛濛其晨降兮雲依斐而承宇虹霓紛其朝霞兮夕淫淫而淋雨怊茫茫而無歸兮悵遠望此

曠野下垂釣於谿谷兮上要求於仙者與赤松而結友兮比王僑而爲耦使梟楊先導兮白虎爲之前後浮雲霧而入冥兮騎白虎而容與魂眐眐以寄獨兮汨徂往而不歸處卓卓而日遠兮志浩蕩而傷懷鸞鳳翔於蒼雲兮故矰繳而不能加蛟龍潛於旋淵兮身不挂於罔羅知貪餌而近死兮不如下游乎清波寧幽隱以遠禍兮孰侵辱之可爲子胥死而成義兮屈原沉於汨羅雖體解其不變兮豈忠信之可化志怦怦而內直兮履繩墨而不頗執權衡而無私兮稱輕重而不差慨塵垢之狂攘兮除穢累而反眞形體白而質素兮中皎潔而淑清時厭飫而不用兮且隱伏而遠身聊竄端而匿迹兮嘆寂默而無聲獨便悁而煩毒兮焉發憤而紓情時曖曖其將罷兮遂悶歎而無名伯夷死於首陽兮卒夭隱而不榮太公不遇文王兮身至死而不得逞懷瑤象而佩瓊兮願陳列而無正生天墜之若過兮忽爛熳而無成邪氣襲余之形體兮

疾憯怛而萌生願一見陽春之白日兮恐不終乎永年

莊　助吳人忌子或言族家子也郡舉賢良對策百餘人武帝獨善助對擢中大夫常在左右兩使南越還拜會稽太守三年報最復留侍中以坐與淮南王交論棄市其所著書列漢書藝文志儒家者四篇賦三十五篇並佚不見今據本傳錄二篇

諭淮南王

今者大王以發屯臨越事上書陛下故遣臣助告王其事王居遠事薄遽不與王同其計朝有闕政遺王之憂陛下甚恨之夫兵固凶器明主之所重出也然自五帝三王禁暴止亂非兵未之聞也漢爲天下宗操生殺之柄以制海內之命危者望安亂者卬治今閩越王狼戾不仁殺其骨肉離其親戚所謂甚多不義又數舉兵侵陵百越并兼鄰國以爲暴彊陰計奇策入燔尋陽樓船欲招會稽之地以踐句踐之跡今者邊

又言閩王率兩國擊南越陛下爲萬民安危久遠之計使人諭告之曰天下安寧各繼世撫民禁毋敢相并有司疑其以虎狼之心貪據百越之利或於逆順不明奉詔則會稽豫章必有長患且天子誅而不伐焉有勞百姓苦士卒乎故遣兩將屯於境上震威武揚聲鄉屯曾未會天誘其衷閩王隕命輒遣使者罷屯毋後農時南越王甚嘉被惠澤蒙休德願革心易行身從使者入謝有狗馬之病不能勝服故遣太子嬰齊入侍病有瘳願伏北闕望大廷以報盛德閩王以八月舉兵於冶南士卒罷倦三王之衆相與攻之因其弱弟餘善以成其謀至今國空虛遣使者上符節請所立不敢自立以待天子之明詔此一舉不挫一兵之鋒不用一卒之死而閩王伏辜南越被澤威震暴主義存危國此則陛下深計遠慮之所出也事效見聞故使臣助來諭王意

上書謝罪求奉計最

春秋天王出居於鄭不能事母故絕之臣事君猶子事父母也臣助當
伏誅陛下不忍加誅願奉三年計最

卷一　完

受業表弟沈　敏校錄

卷二　　邑後學　陳去病　纂輯

吳 二人

張　溫字惠恕吳人少脩節操容貌奇偉徵拜議郎選曹尚書徙太子太傅甚見信重時年三十二以輔義中郎將使蜀蜀甚貴其才還頃之以暨豔事得罪歸後六年病卒有三史略二十九卷集六卷佚

使蜀上後主疏

昔高宗以諒闇昌殷祚於再興成王以幼冲隆周德於太平功冒溥天聲貫罔極今陛下以聰明之姿等契往古總百揆於良佐參列精之炳燿遐邇望風莫不欣賴吳國勤任旅力清澄江滸願與有道平一宇內委心協規有如河水軍事興煩使役乏少是以忍鄙倍之羞使下臣溫

通致情好陛下敦崇禮義未便恥忽臣自入遠境及卽近效頻蒙勞來恩詔輒加以榮自懼悚怛若驚謹奉所齎函書一封

自理

昔百里奚賢秦穆公欲干之穆公好牛奚因賃官㠯養牛蹏上乘肉三寸公使禽息行牛息入言之公不信怒息後言之公又怒吏曰再怒其主罪當使守門公出游登車禽息跪而請之曰夫養牛者願君忽忘也公乃問百里奚曰臣之所長非養牛者也乃養民也公視牛察之乃知賢人也遂與同車而出謝禽息息曰所㠯不死者君未知客也今已知之矣乃觸門而死 藝文類聚九十四 御覽八百九十九

張　儼字子節吳人官大鴻臚有默記三卷集一卷佚

犬賦

守則有威出則有獲韓盧宋鵲書名竹帛 吳志朱桓傳注引文士傳

請立太子師傅表

昔賈誼爲漢文帝陳周成王爲太子以周公爲太傅召公爲太保呂望爲太師又立三少皆上大夫使與太子居處左右前後皆正人也明禮義以導習之故能光熙文武興隆周室伏惟陛下命世應期順乾作主皇太子以天然之姿爲國上嗣朝廷以四海未定國家多事師傅之官闕而未備臣愚以爲高祖初基天下造創引張良叔孫通出爲師保入與朝政宜博采周漢依舊儀用將相名官輔弼太子於是以熙贊洪業增輝日月實爲光大也

述佐篇 默記

漢朝傾覆天下崩壞豪傑之士競希神器魏氏跨中土劉氏據益州並稱兵海內爲世霸王諸葛司馬二相遭値際會託身盟主或收功於蜀漢或冊名於伊洛丕備既沒後嗣繼統各受保阿之任輔翼幼主不負

然諸之誠亦一國之宗臣霸王之賢佐也歷前世以觀近事二相優劣可得而詳也孔明起巴蜀之地蹈一州之土方之大國其戰士人民蓋有九分之一也而以貢贄大吳抗對北敵至使耕戰有伍刑法整齊提步卒數萬長驅祁山慨然有飲馬河洛之志仲達據天下十倍之地仗兼并之衆據牢城擁精銳無擒敵之意務自保全而已使孔明自來自去若此人不亡終其志意連年運思刻日興謀則涼雍不解甲中國不釋鞍勝負之勢亦已決矣昔子產治鄭諸侯不敢加兵蜀相其近之矣方之司馬不亦優乎或曰兵者凶器戰者危事也有國者不務保安境內綏靜百姓而好開闢土地征伐天下未爲得計也諸葛丞相誠有匡佐之才然處孤絕之地戰士不滿五萬自可閉關守險君臣無事空勞師旅無歲不征未能進咫尺之地開帝皇之基而使國內受其荒殘西土苦其役調魏司馬懿才用兵衆未易可輕量敵而進兵家所愼若丞

相必有以策之則未見坦然之勳若無策以裁之則非明哲之謂海內
歸向之意也余竊疑焉請聞其說答曰蓋聞湯以七十里文王以百里
之地而有天下皆用征伐而定之揖讓而登王位者惟舜禹而已今蜀
魏爲敵戰之國勢不俱王自操備時強弱縣殊而備猶出兵陽平禽夏
侯淵羽圍襄陽將降曹仁生獲于禁當時北邊大小憂懼孟德身出南
陽樂進徐晃等爲救圍不即解故蔣子通言彼時有徙許渡河之計會
國家襲取南郡羽乃解軍玄德與操智力多少士衆衆寡用兵行軍之
道不可同年而語猶能暫以取勝是時又無大吳犄角之勢也今仲達
之才減於孔明當時之勢異於曩日玄德尚與抗衡孔明何以不可出
軍而圖敵邪昔樂毅以弱燕之衆兼從五國之兵長驅強齊下七十餘
城今蜀漢之卒不少燕軍君臣之接信於樂毅加以國家爲脣齒之援
東西相應首尾如蛇形勢重大不比於五國之兵也何憚於彼而不可

哉夫兵以奇勝制敵以智土地廣狹人馬多少未可偏恃也余觀彼治國之體當時既肅整遺教在後及其辭意懇切陳進取之圖忠謀謇謇義形於主雖古之管晏何以加之乎案蜀志諸葛傳裴松之注引吳大鴻臚張儼作默記其述佐篇論亮與司馬宣王事

太古蠶馬記

舊說太古之時有大人遠征家無餘人唯有一女牡馬一匹女親養之窮居幽處思念其父乃戲馬曰爾能爲我迎得父還吾將嫁汝馬既承此言乃絕韁而去徑至父所父見馬驚喜因取而乘之馬望所自來悲鳴不已父曰此馬無事如此我家得無有故乎亟乘以歸爲畜生有非常之情故厚加芻養馬不肯食每見女出入輒喜怒奮擊如此非一父怪之密以問女女具以告父必爲是故父曰勿言恐辱家門且莫出入於是伏弩射殺之暴皮于庭父行女與鄰女於皮所戲以足蹙之曰汝

是畜生而欲取人爲婦耶招此屠剝如何自苦言未及竟馬皮蹷然而起卷女以行隣女忙怕不敢救之走告其父父還求索已出失之後經數日得於大樹之間女及馬皮盡化爲蠶而績於樹上其繭綸理厚大異於常蠶鄰婦取而養之其收數倍因名其樹曰桑桑者喪也由斯百姓競種之今世所養是也言桑蠶者是古蠶之餘類也案天官辰爲馬星蠶書曰月當大火則浴其種是蠶與馬同氣也周禮校人職掌禁原蠶者注云物莫能兩大禁原蠶者爲其傷馬也從禮皇后親採桑祀蠶神曰菀窳婦人寓氏公主公主者女之尊稱也菀窳婦人先蠶者也故今世或謂蠶爲女兒者是古之遺言也

晉二人

張　敦字□□儼長子也著吳錄二十卷佚今據三國志裴松之注太平御覽說郛等錄如干篇

父儼傳略

儼字子節吳人也弱冠知名歷顯位以博聞多識拜大鴻臚使於晉皓謂儼曰今南北通好以君爲有出境之才故相屈行對曰皇皇者華蒙其榮耀無古人延譽之美磨厲鋒鍔思不辱命既至車騎將軍賈充尚書令裴秀侍中荀勗等欲傲以所不知而不能屈尚書僕射羊祜尚書何禎並結縞帶之好 吳志孫皓傳注

紀高岱

時有高岱者隱於餘姚策命出使會稽丞陸昭逆之策虛己候焉聞其善左傳乃自玩讀欲與論講或謂之曰高岱以將軍但英武而已無文學之才若與論傳而或云不知者則某言符矣又謂岱曰孫將軍爲人惡勝己者若每問當言不知乃合意耳如皆辨義此必危殆岱以爲然及以論傳或答不知策果怒以爲輕己乃囚之知交及時人皆露坐爲

請策登樓望見數里中塡滿策惡其收衆心遂殺之岱字孔文吳郡人也受性聰達輕財貴義其友士拔奇取於未顯所友八人皆世之英偉也太守盛憲以爲上計舉孝廉許貢來領郡岱將憲避難於許昭家求救於陶謙謙未即救岱憔悴泣血水漿不入口謙感其忠壯有申包胥之義許爲出軍以書與貢岱得謙書以還而貢已囚其母吳人大小皆爲危竦以貢宿忿往必見害岱言在君則爲君且母在牢獄期於當往若得入見事自當解遂通書自白貢即與相見才辭敏捷好自陳謝貢登時出其母岱將見貢語友人張允沈昬令豫具船以貢必悔當追逐之出便將母乘船易道而逃貢須臾遣人追之令追者若及於船江上便殺之已過則止使與岱錯道遂免被誅時年三十餘吳志孫策傳注

紀沈友

是時權大會官寮沈友有所是非令人扶出謂曰人言卿欲反友知不

得脫乃曰主上在許有無君之心者可謂非反乎遂殺之友字子正吳郡人年十一華歆行風俗見而異之因呼曰沈郎可登車語乎友遜巡却曰君子講好會宴以禮今仁義陵遲聖道漸壞先生銜命將以裨補先王之教整齊風俗而輕脫威儀猶負薪救火無乃更崇其熾乎歆慙曰自桓靈以來雖多英彥未有幼童若此者弱冠博學多所貫綜善屬文辭兼好武事注孫子兵法又辯於口每所至衆人皆默然莫與爲對咸言其筆之妙舌之妙刀之妙三者皆過絕於人權以禮聘既至論王霸之略當時之務權斂容敬焉陳荊州宜并之計納之正色立朝淸議峻厲爲庸臣所譖誣以謀反權亦以終不爲己用故害之時年二十九吳志孫權傳注

紀孟仁

孟仁字恭武江夏人也本名宗避皓字易焉少從南陽李肅學其母爲

作厚褥大被或問其故母曰小兒無德致客學者多貧故爲廣被庶可得與氣類接也其讀書夙夜不懈肅奇之曰卿宰相器也初爲驃騎將軍朱據軍吏將母在營既不得志又夜雨屋漏因起涕泣以謝其母母曰但當勉之何足泣也據亦稍知之除爲鹽池司馬自能結網手以捕魚作鮓寄母母因以還之曰汝爲魚官而以鮓寄我非避嫌也遷吳令時皆不得將家之官每得時物來以寄母常不先食及聞母亡犯禁委官語在權傳特爲減死一等復使爲官蓋優之也 吳志孫皓傳注

紀徵崇

徵崇字子和治易春秋左氏傳兼善內術本姓李遭亂更姓遂隱於會稽躬耕以求其志好尙者從學所敎不過數人輒止欲令其業必有成也所交結如丞相步隲等咸親焉嚴畯薦崇行足以厲俗學足以爲師初見太子登以疾賜不拜東宮官僚皆從諮詢太子數訪以異聞年七

十而卒 吳志程秉傳注

紀闞澤

虞翻稱澤曰闞生矯傑蓋蜀之揚雄又曰闞子儒術德行亦今王仲舒也初魏文帝即位權嘗從容問羣臣曰曹丕以盛年即位恐孤不能及之諸卿以爲何如羣臣未對澤曰不及十年丕其沒矣大王勿憂也權曰何以知之澤曰以字言之不十爲丕此其數也文帝果七年而崩 吳志闞澤傳志

紀薛綜

其先齊孟嘗君封於薛秦滅六國而失其祀子孫分散漢祖定天下過齊求孟嘗後得其孫陵國二人欲復其封陵國兄弟相推莫適受乃去之竹邑因家焉故遂氏薛自國至綜世典州郡爲著姓綜少明經善屬文有秀才 吳志薛綜傳注

紀范愼

愼字孝敬廣陵人竭忠知己之君纏綿三益之友時人榮之著論二十篇名曰矯非後爲侍中出補武昌左都督治軍整頓孫皓移都甚憚之詔曰愼勳德俱茂朕所敬憑宜登上公以副衆望以爲太尉愼自恨久爲將遂託老耄軍士戀之舉營爲之隕涕鳳皇三年卒子耀嗣吳志孫登傳注

紀陸胤救護太子事

太子自懼黜廢而魯王覬覦益甚權時見楊竺辟左右而論霸之才竺深述霸有文武英姿宜爲嫡嗣於是權乃許立焉有給使伏於牀下具聞之以告太子胤當至武昌往辭太子太子不見而微服至其車上與共密議欲令陸遜表諫既而遜有表極諫權疑竺泄之竺辭不服權使竺出尋其由竺白頃惟胤西行必其所道又遣問遜何由知之遜言胤所述召胤考問胤爲太子隱曰楊竺向臣道之遂共爲獄竺不勝痛毒

服是所道初權疑竺泄之及服以爲果然乃斬竺吳志陸胤傳注

紀隱蕃謀叛事

蕃有口才魏明帝使詐叛如吳令求作廷尉職重案大臣以離間之旣爲廷尉監衆人以據普與蕃親善常車馬雲集賓客盈堂及至事覺蕃亡走捕得考問黨與蕃無所言吳主使將入謂曰何爲以肌肉爲人受毒乎蕃曰孫君丈夫圖事豈有無伴烈士死不足相牽耳遂閉口而死吳志胡綜傳注

紀吳範

吳範字文則善占候知風氣關羽將降孫權問範範期日中權立表下漏以待之及中不至權問其故範曰未正中也頃之有風動帷範曰羽至矣斯須外稱萬歲傳言得羽御覽卷二天部下刻漏三國孫權時拜騎都尉素與魏滕同邑相善滕嘗有罪孫權責怒甚嚴令敢有諫者死範謂滕曰

與子偕死滕曰死而無益何用死爲範曰安能坐觀汝耶乃髡頭自縛詣門使鈴下以聞鈴下曰死不敢白範曰汝有子耶曰有曰使汝爲吳範死子以屬我鈴下乃排闥入言未及卒權大怒欲投以戟逡巡走出範因突入叩頭流血言與涕並良久權意乃釋免滕滕見範謝曰父母能生長我不能免我于死丈夫相知如此足矣何用多爲說郛　範獨心計所以見重者術術亡則身棄矣故終不言　範先知其死日謂權曰陛下某日當喪軍師權曰吾無軍師焉得喪之範曰陛下出軍臨敵須臣言而後行臣乃陛下之軍師也至其日果卒以上二則據吳志本傳注

紀八絕

皇象字休明廣陵江都人幼工書時有張子並陳梁甫能書甫恨逋並恨峻象斟酌其間甚得其妙中國善書者不能及也嚴武字子卿衛尉畯再從子也圍棊莫與爲輩宋壽占夢十不失一曹不興善畫權使畫

屏風誤落筆點素因就以作蠅既進御權以爲生蠅舉手彈之孤城鄭嫗能相人及範惇達八人世皆稱妙謂之八絕云吳志趙達傳注

紀步騭

步騭表言北降人王潛等說北箱部伍圖以東向多作布囊欲以盛沙塞大江吳主曰此曹必不敢來若不如孤言當以牛千頭爲君作主人後見呂範葛恪云每讀騭表輒獨失笑此江與開闢俱生寧有可囊塞理乎御覽卷六十地部二十五江又七百四服用部六囊

紀張紘

張紘言於孫權曰秣陵楚武王所置名爲金陵秦始皇時望氣者云金陵有王者氣故掘斷連崗改名秣陵有別小江可以貯船宜爲都邑劉備勸都之自京口遷都焉吳志未亂時童謠云寧飲建業水不食武昌魚寧歸建業死不就武昌居乃遷都建業御覽卷一百五十六州郡部二敍京都下

紀張舉

張舉字子淸爲句章令有婦殺夫者因焚屋言燒死其弟疑而訟之舉按屍開口視之無灰令人取豬二頭殺一生一而俱焚之開視其口所殺者無灰生者有灰乃明夫先卽婦殺後燒之婦遂首服焉政化流行民歌遺澤御覽卷二百六十七職官六十五良令長上又八百七十一火部四灰

紀魯肅

大皇帝大會飲宴下馬迎魯肅肅入拜起禮之謂言子敬孤持鞍下馬相迎足以顯未肅趨進曰未也衆咸愕然既坐徐舉鞭曰願陛下威德加於四海然後以安車軟輪徵肅始當顯耳帝拊掌歡笑御覽卷三百五十九兵部九十鞭

紀彭循

彭循字子陽毘陵人建國二年海賊丁儀等萬人據吳太子秋君聞循

勇謀以守令循與儀相見陳說利害應時散民歌之曰時歲倉卒賊從橫大戟強弩不可當賴遇賢令彭子陽御覽卷四百六十五人事部一百六歌

紀伯嬴

吳入郢也自王以下位班處宮而妻其室次及伯嬴伯嬴者昭王之母也伯嬴操刃曰公侯一國之儀表也有失則其邦危亂夫婦之禮人倫之始王敎之端若君王棄儀表則無以臨民妾犯非禮則無以自存貪生受辱固不如死王乃止御覽卷四百四十一人事部八十二貞女中

紀吳王之女

吳王之女有所怨王者遂自殺王痛之葬於昌門外文石爲槨高墳深池珍玩人馬以徇葬國人哀之湛盧之劍夜飛去楚楚昭王覺劍在其牀首昭王召風胡子而問焉對曰越獻劍於吳名曰湛盧人君有過則去適他國聞吳王葬女奢侈以人從死其必是也昭王大喜御覽卷四百六十七

人事部一百八喜

紀甘寧

孫權既斬黃祖作二函欲以盛祖及都督蘇飛首甘寧之在祖軍也獨飛厚之寧爲請叩頭流血權曰爲君置之若走如何對曰飛受更生之恩豈圖去若有萬一寧頭當代入函也乃舍之御覽卷四百七十九人事部一百二十報恩

張　翰字季鷹儼次子也時號江東步兵齊王冏辟爲大司馬東曹掾見其骨肉相殘知亂將作乃因秋風起思吳中鱸膾蓴羹遂命駕而歸作首邱賦以見志終不復出有集四卷佚今據初學記藝文類聚錄四篇

豆蘘賦

乃有孟秋嘉菽垂枝挺莢時刈是穫充簞盈篋香鑠和稠周疾赴急時御一梧下咽三歎時在下邑頗多艱難空匱之厄困不輟歡追念昔日

啜菽永安初學記二十七永一作求

杖賦

惟萬物之品分何利人之獨貴中神性之極妙豈給口之至味雖至味之御內乃靡失乎身外舍少壯之自然假扶我之攸賴良工登乎層巒妙匠鑒乎林阿顧盼乎晞陽之條投刃乎直理之柯方圓適意洪細可手躊躇且夕欲與永久儀制則於一尋假飾存乎首尾瑩牙爲其眉額朗金爲其觜距藝文類聚六十九又略見書鈔一百三十三

不用舌論

案此篇藝文類聚引作張韓當必有誤

論者以爲心氣相驅因舌而言卷舌翕氣安得暢理余以留意於言不如留意於不言徒知有舌之通心未盡無舌之必通心也仲尼云天何言哉四時行焉夫子之文章可得而聞也夫子之言性與天道不可得而聞是謂至精愈不可聞樞機之發主乎榮辱禍言相尋召福甚希喪

元滅族沒有餘哀三緘告愼銘在金人留侯不得已而掉三寸亦反初服而効神仙靈龜啓兆於有識前却可通於千年鸚䳇猩猩鼓弄於籠羅財無一介之存普天地之與人物亦何屑於有言哉藝文類聚十七

詩序

永康之末疾苦瘵瘵故人頗候之常以閑靜爲著詩一首分句改爲各有別讀初學記二十一

卷二一完

受業表弟沈惟𥫗校錄

卷三　邑後學　陳去病　纂輯

梁一人

陸雲公字子龍倕從孫舉秀才歷宣惠武陵王平西湘東王行參軍入爲尚書儀曹郎知著作郎事尋除著作郎遷中書黃門郎有集十卷

御講般若經序

夫理臻畢竟而照盡空寂入三門而了觀導五濁而超津譬茲烈炎遠衆邪而不觸如彼出日示一相以趨道自羅閱闡其玄言香域弘其妙說彌勒表字於圓光帝釋念善於明咒受持讀誦神力折於猛風恭敬尊重福利踰於寶塔蓋衆聖之圓極而萬法之本源也皇帝眞智自已大慈膺物送迎日月緯絡天地鎮三季之澆風緝五際之頹俗出臨衢

室退事齋居非以黃屋爲尊每以蒼生爲念德徧區宇未足顯於至仁
理絕名言更慇懃於密說昔慧燈隱耀法藏分流二乘蹐駁五部乘謬
訶黎狹劣徒仰黑月之光毗曇徧滯未見沈珠之寶自聖皇應期探盡
幾妙決散羣迷摧伏異學極天宮之浩博窮龍殿之秘深於是大發菩
提深弘般若永斷煩惑同歸淸淨潤甘露於羣生轉法輪而不息上以
天監十一年注釋大品自玆已來躬事講說重以所明三慧最爲奧遠
迺區出一品別立經卷亦由觀音力重特顯普門之章登住行深迺出
華嚴之品故以攝舉機要昭悟新學者焉大僧正慧令蓋法門之上首
亦總持之神足願等須提之問遂同迦葉之請迺啓請御講說斯經有
昭許焉以大同七年三月十二日講金字般若波羅密三慧經於華林
園之重雲殿華林園者蓋江左以來後庭遊晏之所也自晉迄齊年將
二百世屬威夷主多奢替舞堂鍾肆等阿房之舊基酒池肉林同朝歌

之故所自至人御宇屏棄聲色歸傾宮之美女共靈囿於庶人重以華
園毀拆悟一切之無常寶臺假合資十力而方固捨茲天苑爰建道場
莊嚴法事招集僧侶肅肅神宇結翠巘之陰峨峨重閣臨丹雉之上廣
博光明有邁菴羅之地身心安樂實符歡喜之園于時三春屆節萬物
舒榮風日依遲不寒不暑瑞華寶樹照曜七重玉底金池淪漪八德洞
啓高門雲集大衆趨法席以沸諠聽鳴鐘而寂靜皇太子智均悉達德
邁曇摩捨三殿之俗娛延二座以問道宣城王及王侯宗室等亦咸發
深心並修淨行熏戒香以調善服染衣而就列縢映蟬冕委蛇冠帶排
金門登玉階者濟濟成羣既而警蹕北趨棨戟東轉門揚淸梵傍吐香
烟被淨居之服升須彌之座八種妙聲法言無滯十方疏聽隨類得解
甚深之義在挹注而難竭樂說之辯既往復而彌新至如宿學耆僧亟
淪偏執專杖數論未了經文變小意以稱量仰天尊而發問於是操持

慧刃解除疑網示之迷方歸以正轍莫不渙然冰釋欣然頂戴若蓮花之漸開譬月初而增長凡諸聽衆自皇太子王侯宗室外戚及尚書令何敬客百辟卿士虜使主崔長謙使副陽休之及外域雜使一千三百六十人皆路逾九驛途遥萬里仰皇化以載馳聞大華而躍踊頭面仰其盡禮讚歎從其下陳又別請義學僧一千人於同泰寺夜覆制義並名擅龍象智曉江河傳習譬於瀉瓶諷誦同於疾雨沙門釋法隆年將百歲學周三藏識洞八禪說法度人顯名於關塞之北聞中國應講摩訶般若經故自遠而至僧正慧令猶未啓講京師道俗亦不知御應講也至發講之日又有外國僧衆不可勝數並衆所不識同集法座故知放光徧照地神唱告豈勞馳象之使冥符信鼓之期會稽鄮縣阿育王寺釋法顯修習苦行志求慧解既等鬱多之思惟亦同波崙之懇到洒於講所自陳願力刺血灑地用表至誠昔剜體供養析骨書寫歸依正

法匪吝身命以今望古信非虛說凡講二十三日自開講迄於解座日設遍供普施京師文武侍衛並加班賚上光宅天下四十餘年躬務儉約體安菲素常御小殿裁庇風雨所居幄座僅於容膝外絕三驅之禮內屏千鍾之宴膳夫所掌歲撤萬金掖庭之費年減巨億兼以博收地利同人珍於撓海盈息泉府譬無盡於龍金故能不勞人力無損國度財法兼施周流不竭是講也靈異雜沓不可思議一則宮中佛像悉放光明二則大地震動備諸踊沒三則夜必澍雨朝則晴霽淑氣妍華埃塵不起四則犍椎既鳴講筵將合重肩絓轂塡溢四門而人馬調和不相驚擾五則所施法席上坐萬人而恆沙大衆更無迫迮六則四部曠遠咸聞妙說軒檻之外聽受益明七則淨供遍設廚匪宿辦妙食應時百味盈溢八則氛氳異香從風滿觸九則鏗鏘雅樂自然發響十則同聲讚善遍於虛空斯蓋先佛證見諸天應感超踊寶於昔靈邁雨華於

往瑞是時率土藻朴含靈慶悅願預福田爭事喜捨上皆區其心迹爲發大願竊以一句奉持倘生衆善二字經耳猶階勝報况廣運大乘遍揚正法等發慧根同趣妙果方當秘諸寶函傳彼金字亘萬刼以光明彌大千而利益盛矣哉信無得而稱也小臣預在講筵職參史載謹錄時事以立今序 廣弘明集二十二

太伯碑

夫至仁至德垂風垂化內修訓範外陶氓俗百年之教湻道載凝而百年既終遺愛斯軫英不肅虔寢廟著名金石還其後昆聿遵前典是以禹堂既毀增飾丹靑堯碑載焚重覩刊勒太伯膺慶二儀協靈七曜志輕天下慈深萬物脫屣岐周克讓之風斯舉端委揚越衣冠之俗載成重以仲雍揚波延陵蹈節民習敦厚俗懷忠信憂深思遠千載遺風美哉洋洋致足觀也昔滄州遁迹箕山辭位志守幽優不越樽俎猶以稱

首高節標名往代豈若吾君之子義結民心獄訟載歸謳歌屢請能舍玉輿之貴永襲皮冠之迹悠然獨往信無德而稱焉吾啓金車晉遷牂蓋實號帝鄉爰是天邑若乃忠人入國悽愴生悲殉義希風懦夫立志

藝文類聚二十一

星賦

漢武帝夜遊昆明之池顧謂司馬遷相如曰星之明麗矣考之於歌頌求之於經史龍尾著於虢童天漢表於周士既妖謠之體陋嗟怨刺之蚩鄙每鬱悒而未攄思命篇於二子於是司馬遷對曰臣代典天官緒由南正檢之圖籍傳之視聽臣聞連珠合璧曜靈之所起也春鳥秋虛歷數之所紀也應黃鐘而正位建玉衡以辨方五緯麗而周道四野分而晝疆至如下方爽德上玄告變或守位而易所成凌光而掩炫故夫應若轉環信如合契俾明鏡與元龜宜敕身而炯戒長卿操牘染翰思

溢情煩遷延奉筆繼響而言曰日隱於西月生於東重輪晻而時缺上枝棲而未融豈若帝車之獨運隨圓蓋而不窮帝乃歌曰白日沒兮明月移繁星曙兮情未疲初學記一

陳 三人

顧野王字希馮吳郡吳人梁大同中除太學博士遷中領軍臨賀王記室參軍承聖中監海鹽縣敬帝時除金威將軍安東臨川王記室參軍轉諮議陳天嘉初補撰史學士加招遠將軍廢帝時除鎮東鄱陽王諮議參軍宣帝時遷國子博士兼東宮管記除太子率更令兼東宮通事舍人遷黃門侍郎光祿卿太建十三年卒贈秘書監至德二年又贈右衛將軍有玉篇三十卷輿地志三十卷集十九卷

進玉篇啓

竊聞兩儀俶啓九皇始君性情初動有巢爰制三聖代立千紀遞興龍牒浮河龜書起雒八卦既陳六爻攸敍篆素之流是焉而出至於精課源妙求其本始末學膚淺誠所未詳雖復研致六經校讎百氏殊非庸菲所能與奪謹依條例同異具以上呈伏惟聖皇御（一作馭）寓膺籙受圖德尙昊軒功超嬀姒通妙歷運乃聖乃神經天曰文止戈爲武百工維理庶績咸熙勸以九歌搖之八柄修文德以來要服舞干戚以格有苗是故仁風所扇九服蒙霑正朔可頒四荒懷德取衣雒樹則肅愼識受命之興夷波海水則越裳知聖人之德豈但中和樂職近播岷峨德廣所覃旁流江漢殿下天縱岳峙睿（一作叡）哲淵凝三善自然匪須勤學六行前哲窮以勞喻是以聲覃八表譽浹（一作決）九垓規範百司陶鈞萬品猶復留心圖籍俛情篆素糾先民之積謬振往古之重疑簡册所傳莫令此盛野王謬濡聖道沐浴康衢不揆淺愚（一作愚淺）妄陳狂狷徒夢收腸

終當覆瓿空思朱墨懼必無傳悚悸交心罔知攸措謹啓梁大同九年
三月二十八日黃門侍郎兼太學博士顧野王撰

玉篇序

昔在庖犧始成八卦暨乎蒼頡肇創六爻政罷結繩教興書契天粟晝零市妖夜哭由來尚矣爰至玄龜龍馬負河洛之圖赤雀素鱗標受終之命鳳羽爲字掌理成書豈但人功亦猶天授故能傳流與典鉤探至賾揚顯聖謨耀光洪範文遺百代則禮樂可知驛宣萬里則心言可述授民軌物則縣方象魏興功命衆則誓威師旅律存三尺政仰八成聽稱責于附別執士師于兩造勒功名于鐘鼎頌美德于神祇故百官以治萬民以察雕金鏤玉升崧岱而告平汗竹裁縑寫憲章而授政莫不以版牘施于經緯文字表于無窮者矣所以乖離閉戶而覩遐年之世藏形晦跡而識遠方之風遵覽篆素以測九垓則靡差膚寸詳觀記錄

以游八裔則不謬毫釐鑒水鏡于往謨遺元龜于今體仰瞻景行式備昔文戒慎荒邪用存古典設教施法無以尚茲經世治俗豈先乎此但微言既絕大旨亦乖故五典三墳競開異義六書八體今故殊形或字各而訓同或文均而釋異百家所談差互不少字書卷軸件錯尤多難用尋求易生疑惑猥承明命預纘過庭總會衆篇校讎羣籍以成一家之製文字之訓備矣而學慚精博聞見尤寡才非通敏理辭彌躓既謬先蹤且乖聖旨謹當端笏擁籥以俟嘉猷宋本玉篇

虎邱山序

夫少室作鎮以峻極而標奇太華神掌以削成而稱貴若茲山者高不概形深無藏影早非培塿淺異棘林秀壁數尋被杜蘭與苔蘚椿林十仞挂藤葛與懸蘿曲澗潺湲修篁陰映路若絕而復通石將頹而更綴抑巨麗之名山信大吳之勝壤若乃九功六義之興依永和聲之製志

由興作情以詞宣形言諸於韶夏成文暢於鐘律由來尚矣未有登高能賦而韜斐麗之章入谷忘歸而忽鏗鏘之節故總轡齊鑣競彫蟲於山川雲合霧集爭歌頌於林泉於時風清邃谷景麗修巒蘭佩堪紉胡繩可索林花翻灑乍飄颻於蘭皋山禽囀響時弄聲於喬木班草班荆坐蟠石之上濯纓濯足就滄浪之水傾縹瓷而酌旨酒剪綠葉而賦新詩肅肅若與三徑齊蹤鏘鏘然似共九成偕韻盛矣哉聊述時事寄之翰墨

彭兆蓀曰王子安山亭興序較此便多俳調

徐達源曰希馮以篤學至性知名在朝無過辭失色觀其容貌似不能言及其勵精力行皆人所莫及

舞影賦

燿金波兮繡戶列銀燭兮蘭房出妙舞於仙殿唱雅韻於淸商頓珠履

於瓊寶影嬌態於雕梁圖長褒於粉壁寫纖腰於華堂縈紆雙轉芬馥一房類隻鸞於合鏡似雙鴛之共翔愁冬宵之尚短欣此樂之方長 初學記十五

拂崖篠賦

詩詠淇水騷美江干崖憐拂石神貴掃壇既來儀於鳴鳳亦攸集於翔鸞入翠壁之宵月映沅澧之驚湍帶金風之爽朗雜玉潤之檀欒陪嘉宴於秋夕等貞節之歲寒 初學記二十八

箏賦

調宮商於促柱轉妙音於繁絃既留心於別鶴亦含情於采蓮始掩抑於紈扇時怡暢於升天 初學記十六

笙賦

聲流洛渚器重汾陽協歌鐘於宿夕詠月扇於繞梁同離鴻於流徵會

別鶴於淸商 初學記十六

遇旱責躬引咎理察寃枉退去貪殘側修惠政則降以零雨如其有道

求雨 瑞應圖

術禱祝山川致龍轉石閉陽從陰之類誠非瑞應是以魯侯有暴尫之誚齊景以祠山見譏董仲舒曰春旱求雨令縣邑以水日令民禱社家人祠戶無伐名木無斬山林曝巫聚虵八日於邑東門外爲四通之壇方八尺植蒼繒八其神共工祭以魚入夏求雨亦以水日家人祠竈無舉土功浚井暴釜鬲杵臼于術七日爲四通壇於邑南門外方七尺植赤繒七其神蚩尤祭以赤雄雞七凡求雨之大體丈夫欲藏匿女子欲和而樂 御覽卷三十五時序部二十旱

顧氏譜傳 原二十九篇今錄八篇

雍字元歎揚州刺史克讓子夙有人望蔡伯喈從朔方還公從學琴書

伯喈歎異之故與同名而字元歎州郡表薦弱冠爲合肥長後轉婁曲阿上虞皆有治蹟孫權領會稽守不之郡以公爲丞行太守事討除盜賊郡界寧靜數年入爲左司馬權爲吳主累遷大理奉常領尚書令封陽遂鄉侯拜侯還寺而家人不知後聞乃驚黃武四年迎母於吳王率太子臨賀之親拜其母於堂公卿大臣畢會是歲改太常進封醴陵侯乙巳八月王欲置相百僚舉張昭王曰孤豈爲卿有愛乎但丞相事煩昭性剛必多怨咎非侯顧雍無以任此遂令代孫劭爲丞相平尚書事所選用文武吏各隨其能心無適莫時訪逮民間及執政所宜皆密以聞用則歸之於主不用終不宣泄於公朝遇事辭色婉順而所執者正王嘗咨問得失張昭因陳聽風聞以法令太稠爲對王默然顧問公曰君以爲何如公曰臣之所聞亦如昭所陳於是王乃議輕刑上每舉事必令中書郎詣公咨訪曰顧公歡悅是事合宜也其不言者孤當重思

之典較呂壹操弄威柄毀短大臣公亦見譖讓步隲上疏曰丞相顧雍憂深責重志在竭誠可謂心膂股肱社稷之臣矣宜專委任不使他官監其所司責其成效王亦覺悟遂誅呂壹令公往廷尉斷獄公和顏問之臨出又謂曰君意得毋有所道乎壹叩頭無言尙書郎懷敍面辱之公責曰官有正法何至於此江邊諸將各欲立功自效多陳便宜公曰臣聞兵法戒於小利此等爲身非爲國也陛下宜謹制之公爲人不飮酒寡言笑擧動時當王嘗嘆曰顧公不言言必有中至宴飮歡樂之際左右恐有失酒不敢肆情王亦曰顧公在坐令人不樂其見憚如此公前後爲相一十九年凡軍國得失行事可否非面見不陳王以此重之赤烏六年卒年七十六初疾微時王令醫趙泉視之拜其少子濟爲騎都尉公聞悲曰泉善別死生吾必不起故上及吾目見濟拜也及卒王素服臨弔謚曰肅侯

邵字孝則丞相雍長子博覽書傳好樂人倫少與舅陸績齊名而陸遜張敦卜靜等皆亞焉自州郡及四方人士言議結交風聲流聞遠近稱之吳王妻以兄策女年二十七起家爲豫章太守下車祀徐孺子墓優恤其後禁淫祀非禮之祭小吏質佳者輒令就學擇其先進擢置左右舉善以敎風化大行錢塘丁諝出于役伍陽羨張秉生於庶民烏程吾粲雲陽殷禮起於微賤公皆拔而友之爲立聲譽世以爲知人秉遭大喪親爲制服當之豫章時舟發在路値秉疾時送者百數公辭曰張仲節有疾苦不能來別恨不見之暫還與訣諸君少待其留心下士如此潁川周昭嘗曰古今賢士大夫所以失名喪身傾國害家者其大有四能不然者未有若顧豫章之爲美也論語云夫子循循然善誘人成人之美不成人之惡豫章有焉龐士元亦謂顧孝則如駑牛可以負重致遠且陶冶世俗與時浮沉吾不如也公在豫章五年卒於任計至父方

與客圍棊雖神色不變而以爪掐掌血流沾襟客退方嘆曰吾無延陵之高豈可有喪明之責乃割情自解

譚字子嘿豫章太守邵長子時吳王宣太子登正位東宮妙簡俊彥訓導左右公甫弱冠與諸葛恪等爲太子四友入講詩書出從騎射雖四方之士畢集而公以清識絕倫獨見推重自范愼羊徽謝景之徒皆秀稱其名而悉出公下赤烏中從中庶子轉輔都尉代恪爲左節度上疏陳事帝輟食稱善數賞賜召請每省簿書未嘗下箸但屈指心計盡發疑謬加奉車都尉薛綜爲選曹尚書固讓公曰譚心精體密貫道達微才照人物德允衆望誠非愚臣所及遂代綜行選曹事大父卒數月拜太常代平尚書事値魯王霸與太子和齊衡公疏言當明嫡庶之端尊卑之禮霸因恨之長公主壻衛將軍全琮子寄爲霸賓客公素輕之王淩之役公弟承與張休俱受詔出征琮先與淩戰淩兵勝陷沒我軍休

承奮擊之遂駐魏師琮因進兵淩軍用退後行賞以爲駐敵功大退敵功小承休俱封雜號將軍琮父子偏裨而已寄父子益恨共搆陷之兄弟坐徙交州王以譚故沈吟不决欲令公謝釋之及大會問公不謝且云陛下讒言其興乎有司奏公誣罔大不敬罪應大辟王以丞相雍故又不置法皆徙之公至交趾幽憤而著新言二十篇知難十篇以自悼見流二年四十二卒於交州初王嫁從姪女女顧氏甥也故召公祖孫公時爲選曹頗貴重酒酣三起舞不止明日祖召責曰君王以含垢爲德臣下以恭敬爲節汝未有汗馬之勞但階門戶遂見寵任何三舞不止恃恩忘敬損家者必爾也至是果驗

承字子直豫章太守邵次子嘉禾中與舅陸瑁俱以禮徵王賜丞相雍書曰貴孫子直令問休休至與相見過於所聞爲君嘉之拜騎都尉領羽林兵後爲吳郡四部都尉山陰賀劭初至郡閉門不出顧陸強族輕

之公惡其與父同名乃題府門曰會稽雞不能啼賀聞故出索筆對曰若一啼殺吳兒卽檢較顧陸役使官兵及藏逋亡悉以上聞罪者甚衆公懼請與諸葛恪等共平山越別得精兵八千還屯軍章院乃拜昭義中郎將入爲侍中芍陂之役拜奮威將軍出領京下督數年坐全琮構陷與兄譚內兄張休姚信等俱以親附太子枉見流徙年三十七卒於交趾先賢哀之爲之讚云於爍奮武奕奕全德在家必聞鴻飛高陟榮字彥先宜都太守穆之子也少有珪璋符采朗徹仕吳弱冠舉賢良爲黃門侍郎太子輔義都尉當時後進咸推讓稱公有大才令望吳平與陸機兄弟同入洛號三俊又與賀循閔鴻等齊名號五儁拜郎中歷尙書郎陶侃與郎中楊暐同詣見暐大奇之後爲太子中書舍人廷尉正恆縱酒謂同郡張翰曰惟酒可以忘憂但無如作病耳翰曰天下紛紛禍亂未已惟子能以智巧自防公執翰手曰吾與子採南山薇飲三

江水足矣及趙王倫誅淮南王允收允僚屬付廷尉公平心處當多所全宥倫篡位以公爲子大將軍處長史初在洛陽與僚飲見執炙者有欲炙之色割炙啗之坐者問其故公曰豈有終日炙之而不知其味者及倫敗公亦被執將誅直執炙人爲督率救之得免齊王冏召爲大司馬主簿冏驕恣公懼及禍昏酣不治事以情告馮熊熊謂葛旟曰以顧榮爲主簿所以甄拔才望委以事機不復計南北親疎欲平海內之心也今府大事殷非酒客之政旟曰榮江南士望且居職日淺不宜輕易熊曰可轉爲中書侍郎不失清顯而府更收實才旟然之白冏以爲中書侍郎在職不復飲酒及冏誅公以討葛旟功封嘉興伯轉太子中庶子長沙王乂爲驃騎復以公爲長史乂敗轉成都王穎丞拜從事中郎惠帝幸臨漳以公兼侍中遣行園陵會張方據洛不得進避之陳留及帝西遷長安徵爲散騎常侍以世亂還吳東海王越聚兵以公爲軍咨

祭酒屬陳敏反假公右將軍丹陽內史敏欲誅諸人士公說之曰將軍懷仁武之略有佐武之能功勳效於已著大勇冠於當時若能委信君子各得盡懷則大事可圖也敏遣甘卓出横江委以精兵公私於卓曰江東之事可濟當共成之然卿觀時勢有濟理否異日使江西諸軍函首送洛題曰逆賊顧榮甘卓之首辱及萬世矣可不圖之卓從之明年與周玘紀瞻共起兵攻敏公發橋斂舟於南岸敏兵不獲濟公麾以羽扇其衆潰散遂殺陳敏因名其地曰麾扇渡事平還吳永嘉初徵拜侍中與紀瞻同赴洛在途論易太極至徐州聞亂甚將不行會刺史裴質得東海王越書若榮等顧望以軍禮發遣乃與瞻及陸玩等各解船棄車牛一日一夜行三百里得還揚州元帝鎮江東安東司馬王導說瑯琊王睿曰顧榮賀循此南土之秀願盡優禮則天下安矣乃以公爲安東軍司加散騎常侍謀畫皆咨焉後帝因鄭貴嬪有疾頗廢萬機公牋

諫之又表薦賀循甘卓帝皆納之懷帝壬申六年十二月卒於官帝臨喪盡哀欲贈公依齊王功臣格吳郡太守雲陽殷佑牋曰昔賊臣陳敏滔天作亂兄弟姻婭盤固州郡威逼士庶以爲臣僕於時賢愚計無所出故散騎常侍安東軍司嘉興伯顧榮崎嶇險難之中逼迫姦逆之下每惟社稷發憤慷慨密結腹心同謀致討信著羣士名冠東夏德聲所振莫不響應荷戈駿奔其會如林榮躬當矢石爲衆率先忠義奮發忘家爲國歷年逋寇一朝土崩兵不血刃蕩平六州勳茂上代義彰天下伏聞論功依故大司馬齊王格不在帷幕密謀參議之例下附州征野戰之比不得進爵拓土賜拜子弟退邇同歎江表失望歷觀古今未有立功若彼酬報如此者疏上乃贈侍中驃騎將軍開府儀同三司謚曰元及帝爲晉王追封爲公子孫開國食邑

臻字□□軍司散騎榮之少子丰神秀朗雅志宏遠建武中安東王導

舉爲諮議參軍元帝卽位除武康令爲政甚得民和拜給事中黃門通事舍人兼太常協律掌五樂事乃上疏曰臣聞聖王制樂贊揚政道養之仁義防其淫佚上享宗廟下訓黎元體五行之正音協八方以陶物宮聲正方而好義角聲堅齊而率禮絃歌鐘鼓金石之作備矣故通神致化有率舞之盛移風易俗致和樂之極今夷狄對岸外禦爲急方掃神州經略中甸若此之事不可示遠宜下太常纂修定制諸能傷人者皆除之流簡儉之德邁康哉之化淸風既行下應如草愚管之誠惟垂採察帝從之轉諫議大夫太常協律如故咸康八年蔡謨言之於王謂軍司顧榮之子乃特進光祿大夫

悅字君叔初爲殷浩揚州別駕浩卒上疏理浩或諫以浩爲太宗所廢必不依許固爭之疏曰伏見故將軍揚州刺史殷浩體德沈粹識理淹長風流雅勝聲蓋當時再臨神州萬里肅清勳績茂著聖朝欽嘉遂授

分陝推轂之任戎旗既建出鎭壽陽驅其豺狼剪其荆棘收羅向義廣開屯田沐雨櫛風等勤臺僕仰憑皇威羣醜革面進軍河洛修復園陵不虞之變中路猖獗遂令爲山之功崩於垂成忠欵之志於是而廢既受荆黜自擯山海杜門終身與世兩絕可謂克己復禮窮而無怨者也尋浩所犯蓋負敗之常科非卽情之永責論其名德深誠則如彼察其補過罪己則如此豈可棄而不卹使法有餘寃方今宅兆已成埏隧已開懸棺而窆禮同庶人存亡有非命之分九泉無自訴之期若使明詔爰發旌我善人崇復本官遠彰幽昧斯則國家威恩有兼濟之美死而可作無負心之恨疏上浩果得申物論稱之公與簡文帝同年而髮蚤白帝問卿何以偏白對曰松柏之姿經霜尤茂蒲柳之質望秋先零受命之異也後官尚書左丞卒於家

愷之字長康初爲虎頭將軍因自號虎頭父悅尚書左丞北居晉陵公

少博學有才氣爲人遲鈍而自矜伐諸少年共相稱譽以爲戲弄初爲桓溫及殷仲堪參軍甚被親暱遷山陰令從會稽還人問山水之狀答曰千巖競秀萬壑爭流草木蒙蘢其上若雲興霞蔚謝安一見深器重之以爲蒼生來所未有義熙中爲散騎侍郎與謝瞻同省每夜於月下吟咏自謂得先賢風致瞻每遙贊之公彌自忘倦瞻欲眠令槌脚人令代公初不驚異遂幾申旦而止宣武卒公往哭之乃作詩曰山崩溟海竭魚鳥將何依人問哭之狀可見乎對曰鼻如廣漠長風眼如懸河決溜桓征西每與帝言必稱長康有三絕蓋謂其才絕藝絕畫絕也公後歷官大司馬參軍喜寫山水狀貌每畫人或數年不點睛人問之曰傳神寫照正在阿堵中所居第後建一層樓爲畫所凡疾風暴雨烈暑祁寒並不下筆天地明朗乃染毫登樓去梯妻子罕見金陵瓦官寺初置僧衆會請朝賢鳴刹注疏時士大夫無過十萬者公口打刹注一百萬

公素貧人以爲大言及寺成請勾疏公曰可備一壁遂閉戶往來百餘日畫維摩一軀畢將點眸子謂寺僧曰第一日開見者責施十萬第二日可五萬第三日任例責施及開戶光明照寺施者塡咽俄而果百萬也公嘗以神畫一櫥寄桓玄家玄盡取之而封題如故公知之了無異色直云妙畫通神變化而去元嘉三年卒年六十一

陸　瓊字伯玉梁給事黃門侍郎雲公子永定中州舉秀才文帝時爲寧遠始興王法曹行參軍兼尙書外兵郎進殿中郎遷新安王文學掌東宮管記宣帝爲司徒以爲左西掾及卽位除太子庶子兼通事舍人轉中書侍郎太子家令遷給事黃門侍郎領羽林監轉太子中庶子領步兵校尉後主卽位授散騎常侍度支尙書領揚州大中正遷吏部尙書以母憂去職至德四年卒贈領軍將軍有嘉瑞記三卷集二十卷案陳書陸瓊傳世祖討周迪陳寶應等都官符及諸大手筆幷中敕付瓊

栗賦

四時迭盛百果玄芳綠梅春馥紅桃夏香何羣品之浮脆惟此質之久長外刺同夫栱棘內潔甚於冰霜伏南安而來清列御宿而懸房薦羞則棋榛並列加籩則菱芡同行金盤兮麗色玉俎兮鮮光周人以之戰慄大官稱於柏梁 初學記二十八

討周迪符

告臨川郡士庶昔西京爲盛信越背誕東都中興萌寵違戾是以鷹鸇競逐菹醢極誅自古有之其來尚矣逆賊周迪本出輿臺有梁喪亂暴掠山谷我高祖躬率百越師次九川濯其泥沙假以毛羽裁解豚佩仍剖虎符卵翼之恩方斯莫喩皇運肇基頗布誠欵國步艱阻竟微効力龍節繡衣籍玉爵而御下熊旗組甲因地險而陵上日者王琳始試蕭勃未夷西結三湘南通五嶺衡廣勘定既安反側江郢紛梗復生擕背

擁據一郡苟且百心志貌常違言迹不副特以新吳未靜地遠兵彊互相兼幷成其形勢收獲器械俘虜士民並曰私財曾無獻捷時遣一介終持兩端朝廷光大含弘引納崇遇遂乃位等三槐任均四嶽富貴隆赫超絕功臣加以出師踰嶺遠相響援按甲斷江翻然猜拒故司空愍公敦以宗盟情同骨肉城池連接勢猶脣齒彭亡之禍坐觀離作階此釁故結其黨與于時北寇侵軼西賊憑陵扉屨餱糧悉以資寇爵號軍容一遵僞黨及王師凱振大定區中天網恢宏棄之度外璽書綸誥撫慰綢繆冠蓋縉紳敦授重疊至於熊曇朗勦滅豐城克定蓋由儀同法甝之元功安西周敷之効力司勳有典懋賞斯奮惡直醜正自爲仇讐悖禮姦謀因此滋甚徵出溢城歷年不就求遣侍子累載未朝外誘逋亡招集不逞中調京輦規冀非常擅斂征賦罕歸九府擁遏二賈害及四民潛結賊異共爲表裏同惡相求密加應援謂我六軍薄伐三越未

寧屠破逑城虜縛妻息分襲溢鎮稱兵蠡邦徇逼會豪攻圍城邑幸國有備應時剿殄假節通直散騎常侍仁武將軍尋陽太守懷仁縣伯華皎明威將軍廬陵太守益陽縣子陸子隆並破賊徒剋全郡境持節散騎常侍安西將軍定州刺史領豫章太守西豐縣侯周敷躬扞溝壘身當矢石率茲義勇以寡摧衆斬馘萬計俘虜千羣迪方收餘燼還固墉堞使持節安南將軍開府儀同三司高州刺史新建縣侯法甗雄續早宣忠誠夙著未奉王命前率義旅既援敷等又全子隆裹糧擐甲仍躡飛走批熊之旅驅馳越電振武之衆叱咤移山以此追奔理無遺類雖復朽株將拔非待尋斧落葉就殞無勞烈風但去草絕根在於未蔓撲火止燎貴乎速滅分命將帥實資英果今遣鎮南儀同司馬湘東公相劉廣德兼平西司馬孫曉北新蔡太守魯廣達持節安南將軍吳州刺史彭澤縣侯魯悉達甲士萬人步出興口又遣前吳興太守胡鑠樹功

將軍前宣城太守錢法成天門義陽二郡太守樊毅雲麾將軍合州刺史南固縣侯焦僧度嚴武將軍建州刺史辰縣子張智達持節都督江吳二州諸軍事安南將軍江州刺史安吳縣侯吳明徹樓艦馬步直指臨川前安成內史劉士京巴山太守蔡僧貴南康內史劉峯廬陵太守陸子隆安成內史闕慎並受儀同法𣂏節度同會故郡又命尋陽太守華皎光烈將軍巴州刺史潘純陁平西將軍郢州刺史欣樂縣侯章昭達並率貔貅逕造賊城使持節散騎常侍鎭南將軍開府儀同三司湘州刺史湘東郡公度分遣偏裨相繼上道戈船蔽水彀騎彌山又詔鎭南將軍開府儀同三司歐陽頠率其子弟交州刺史盛新除太子右率邃衡州刺史侯曉等以勁越之兵踰嶺北邁千里同期百道俱集如脫稽誅更淹旬晦司空大都督安都已平賊異凱歸非久飲至禮畢乘勝長驅勦撲凶醜如燎毛髮已有明詔罪唯迪身黎民何辜一皆原宥其

有因機立功賞如別格執迷不改刑茲罔赦

討陳寶應符

告晉安士庶昔隴西旅拒漢不稽誅遼東叛渙魏申宏略若夫無諸漢
之策勳有扈夏之同姓至於納吳濞之子致橫海之師遣姒啓之命有
甘誓之討況迺族不繫於宗盟名無紀於庸器而顯成三叛疊深四罪
者乎案閩寇陳寶應父子卉服支孽本迷愛敬梁季喪亂閩隅阻絕父
既豪俠扇動蠻陬椎髻箕坐自爲渠帥無聞訓義所資姦諂爰肆蜂豺
俄而解印炎行方謝網漏吞舟日月居諸棄之度外自東南王氣實表
聖基斗牛聚星允符王迹梯山航海雖若款誠擅割瓌珍竟微職貢朝
廷遵養含弘寵靈降赫起家臨郡兼晝繡之榮裂地置州假藩麾之盛
卽封戶牖仍邑櫟陽乘華轂者十人保弊廬而萬石又以盛漢君臨推
恩婁敬隆周朝會迺長滕侯由是紫泥靑紙遠賁恩澤鄉亭龜組頒及

嬰孩自谷遷喬孰復爲擬而苞藏鴆毒敢行狼戾連結留異表裏周迪
盟歃婚姻自爲脣齒屈彊山谷推移歲時及我彀騎防山定秦望之西
部戈船下瀨克匯澤之南川遂敢舉斧並助凶孽莫不應弦摧衄盡殪
醜徒每以罪在酋渠憫茲驅逼所收俘馘並勒矜放仍遣中使爰降詔
書天網恢弘猶許改思異既走險迪又逃刑誑侮王人爲之川藪遂使
袁熙請席遠歎頭行馬援觀蛙猶安井底至如遏絕九賦剽掠四民闔
境資財盡室封奪凡厥倉頭皆略黥首蝥賊相扇叶契連蹤乃復踰超
瀛濱寇擾浹口侵軼嶺嶠掩襲述城縛掠吏民焚燒官寺此而可縱孰
不可容今遣沙州刺史俞文冏明威將軍程文季假節宣猛將軍成州
刺史甘他假節雲旗將軍譚瑱假節宣猛將軍前監臨海郡陳思慶前
軍將軍徐智遠明毅將軍宜黃縣開國侯慧紀開遠將軍新除晉安太
守趙彖持節通直散騎常侍壯武將軍定州刺史康樂縣開國侯林馮

假節信威將軍都督東討諸軍事益州刺史余孝頃率羽林二萬蒙衝
蓋海乘跨滄波掃蕩巢窟此皆明恥教戰濡須鞠旅累從楊僕亟走孫
恩斬蛟中流命馮夷而鳴鼓黿鼉爲駕轎方壺而建旗義安太守張紹
賓忠誠款到累使求軍南康內史裴忌新除輕車將軍劉峰東衡州刺
史錢道戢並即遣人仗與紹賓同行故司空歐陽公昔有表奏請宣薄
伐遙途意合若伏波之論兵長逝遺誠同子顏之勿赦征南薨謝上策
無忘周南餘恨嗣子弗忝廣州刺史歐陽紇克符家聲聿遵廣略舟師
步卒二萬分趨水扼長鯨陸掣封豨董率衡廣之師會我六軍瀧州刺
史李睹明州刺史戴晃新州刺史區白獸壯武將軍脩行師陳留太守
張遂前安成內史闞慎前廬陵太守陸子隆前豫章太守任蠻奴巴山
太守黃法慈戎昭將軍湘東公世子徐敬成吳州刺史魯廣達前吳州
刺史遂興縣開國侯詳使持節都督征討諸軍事散騎常侍護軍將軍

昭達率緹騎五千組甲二萬直渡邵武仍頓晉安按轡揚旌夷山壍谷指期犄角以制飛走前宜威太守錢肅臨川太守駱牙太子左衞率孫詡尋陽太守莫景隆豫章太守劉廣德並隨機鎭遏絡驛在路使持節散騎常侍鎭南將軍開府儀同三司江州刺史新建縣開國侯法氍戒嚴中流以爲後殿斧鉞所臨罪唯元惡及留異父子其黨主帥雖有請泥函谷相背淮陰若能翻然改圖因機立効非止肆眚仍加賞擢其建晉士民久被驅迫者大軍明加撫慰各安樂業流寓失鄉即還本土其餘立功立事已具賞格若執迷不改同惡趦趄斧鉞一臨罔知所赦

陸　瑜字榦玉瓊從父弟天嘉中州舉秀才除驃騎安成王行參軍轉軍師晉安王外兵參軍東宮學士太建中遷尙書祠部郎中歷桂陽王功曹史兼東宮管記累遷永陽王文學太子洗馬中舍人卒至德二年追贈光祿卿有集十卷佚

琴賦

龍門琦（藝文類聚作奇）樹上籠雲霧根帶千仞之溪（類聚作谿）葉泫三危之露忽紛糅而交下終摧殘而莫顧逢蔡子之見矜識奇響于餘煙飛青雀兮歌綺殿引黃鶴兮慘離筵吟高松兮落春葉斷輕絲兮改夏絃歡曲舉而情踊躍引調奏而涕流漣亦有辭鄉去國對此悲年（初學記十六）

卷三完　　　　受業表弟沈　敏校錄

卷四　　邑後學　陳去病　纂輯

唐一人

陸龜蒙字魯望自號天隨子亦稱江湖散人甫里先生以高士召不赴李蔚盧攜素與善及當國召拜左拾遺詔方下卒光化中以韋莊表請與孟郊等十人皆贈右補闕箸有松陵集笠澤叢書並存

案魯望世居吳郡臨頓里而身常往來松笠間蓋以其田悉在松江耳松江即今吳江故從獻集定爲邑人

象耕鳥耘辨

世謂舜之在下也田於歷山象爲之耕鳥爲之耘聖德感召也如是余曰斯異術也何聖德歟孔子敘書於舜曰濬哲文明聖德止於是而足矣何感召之云云乎然象耕鳥耘之說吾得於農家請試辨之吾觀耕者行端而徐起墢欲深獸之形魁者無出于象行必端履必深法其端

深故曰象耕耘者去莠舉手務疾而畏晚鳥之啄食務疾而畏奪法其疾畏故曰鳥耘試禹之績大成而後薦之于天其爲端且深非得於象耕乎去四凶恐害於政其爲疾且畏非得於鳥耘乎不然則雷澤之漁河濱之陶一無感召何也豈聖德有時而不德耶孟子曰堯舜與人同耳而好事者張以就其怪怪非聖人之意也吾病其書之異端毆之使合於道人其從我乎雖不從我亦不能變其說

蠹化

橘之蠹大如小指首負特角身蹙蹙然類蝤蠐而青翳葉仰齧飢蠶之速不相上下人或棖觸之輒奮角而怒氣色桀驁一旦視之凝然弗食弗動明日復往則蛻爲蝴蝶矣力力拘拘其翎未舒襜黑韝蒼分朱間黃腹塡而橢緌纖且長如醉方寤羸枝不揚又明日往則倚薄風露攀緣草樹聳空翅輕瞥然而去或隱蕙隙或留篁端翩旋軒虛颺曳紛拂

甚可愛也須臾犯蟄網而膠之引絲環纏牢若拳梏人雖甚憐不可解而縱矣噫秀其外類有文也嘿其中類有德也不朋而游類潔也無嗜而食類廉也向使前不知爲橘之蠹後不見觸蟄之網人謂其釣天常居而來今復還矣天下大橘也名位大羽化也封略大蕙篁也苟滅德亡公崇浮飾傲榮其外而枯其內害其本而窒其源得不爲大蟄網而膠之乎觀吾之蠹化者可以惕惕

招野龍對

昔豢龍氏求龍之嗜欲幸而中焉得二龍而飲食之龍之於人固異類以其若己之性也故席其宮沼百川四溟之不足游甘其飲食洪流大鯨之不足味施施然擾擾然其愛弗去一旦値野龍奮然而招之曰爾奚爲者茫洋乎天地之間寒而蟄陽而升能無勞乎誠能從吾所居而晏乎野龍矯首而笑之曰若何齪齪乎如是耶賦吾之形冠角而被鱗

賦吾之德泉潛而天飛賦吾之靈噓雲而乘風賦吾之職抑驕而澤枯觀乎無極之外息乎大荒之墟窮端倪而盡變化其樂不至邪今爾苟容蹏涔之間惟泥沙之是拘惟蛭螾之與徒奉乎嗜好以希飲食之餘是同吾之形異吾之樂者也狎於人啗其利者扼其喉截其肉可以立待吾方哀而援之以手又何誘吾納之陷穽耶爾不免矣野龍行未幾果爲夏后氏之醢

治家子言

武王既伐殷懸紂首有泣於白旗之下者有司責之其人曰吾治家孫也數十年間載易其鎔範矣今又將易之不知其所業故泣吾祖始鑄田器歲東作必大售殷賦重秉耒耜者一墢不敢起吾父易之爲工器屬宮室臺榭侈其售倍民凋力窮土木中輟吾易之以爲兵器會諸侯伐殷師旅戰陣興其售又倍前也今周用鉞斬獨夫四海將奉文理吾

之業必壞吾亡無日矣武王聞之懼於是苞干戈勸農事治家子復祖之舊

寒泉子對秦惠王

寒泉子（秦之處士）見秦惠王曰客有自趙來以約縱連橫事說大王者爲誰惠王曰東周人蘇秦也寒泉子曰書十上王弗聽有之乎曰然其道如何王邪覇邪曰黜其覇以躋王乎曰否然則何上書之煩而用之疏乎惠王曰醯鷄不能混雷霆嬰兒不能抗烏獲者嚮與力懸絕故也蘇子誠辯矣安能以三寸舌謀山東諸侯使西面朝秦者乎寡人非不知不破一領甲不折一隻矢之爲利也顧猶捕風耳諸侯不可一非一朝也齊桓晉文之伯也始若膠附終若冰坼豈連鷄不能俱止於棲而已哉寡人塞耳義弗聞也寒泉子曰不然夫齊荆三晉之人病於兵久矣方城之金十九爲兵一爲鎛銚董澤之蒲十九爲幹一爲箕檥父子兄弟

之血前後濺野草齊魂爲燕氛趙骨化魏土悽痛之聲入金石出弦匏聞之者悄慼酸屑泣不自禁一旦有人謂曰朝與秦連衡暮得帖帖安臥秦亦厭戰雖鼓牙頰未能呑諸侯秦休而強吾亦勇而奮矣設有辯口安能反覆乎大王不用秦詔一武士尺鐵斷其頸無令車輪輾隃下士使東諸侯聞其言合從散衡東向以背秦大王出則奪氣入則包羞及其殆也披土地以奉讐國獨不念秦仲之業艱難乎春秋祀事何面目見宗廟惠王卒弗用寒泉子耕於鄙趙卽封蘇季子爲武安君六國果奉教拒秦秦閉關十五年

雜說五首

先儒曰瞽叟憎舜使塗廩浚井酖于觴酒欲從而殺之舜謀於二女二女教以鳥工龍工藥浴注一云汪豕而後免矣夫勢之重壯夫不能不畏位之尊聖人不得不敬況舜壻于天子頑嚚嫚戾者獨不畏之又從而

殺之邪且堯之妻二女師九子觀舜之德舜乃受敎於女子其術怪且如是是不敎人以孝道敎人以術免也固堯使之非觀德也何足以天下付

郜侯姜女之生子也始弃之命之曰弃宋芮司徒之生女也始弃之亦命之曰弃郜弃爲稷官蒸民賴之宋弃美而生佐幾移於宋國名之同也奚傷舜重曈子項羽亦重曈子形之類也奚病擇其道如何耳

季札以樂卜趙孟以詩卜襄仲歸父以言卜子游子夏以威儀卜沈尹戌以政卜孔成子以禮卜其應也如響無他圖在精誠而已不精誠者不能自卜況吉凶他人乎

傳曰武王罷朝而韈系絕顧左右無可使結者衛褚師呼聲子結韈而登席漢廷尉爲王生結韈韈之有帶其來尚矣今獨亡之嗚呼古之制亡者十八九奚韈帶之足云

柳下季之妻誄其夫門人不能竄一字呂不韋作春秋秦人不敢損一字德與刑何如哉

笠澤叢書序

叢書者叢脞之書也叢脞猶細碎也細而不遺大可知其所容矣自乾符六年春臥病於笠澤之濱敗屋數間蓋藏書十餘篋伯男兒纔三尺許長碼齒猶未徧教以藥劑象梧子大小外研墨泚筆供紙札而已體中不堪羸耗時亦隱几強坐內壹鬱則外揚爲聲音歌詩賦頌銘記傳序往往雜發不類不次混而載之得稱爲叢書自當謏憂之一物非敢露世家耳目故凡所諱中略無避焉笠澤松江之名

葉燮曰觀此篇末語知著書之難其傳在人耳目者未必皆可信者也

小名錄序

天地萬物雜然而生聖人居其中強爲之命稱或以義或以形或因其自然天地取其義者也日月取其形者也鳥獸因其自然者也人旣列氏賜侯矣得不務佳名而犯之蓋取嬰兒三月目能眴與人喜笑相荅因以名分之以入生人之籍貴賤一也故傳曰子生三月之末擇吉日翦髮爲鬌妻以子見於父執子之手咳而名之夫告宰曰某年某日生宰告閭史書爲二其一獻於州伯州伯命藏諸州府諸侯世子則名而告之廟爲宗主也天子則告於郊見於天明當繼父承天也二十而冠冠而字之表其成人也所謂名以立身字以表德也申繻曰名有五有信有義有象有假有類以名生爲信（若魯公子有）以德命爲義（若文昌武發）以類命爲象（若孔子首象尼邱）取於物爲假（若伯魚名鯉）取於父爲類（若子同與父同生日）不以國不以官不以山川不以隱疾不以畜生不以器幣周人以諱事神名終將諱之故也三代之時至殷尙質直以生日名之太甲太乙武丁

是也周以伯仲次之太伯仲雍叔達季歷是也自周以降隨事而名之至有黑臀黑肱之鄙羊肩狐毛之異負芻之賤禦寇之強杵臼籧篨髡頑狂狡無忌不壽不臣皆名不正而言不順也魯叔孫莊叔之敗狄也以虺豹名其子晉穆姜以條之役生太子命子曰仇其弟生又以千畝之戰命之成師師服曰異哉君之名子也始兆亂矣漢靈帝名二子曰史侯董侯既立爲帝矣後皆退之爲諸侯之應也如此則吉凶悔吝於是乎皆在古人生而名長而行之尙存其樸也末世浮僞日生幼雖行於閭門長不達於州里故有官名小名之別苟不因事而載之則幼之名沒然不聞於後矣彼吉凶悔吝何從而知之今自秦漢以來編而紀之至於神仙玉女之名婦女臧獲之字亦無棄焉及名涉怪奇近於圖讖者亦附於內謂之小名錄夫近者詳遠者略勢使然也其間遺落請俟博聞

書李賀小傳後

玉溪生傳李賀字長吉常時旦日出遊從小奚奴騎駏驢背一古破錦囊遇有所得即書投囊中暮歸足成其文予爲兒時在溧陽聞白頭書佐言孟東野貞元中以前秀才家貧受溧陽尉溧陽昔爲平陵縣南五里有投金瀨瀨南八里許道東有故平陵城周千餘步基址坡陁裁高三四尺而草木勢甚盛率多大櫟合數夫抱叢篠蒙翳如塢如洞地窪下積水沮洳深處可活魚鼈輩大抵幽邃岑寂氣候古澹可嘉除里民樵罩外無入者東野得之忘歸或比日或間日乘驢領小吏徑驀投金渚一往至則蔭大櫟隱巖篠坐于積水之傍苦吟到日西而還爾後衰衰去曹務多弛廢令季操卞急不佳東野之爲立白上府請以假尉代東野分其俸以給之東野竟以窮去吾聞淫畋漁者謂之暴天物天物既不可暴（集無既字）又可抉擿刻削露其情狀乎使自萌卵至于槁死不得

隱伏（集無伏字）天能不致罰耶長吉夭東野窮玉溪生官不挂朝籍而死正坐是哉正坐是哉

送小鷄山樵人序

小鷄山在震澤西出吳胥門背朝日行四十里得野步市曰光福光福西五里得土山山土多石寡無大林木卒生小櫟樸樕皆薪材直吳之炊此爲助焉連延廣袤不一其主爲書畫彊界以相授自界至麓凡二百弓東北倍高而加半焉余所置多少如此余家大小之口二十月費米十斛飯成理魚菽輩十斛薪然後已四時賓祭沐浴澣濯疾病湯藥糜粥在外歲入五千束足矣其掌而供事者顧及小鷄之樵甿也乾符六年春弗雨夏支流將絕八月暴雨而巨艑可實而行之矣九月朔方置薪二百五十於門召而責之曰吾一夏來撤敗屋拔庭草以炊雨之明日望爾來矣何數廉而至晚得非赭吾山而爲汝之利耶老而欺如

名惡何及笑曰吾年餘八十矣元和中嘗從吏部遊京師人言國家用兵帑金窖粟不足用當時江南之賦已重矣殆今盈六十年賦數倍於前不足之聲聞於天下得非專地者之欺甚乎吾有丈夫子五人諸孫亦有丁壯者自盜興已來百役皆在亡無所容又水旱更害吾稼未即死不忍見兒孫寒餒之色雖盡售小雞山之木不足以濡吾家矧一二買名爲偷乎今子一煬竈不給而責吾之深吾將欲移其責於天下之守則吾死不恨矣余歎之曰汝之言信也然不當發於予汝姑歸與之酒繼之以歌云

長其船兮利其斧輸予薪兮勿予侮田予登兮穀予庾突晨煙兮蓬縷縷窗有明兮編有古飽而安兮惟編是伍時不用兮吾無汝撫

復友生論文書

辱示近年作者論文書二篇使僕是非得失於其間僕雖極頑冥亦知

喘息汗下見詆訶之甚難招禍怨之甚易也況僕少不攻文章止讀古
聖人書誦其言思行其道而未得者也每涵咀義味獨坐日昃案上有
一杯藜羹如五鼎七牢饋於左右加之以撞金石萬羽籥也未嘗干有
司對問希品第未嘗歷王公丐貸飾車馬故無用文處江湖間不過美
泉石則記之聳節概則傳之觸離會則序之値巾罍則銘之簡散瀆誕
無所諱避又安知文之是歟非歟生過聽德我太甚苟默默不應非朋
友切切偲偲之義也故扶病把筆一二論之曰我自小讀六經孟軻揚
雄之書頗有熟者求文之指趣規矩無出於此及子史則曰子近於經
經語古而微史近書書語直而淺所言子近經近何經史近書近何書
書則記言之史也史近春秋春秋則記事之史也六籍中獨詩書易象
與魯春秋經聖人之手耳禮樂二記雖載聖人之法近出二戴未能通
一純實故時有齟齬不安者蓋漢代諸儒爭撰而獻之求購金耳記言

記事參錯前後曰經曰史未可定其體也案經解則悉謂之經區而別之則詩易爲經書與春秋實史耳學者不當混而言之且經解之篇名出於戴聖耳王輔嗣因之以易爲經杜元凱因之以春秋爲經孔子曰學詩乎學禮乎易之爲書也原始要終知我以春秋罪我以春秋未嘗稱經稱經非聖人旨也蓋出於周公謚法經緯天地曰文故也有經書必有緯書聖人旣作經亦當作緯譬猶織也經而不緯可成幅乎緯者且非聖人之書則經亦後人名之耳非聖人之旨明矣苟以六籍謂之經習而稱之可也指司馬遷班固之書謂之史何不思之甚乎六籍之內有經有史何必下及子長孟堅然後謂之史乎孔子曰吾猶及史之闕文也又曰質勝文則野文勝質則史又曰董狐古之良史也此則筆之曲直體之是非聖人悉論而辯之矣豈須班馬而後言史哉以詩易爲經以書春秋爲史足矣無待於外也謂經語古而皆微則易曰履

霜堅冰至初筮告再三瀆瀆則不告苦節不可貞之類果純古而微乎謂史語直而淺則春秋書考仲子之宮初獻六羽及齊師戰于乾時我師敗績辛已有事于太廟仲子遂卒於陲壬午猶繹萬入去籥之類果純直而淺乎經不純微史不純淺又可見也言文之不可立喻則曰春秋不當言無使滋蔓又云春秋舉軍旅會盟豈非敘事耶引左氏傳語徵左氏敘事悉謂之春秋可乎春秋大典也舉凡例而褒貶之非周公之法所及者酌在夫子之心故游夏不能措一辭若區區於敘事則魯國之史官耳孰謂之春秋哉前所謂自小讀六經頗有熟者求文之旨趣規矩不出於此妄矣又一篇云某文也某辭也文既與辭異是文優而辭劣耳何易之繫辭曰齊大小者存乎卦辯吉凶者存乎辭故卦有大小辭有險易又曰觀其彖辭則思過半矣易之辭非文耶書載帝庸作歌皋陶乃賡載歌又歌五子之歌皆辭也書之辭非文耶屬辭比事

春秋敎也春秋之辭非文耶禮有朝聘之辭娶夫人之辭樂有登歌薦之辭禮樂之辭非文耶法言曰楊墨塞路孟子辭而闢之廓如也孟軻之辭非文耶太玄之辭也沈以窮乎下浮以際乎上揚雄之辭非文耶是知文者辭之總辭者文之用天之將喪斯文也天之未喪斯文也不當稱辭吉人之辭寡躁人之辭多不當稱文文辭一也但所適有宜耳何異塗云云哉又曰聲病之辭非文也夫聲成文謂之音五音克諧然後中律度故舜典曰詩言志歌永言聲依永律和聲聲之不和病也去其病則和和則動天地感鬼神反不得謂之文乎猶繪事組繡中有精觕妍醜耳大凡辭人之說不敢避墉垣援膚爪而自矜於堂奧心府也要在引學者當知之事以明之而已矣師道不行後生多縱游於所習有陷而溺者力能援之可也如或不同請觀過而後罰

江湖散人傳

散人者散誕之人也心散意散形散神散既無羈限爲時之怪民束於禮樂者外之曰此散人也散人不知恥乃從而稱之或笑曰彼病子之散而目之子反以爲號何也散人曰天地之大也在太虛中一物耳勞乎覆載勞乎運行差之晷刻寒暑錯亂望斯須之散其可得耶水土之散稽有用乎水之散爲雨爲露爲霜爲雪水之局爲潴爲洳爲潦爲汙土之散封之可崇穴之可深生可以藝死可以入土之局墳不可以爲埏（一作埏）墝不可以爲盂得非散能通於變化局不能耶退若不散守名之筌進若不散執時之權筌可守耶權可執耶遂爲散歌散傳（一作詠）以志其散

甫里先生傳

甫里先生者不知何許人也人見其耕於甫里故云先生性野逸無羈檢好讀古聖人書探六籍識大義就中樂春秋抉擿微旨見文中子王

仲淹所爲書云三傳作而春秋散深以爲然貞元中韓晉公嘗著春秋通例刻之於石（今在潤州文宣王廟）意以是學爲己任而顛倒漫濾翳塞無一通者殆將百年人不敢指斥疵纇先生恐疑誤後學乃書摭而辨之先生平居以文章自怡雖幽憂疾病中落然無旬日生計未嘗蹔輟點竄塗抹者紙札相壓投於笸箱中歷年不能淨寫一本或好事者取去後於他人家見亦不復謂已作矣少攻歌詩欲與造物者爭柄遇事輒變化不一其體裁始則淩轢波濤穿穴險固囚鎖怪異破碎陣敵卒造平澹而後已好潔几格窗戶硯席翦然無塵埃得一書詳熟然後置于方冊值本即校不以再三爲限朱黃二毫未省一日去于手所藏雖少咸精實正定可傳借人書有編簡斷壞者緝之文字謬誤者刊之樂聞人爲學講評通論不倦有無賴者毀坼捸汙或藏去不返先生戚然自咎先生貧而不言利問之對曰利者商也今既士矣奈何亂四人之業乎且

仲尼孟軻氏所不許先生之居有地數畝有屋三十楹有田奇十萬步（吳田一畝當二百五十步）有牛不減四十蹄有耕夫百餘指而田汙下暑雨一晝夜則與江通色無別己田他田也先生由是苦飢困倉無斗升蓄積乃躬負畚鍤率甿夫以爲具且每歲波雖狂不能跳吾防溺吾稼也或譏刺之先生曰舜徽瘠大禹胼胝彼非聖人耶吾一布衣耳不勤劬何以爲妻子之天乎且與蚤虱名器雀鼠倉庾者何如哉先生嗜茶荈置園於顧渚山下（山在吳興郡歲貢茶之所）歲入茶租十許簿爲甌犧之實自爲品第書一篇繼茶經茶訣之後（茶經陸羽撰茶訣皎然撰）南陽張又新嘗爲水說凡七等其二曰惠山寺石泉（無錫縣華山）其三曰虎邱寺石井其六曰吳淞是三水距先生遠不百里高僧逸人時致之助其好先生始以喜酒得疾血敗氣索者二年而後能起有客至亦潔樽置觶但不復引滿向口爾性不喜與俗人交雖詣門不得見也不置車馬不務慶弔內外姻黨伏臘喪祭未

嘗及時往或寒暑得中體佳無事時乘小舟設蓬席賫一束書茶爐筆床釣具權船郎而已所詣小不會意徑還不留雖水禽決起山鹿駭走不若也人謂之江湖散人先生乃著江湖散人傳而歌詠之由是混毀譽不能入利口者亦不復致意先生性悁急遇事發作輒不含忍尋復悔之屢改不能已先生無大過亦無出入人事不傳姓名無有得之者豈涪翁漁父江上丈人之流者乎

蟹志

蟹水族之微者其爲蟲也有藉見於禮經載於國語揚雄太玄辭晉春秋觀學等篇考於易象爲介類與龜與黿剛其外者皆乾之屬也周公所謂旁行者歟參於藥錄食疏蔓延乎小說其智則未聞也唯左氏紀其爲灾子雲譏其躁以爲郭索後引而已蟹始竄穴於沮洳中秋冬交以大出江東人云稻之登也率執一穗以朝其魁然後從其所之蚤夜

觱沸指江而奔漁者緯蕭承其流而障之曰蟹斷（鍛）斷（短）其江之道焉爾然後扳援越軼遯而去者十六七既入於江則形質寖大於舊自江復趨於海如江之狀漁者又斷而求之其越軼遯去者又加多焉既入於海形質益大海人亦異其稱謂矣嗚呼穗而朝其魁不近於義耶捨沮洳而之江海自微而務著不近於智耶今之學者始得百家小說而不知孟軻荀揚氏之道或知之又不汲汲於聖人之言求大中之要何也百家小說沮洳也孟軻荀揚氏聖人之瀆也六籍者聖人之海也苟不能捨沮洳而求瀆由瀆以至於海是人之智反出於水蟲下能不悲夫吾是以志其蟹

耒耜經

耒耜者古聖人之作也自乃粒以來至於今生民賴之有天下國家者去此無有也飽食安坐曾不求命稱之義非楊子所謂如禽者耶余在

田野間一日呼耕叱就而數其目恍若登農皇之庭受播種之法淳風泠泠聳豎毛髮然後知聖人之旨趣朴乎其深哉孔子謂吾不如老農信也因書爲耒耜經以備遺忘且無愧於食

經曰耒耜農書之言也民之習通謂之犂冶金而爲之者曰犂鑱曰犂壁斵木而爲之者曰犂底曰壓鑱曰策額曰犂箭曰犂轅曰犂梢曰犂評去聲曰犂建曰犂槃木與金凡十有一事耕之土曰墢墢猶塊也起其墢者鑱也覆其墢者壁也草之生必布於墢不覆之則無以絕其本根故鑱引而居下壁偃而居上鑱表上利壁形下圓負鑱者曰底底初實於鑱中工謂之鼈肉底之次曰壓鑱背有二孔係於壓鑱之兩旁鑱之次曰策額言其可以扞其壁也皆貼然相戴自策額達於犂底縱而貫之曰箭前如桯而樛者曰轅後如柄而喬者曰梢轅有越加箭可弛張焉轅之上又有如槽形亦如箭焉刻爲級前高而後庳所以進退曰評

進之則箭下入土也深退之則箭上入土也淺以其上下類激射故曰箭以其淺深類可否故曰評評之上曲而衡之者曰建建楗也所以柅其轅與評無是則二物躍而出箭不能止橫於轅之前末曰槃言可轉也左右繫以樫乎軛也轅之後末曰梢中在手所以執耕者也轅取車之胸梢取舟之尾止乎此乎鑱長一尺四寸廣六寸壁廣長皆尺微橢底長四尺廣四寸評底過壓鑱二尺策額減壓鑱四寸廣狹與底同箭高三尺評尺有三寸槃增評尺七焉建惟稱一作建雄稱絕轅修九尺梢得其半轅至梢中間掩四尺犂之終始丈有二耕而後有爬去聲渠疏之義也散墢去芟者也爬而後有礰礋焉有磟碡焉自爬至礰礋皆有齒磟碡觚稜而已咸以木爲之堅而重者良江東之田器盡於是耒耜經終焉

陸深曰嘗讀氾勝之書喜其辭絕奇古復得魯望此篇與牛宮辭可謂田家三寶

記稻鼠

乾符己亥歲震澤之東曰吳興自三月不雨至於七月當時汙坳沮洳埃壒塵敦櫂檝支派者入扉屨無所汙農民轉遠流漸稻本晝夜如乳赤子欠欠然救渴不暇僅得葩坼穗結十無一二焉無何羣鼠夜出嚙而僵之信宿食殆盡雖廬守版擊毆而駭之不能勝若官督戶責不食者有刑當是而賦索愈急棘束械榜箠木肌頸者無壯老吾聞之於禮曰迎貓爲食田鼠也是禮闕而不行久矣田鼠知之後歟物有時而暴歟政有貪而廢歟國語曰吳稻蟹不遺種豈吳之土鼠與蟹更伺其事而效其力殲其民歟且魏風以碩鼠刺重斂碩鼠斥其君也有鼠之名無鼠之實詩人猶曰逝將去汝適彼樂土況乎上捃其財下啗其食率一民而當二鼠不流浪轉徙聚而爲盜何哉春秋蟲螟生大有年皆書是聖人於豐凶不隱之驗也余學春秋又親蒙其災於是乎記

記錦裾

侍御史趙郡李君好事之士也因余話上元瓦官寺有陳後主羊車一輪天后武氏羅裙佛幡皆組繡奇妙李君乃出古錦裾一幅示余長四尺下廣上狹下闊六寸上減下三寸半皆周尺如直其前則左有鶴二十勢若飛起率曲折一脛口中含莩藶背右有鸚鵡聳肩舒尾數與鶴相等二禽大小不類而隔以花卉均布無餘地界道四向五色間雜道上累細鈿點綴其中微雲瑣結互以相帶有若駁霞殘虹流煙墮霧春草夾徑遠山截空壞牆古苔石泓秋水印丹浸漏粉蝶塗染盩縆環佩雲隱涯岸濃澹霏拂靄抑冥密始如不可辨別及諦視之條段斬絕分畫一一有去處非繡非繪縝緻柔美又不可狀也裹用繒綵下製綫尚如舊兩旁皆解散蓋拆滅零落僅存此故耳縱非齊梁物亦不下三百年矣昔時之工如此妙也曳其裾者復何人歟因筆之爲辭繼於錦譜

之後俾善詩者賦之

野廟碑

碑者悲也古者懸而窆用木後人書之以表其功德因留之不忍去碑之名由是而得自秦漢以降生而有功德政事者亦碑之而又易之以石失其稱矣余之碑野廟也非有政事功德可紀直悲夫甿竭其力以奉無名之土木而已矣甌越間好事鬼山椒水濱多淫祀其廟有雄而毅黝而碩者則曰將軍有溫而愿晳而少者則曰某郎有媼而尊嚴者則曰姥有婦而容豔者則曰姑其居處則敞之以庭堂峻之以陛級左右老木攢植森拱蘿蔦翳于上梟鴞室其間車馬徒隸藂雜怪狀農作之甿怖之走畏恐後大者椎牛次者擊豕小不下雞犬魚菽之薦牲酒之奠缺於家可也缺於神不可也一日懈怠禍亦隨作耄孺畜牧慄慄然疾病死喪甿不曰適丁其時耶而自惑其生悉歸之神雖然若以古

言之則戾以今言之則庶乎神之不足過也何者豈不以生能禦大災
扞大患其死也則血食於生人無名之土木不當與禦災扞患者爲比
是戾於古也明矣今之雄毅而碩者有之溫愿而少者有之升階級坐
堂筵耳絃匏口粱肉載車馬擁徒隷者皆是也解民之懸淸民之暍未
嘗貯於胸中民之當奉者一日懈怠則發悍吏肆淫刑毆之以就事較
神之禍福孰爲輕重哉平居無事指爲賢良一旦有大夫之憂當報國
之日則恛撓脆怯顚躓竄踣乞爲囚虜之不暇此乃纓弁言語之土木
耳又何責其眞土木耶故曰以今言之則庶乎神之不足過也旣而爲
詩以亂其末土木其形竊吾民之酒牲固無以名土木其智竊吾君之
祿位如何可議祿位頎頎酒牲甚微神之饗也孰云其非視吾之碑知
斯文之孔悲

書銘

太古之時何常有欺逮乎結繩民始相疑畫卦造書聖人之爲圖載文字厥功弗知惟簡惟牘斷竹拆木纍必充庭負必折轂章編一絕錯亂名目寖務輕省搗枲剡穀膠綴番番恣其所便蟲篆更隸形模易宣上下今古卷舒蟬聯薰曝蠹蠻疵乎不堅又取珉石篆琢雕鐫由簡牘下其存四邊璽印章號殷懃識焉其巧益甚其說益繁盟契質要朝成夕反平詭誓制令尾達首言牋檄奏報離方就圓傳錄註記醜纖美憐銘誄碑表虛功妄賢歌詩賦頌多思謟權在簡牘者埋沒爛壞無遺一編副以枲穀其留最延繆戾倒顛尨蒙弗删在珉石者固寵納賂惟辭是姸鑱鑿既畢名聲泯然堯舜之道以人爲傳有死必繼流乎億年宜斥詐僞焚燒棄捐復以太古結繩之前

兩觀銘

兩觀雉門雖僭天子聖人在朝姦佞誅死姦首擲地姦血如水政不得

亂國是以理下及千祀澆風四起內荏外賢舉世稱美赫奕皇都象魏天倚豈無姦邪佩玉蘂蘂聖人弗生兩觀如砥以石鑱辭著乎闕里

馬當山銘

言天下之險者在山曰太行在水曰呂梁合二險而爲一吾又聞乎馬當彼之爲險也屹于大江之旁怪石憑怒跳波發狂日黯風助折摧牙檣血和蛟涎骨橫魚吭幸而脫死神魂飛揚殊不知堅輪蹄者夷于太行仗忠信者通乎呂梁便舟檝者行于馬當合是三險而爲一未敵小人方寸之包藏外若韋脂中如劍鋩蹈席必死鉤袵必傷在古已極于今益昌敬篆巖石俾民勿忘

怪松圖贊 并序

有道人自天台來示予怪松圖披之甚駭人目盤于巖穴之內輪囷偪側而上身大數圍而高不過四五尺礧碙然蹩縮然幹不暇枝枝不暇

葉有若龍蠻虎跛壯士囚縛之狀道人曰是何物怪之如是耶子能辯之乎予曰草木之生安有怪耶苟肥瘠得于中寒暑均于外不爲物所凌折未有不挺而茂者也矧松柏乎今不幸出於巖穴之內脞脆者則磽然其牙伏死其下矣何自奮之能爲是松也雖稚氣初拆而正性不辱及其壯也力與石鬭乘陽之威悲已之軋拔而將昇卒不勝其壓擁勇鬱遏坌僨激訐然後大醜彰于形質天下指之爲怪木吁豈異人乎哉天之賦才之盛者早不得用于世則伏而不舒薰蒸沉酣日進其道權擠勢奪卒不勝其阨號呼嗷拏發越赴訴然後大奇出于文彩天下指之爲怪民嗚呼木病而後怪不怪不能圖其眞文病而後奇不奇不能駭于俗非始不幸而終幸者耶道人曰然爲吾贊之贊曰

松生陰隘巖獄穴械病乎不快卒以爲怪擁腫支離神羞鬼疑道人嗟咨援筆傳奇或怪其形或奇于辭自爲怪魁是以贊之

登高文

金行告窮日御初九桐陰雨壓乎泥沙菊氣風揚乎戶牖寒無以衣貧不得酒茫洋於心噎嗢在口稚子拱而進曰古往滔滔人生實勞或暇或逸以嬉以遨茲辰甚良足嘯吾曹趨山選臺席餌樽醪既可逭乎災眚亦聊釋乎鬱陶齊諧之流載此世所謂夫登高者也嘗有意乎予曰吁稚子之知止於是耳曾不探乎奧旨吾數畝之間門常晝闔學無端倪宛若循環時孤笑以獨憤樂正直而非險艱爲書摭之與善治頑有行同而跡類者尙憤疾乎聲顏一蹶在坂百駑在閑傳斷振秼侮病擠孱仲尼登東山而小魯況肆遠目而務周旋者哉陽專奧遂假竊名器有土有人前呵後騎佞舌咿啞所向上下鏜威介私放蕩侈哆如此者又欲見耶崇閎大居墍粉塗朱脊會螭屹扉環獸鋪輪鮮蹏驕羽翼成徒繡碧其內絲篁彼姝主張何人庸兒賈夫如此者又欲見耶纓弁外

飾悔咎中積簡棄信行附比凶德仁澤乾枯義路塡塞權之所增始金終斥權之所憐昨罵今惜反常背面天遼海隔如此者又欲見耶國厚鑄兵赤子聚盜殺人無慚罪人何蹤造化不象名稱同暴以寨牆垣不塡堂奧生靈幾何過半減耗殘存伶俜轉輓犒勞羸豪偏陂役使顚倒鄉敺吏咎不舍童耄如此者又欲見耶古所謂登高能賦者賦物之姿慘戚在下吾寧忍歎爾以灾眚可逭鬱陶可披我中時病言開怒隨我感物悴退瞻邇噫是使災眚彌熾鬱陶愈悲唯爾教我百無一宜我穀未實我蔬未肥弗視農圃吾將曷歸無重我悔吾方憒憒稚子不樂惴縮而退

祝牛宮辭 幷序

冬十月耕牛爲寒築宮納而皁之建之前日老農請乞靈於土官以從鄉敎予勉之而爲之辭

四犉三牯中一去乳天霜降寒納此室處老農拘拘度地不畝東西幾何七舉其武南北幾何丈二加五偶楹當間載尺入土太歲在亥餘不足數上絺蓬茅下遠官府耕耨何時飲食得所或寢或臥免風免雨宜爾子孫實我倉庾

迎潮送潮辭 并序

余耕稼所在松江南旁田廬門外有溝通浦溆而朝夕之潮至焉天弗雨則軋而留之用以滌濯灌溉及物之功甚鉅其羸壯遲速繫望晦盈虛也用之則順而進捨之則黜而退有類乎君子之道翫而感之作迎潮送潮二辭聊寄聲於騷人之末云

江霜嚴兮楓葉丹潮聲高兮墟落寒鷗巢卑兮漁箔短遠岸沒兮光爛爛潮之德兮無際既充其大兮又充其細沒幽岸兮款柴門寂寞流連兮依稀舊痕濡腴澤膏兮潮之恩不尸其功兮歸於混元　右迎潮

潮西來兮又東下日染中流兮紅灑灑汀葭蒼兮嶼蓼枯風騷牢兮愁煙已孤大幾望兮微將晦翳晛瀛溶兮斂然而退愛長波兮數數一幅巾兮無纓可濯帆生塵兮機有衣悵潮之還兮吾猶未歸　右送潮

戰秋辭

八月空堂前臨隙荒抽闢散扇晨烏未光左右物態森竦強梁天隨子爽駛情慄恍軍庸之我當濠然而溝壘然而牆轟然而桂隊然而篁杉巉攢矛蕉標建常槁艾矢束矯蔓絃張蛙合助吹烏分啓行若革進而金止固違陰而就陽無何雲顏師風旨伯蒼茫慘澹隳危摵劃火蒙上焚雨比下棘如濠者注如壘者闢如轟者亞如隊者析如矛者折如常者拆如矢者仆如弦者礫如吹者瘖如行者惕石有髮兮盡槼木具耳兮咸馘雲風雨煙乘勝之勢驕杉篁蕉蔓敗北之氣摵天隨子曰吁秋無神則已如其有神吾爲爾羞之南北畿圻盜興五碁方州大都虎節

龍旗瓦解冰碎瓜分豆離斧抵耋老干穿乳兒昨宇今燼朝人暮尸萬犢一咆千倉一炊擾踐邊朔殲傷蠻夷制質守帥披攘城池弓脊不剄甲綴不離兕渠歌笑裂地無疑一作宜天有四序秋爲司刑少昊負扆親朝百靈蓐收相臣太白將星可霾可雹可風可霆可壍溺顚陷可夭札迷冥曾忘鏖剪自意澄寧苟蜡禮之云責觸天怒而誰丁奈何欺荒庭凌壞砌掇崇蘺批宿蕙揭編茅而遈力斷緯蕭而作勢不過約弱歒垂牀殘廢替可謂棄其本而趨其末捨其大而從其細也辭猶未已色若媿恥於是墮者止偃者起

春寒賦

宋玉雲夢侍從賦成酒闌君王慘憯顧曰春寒玉少進曰大王之國三分水居其一大王之宮後庭女充溢波浮其空幽怨積其中不得不雨不得不風風橫雨斜天地溟濛寒之中人有異於嚴冬其來也低迷其

狀也惆悵理難辨而詞作色雖莊而意蕩朋比薰鑪留連繡帳相逢置酒則少避酡顏獨自登樓則偏淩遠望臨窗戶邊池塘絲輕畏逼花怯愁當掩抑兮幽襟更遠連牽兮別緒彌長齊紈失色越絮騰光芳神失職陰御爭強期畊犢戰暮陷蠶僵民病如此君何勿傷襄王於是下席稱謝撤燕戲省嬪嬙以黃金爲玉壽然後返駕於高堂

石公轍曰此賦湖州教授闕注子東得之江南徐鍇文集注中

蠶賦 并序

荀卿子有蠶賦楊泉亦爲之皆言蠶有功於世不斥其禍於民也余激而賦之極言其不可能無意乎詩人碩鼠之刺於是乎在

古民之衣或羽或皮無得無喪其游熙熙藝麻緝纑官初喜窺十奪四五民心乃離逮蠶之生繭厚絲美機杼經緯龍鸞葩卉官涎盜睨盡取後已嗚呼既豢而烹蠶實病此伐桑滅蠶民不凍死

杞菊賦 并序

天隨子宅荒少牆屋多隙地著圖書所前後皆樹以杞菊春苗恣肥日得以採擷之以供左右杯案及夏五月枝葉老硬氣味苦澀旦暮猶責兒童拾擷不已人或歎曰千乘之邑非無好事者家日欲擊鮮爲具以飽君者多矣君獨閉關不出率空腸貯古聖賢道德言語何自苦如此生笑曰我幾年來忍飢誦經豈不知屠沽兒有酒食耶退而作杞菊賦以自廣云

惟杞惟菊偕寒互綠或穎或苕烟披雨沐我衣敗綈我飯脫粟羞慚齒牙苟且粱肉蔓延駢羅其生實多爾杞未棘爾菊未莎其如予何其如予何

苔賦

江文通嘗著青苔賦盡苔之狀則有之懲勸之道雅未聞也如此則化

下風上之旨廢因復爲之以嗣其聲云
天地閉風雨積門逕秋苺苔植離方抱圓累紫疊碧始分封於危亭之下終略地於荒畦之側侵竹塢而縱步佔蘭疇而盈尺麗色何似嘉名孰爲高有瓦松卑有澤葵散巖竇者石髮補空田者垣衣在屋曰昔邪在藥曰陟釐質被綠錢之美香聞艾納之奇或蕈或菲或蘚或菭諒含姿而是類斯感物以隨時則有衛霍天姻金張世族侯以恩澤拜館以形勝築壁僭塗椒階緣墄玉牀丹徼之象盡帳蒼梧之翠秃謂爵祿不必仁守英髦可以力服行叶四凶身圖五福一日盈滿中年顛覆斯苔也染婕好之輦殆晚偏青封廷尉之門經秋更綠彼失寵以亡家者鮮不慟哭則有林塘倚薄衡泌蕭條茅茨上古机格南朝書假則書淫畫聖晡歸則婦餉兒樵溝通壞塹路隔危橋雨霽而魚驚沫聚霜乾則鶴刷翎飄浪求名而蠖屈慮卜命而龜焦窗欹瘦枕樹挂風瓢山無價買

隱有訶招斯苔也周內史宿酒壺邊煙皴思起屈大夫擣衣砧上黛點情饒彼遺形而放志者能無獨謠謠曰苔之生兮自若人有哀兮有樂哀者貴兮樂者賤貴者危兮賤者宴噫哀樂兮何時止貴賤循環兮而後已

田舍賦

江上有田田中有廬屋以菰蔣扉以籧篨笆籬楗微方竇欞疏檐卑欹而立傴僂戶傴側而行趦趄蝸旋頂隆龜坼旁塗夕吹入面朝陽曝膚左有牛栖右有鷄居將行蹬遮未起啼驅宜從野逸反若囚居天隨子愀然而吁復自諫曰祿以代耕如無祿歟無祿無耕爲工商歟有沮溺之賢以仕易農乎有輪扁之道以仕易工乎有弦高之義以仕易商乎今則不然能無說焉蓋仕不愧祿而揣政咸卒人以奉己使農工之洎民棄其守而趨仕農之仕墮於力而希歲工之仕巧於文而幸貴商之

仕射其肥而啗利所以國靡凶荒之儲家乏完堅之器人闕有無之備莫不由是加以上多而下寡不勝利喪之苦轉徙盜聚而充熾嗚呼吾丁此時何以逭之將提新書抱野史上干天子之有司如怒鼃之跳梁於風雨自謂登乎龍籍不其遠而遠而有牛角角有田棊棊不値歲惡未嘗孔飢今則陽亢而驕苗渴而萎十穗百粒稜夫涕洟饋於是粥於是信夫鼎銘之我欺彼爲聖人儉者茅茨勞者胼胝顧予懦夫勤陋何疑有鰥在下者舉舜之德毋惟汝諧者授禹之辭不舉不授雖聖何爲乃繼而爲詩道不可不若天不可不樂謹爾溝塍利我錢鎛聊以卒歲更俟東作

卷四 完

受業表弟沈惟埜校錄

松陵文集三編

松陵文集二編

柳元瑕題

松陵文集二編

一百尺樓叢書

民國六
年歲在
丁巳秋
季開印

松陵文集敍

余㠯丁巳春客吳江之同里其里有陳子去病者瑰瑋琦行士也身長不滿中人博聞彊記年長余逾十歲而意氣橫溢大類少年㠯事擕余鼓輪泛同里湖溯白蜆江而東爲余指畫水勢曲折港汊紛歧纖悉歷歷如聚米沙余爲歎絕陳子忻然譚益豪詞氣坌涌語余曰吳地記云松江一名松陵又名笠澤形勢卑濕無長林大山登覽自廣戚仲所謂松容也容裔之貌殆或然也顧今東城有若岡若陵者爲頗高敞占一縣勝吾將言於縣大夫植松萬株其上以實松陵之名其可乎余笑應之曰吳越春秋越追吳兵入江陽松陵舊經云松柏險隘故曰松陵雖或不然而縣之㠯松得名非一朝夕可知也今子懷舊攄念而李侯曉暾國人稱賢焉必有㠯慰子志矣陳子又曰笠澤見春秋左氏傳杜遵鄉書謂笠覆物之器以竹爲之無柄非也吾意笠者蘆荻二字之急讀

如經傳所載不可爲叵之乎爲諸奈何爲那邾婁爲鄒鞠窮爲芎不律爲筆三代語如此者不可枚舉也然則笠澤猶邑之稱蘆墟吳之號對門耳余曰此亦可㠯備異聞侈耳食語次陳子乂爲余言方搜輯其縣獻文字纂松陵文集巳刊定初編自漢迄唐未置縣前人文今刻二編下終於明斷自置縣之始子盍一言弁之余應之曰子即無言吾固將言之在昔禹平水土益烈山澤焚之而縣於春秋爲松陵爲笠澤要之洪荒草昧爲禹所未及平益所未及焚烈無疑也亦越千三百六十有三年而我皇祖武肅王興王臨安奄有吳越於是析疆置縣而城於松江之涯錫名吳江㠯莞北門之鑰奕世神武實惟我文穆王能纘其緒當夫平𥟖用師夜苦蚊蚋左右請施帷帳王曰三軍在此吾獨何避竟不許論者㠯爲難此置縣之始事也陳子嘗爲余述之深慙孫子無似遘萬方多難上之不能如我祖之驅除危難休綏元元次猶不得一塞

一障而乘之以赫聲濯靈而徒爲儒生迂緩不濟事萍寄此邦以文字相娛嬉異日誦陳子之書而憑弔於所謂東城高廠地躑躅登臨安得不發思古幽情作王孫路隅之泣耶陳子其必有以誨我也無錫錢基博

敘一

吾友陳君佩忍以所編纂松陵文集見眎而督之序集凡三編爲卷六十其體遡原本潘氏力田之作而踵爲文集初編自漢迄唐係未置縣前二編自宋迄明爲已置縣時三編則昉自淸初乃分縣以還迄虜今兹也佩忍積二十年之力旁搜遐紹僅乃成之可謂專且勤矣以余弇陋何足以語文事顧自束髮受書亦嘗擿埴索塗冥心默識而知文家者言有所謂宗派焉師法焉如孫可之於來無擇皇甫持正以上溯昌黎者是也揭櫫師傳承嬗眞訣馳逐聲氣標榜壇坫烏虖是皆起於鄉曲競名者之私豈天下之公言哉古初之文無所謂法也羣經諸子體不相沿貌不相襲犂然有當而各抒其義理之精當其鴻蒙結撰萬靈逶迤旁皇怳惚不可方物而要素所存不外毗陰毗陽理勝情勝而已毗陽者如雷如霆毗陰者如怨如慕理勝者極深研幾情勝者夷愉婉

笠言各有物物各呈象文心不同殆如其面又何派別之足云吾邑界吳中文史之區縣境僻左環繞於三萬六千頃具區之中所謂澤國者近是故風氣樸儇與省垣迴異一時懷文抱質之士類多蕭曠淵雅獨醒獨淸百餘年來文章宗派與斯世潮流遞演遞變而吾邑乃絕無尋聲逐影依傍門戶之人是可知稟於土風者特異諸老先之孤芳自守爲足多也文質異趨歐化東漸魁能之士殫精於名物象數訓詁詞章之學日以寖微冀如慶光前輩敷文摛藻卓有千秋荒江抱道聲應氣求者已邈不可得而吾佩忍維斯文之將喪乃沿流而遡源萃數千百年方雅譔述粲乎隱隱彙爲一編風雨如晦雞鳴不已其亦吾邑文史得失之林也回憶早年與佩忍居同里閈昕夕過從高睨大談輒思有以自立曾幾何時無聞之歲忽焉已至時事孔亟修名不立讀佩忍是編俯仰今昔百端交集已宣統辛亥余夏同邑弟金祖澤拜敘

松陵文集二編目次

卷一 宋三人

卷二 宋一人

松陵文集二編　百尺樓叢書

卷一　邑後學　陳去病　纂輯

宋 三人

謝　絳字希深祥符八年乙卯進士甲科富春籍歷官兵部員外郎擢知制誥判吏部流內銓太常禮院寶元中知鄧州卒贈禮部尚書有集五十卷已佚不見

論宣祖配侑疏

伏覩本院與崇文院檢討官詳定以宣祖配感生帝竊尋宣祖非受命開統因循配祀義或未安三代兩漢之際經禮雖著而事遠難法請以唐典明之高祖武德初定令每歲圓丘雩祀並以景帝配祈穀大享並以元帝配太祖初以高祖配圓丘明堂北郊之祀元帝專配感生帝高宗永徽二年祀高祖於圓丘太宗於明堂兼配感生帝又以景帝元帝

稱祖萬代不遷遂停配祀以符古義臣以謂景帝厥初受封爲唐始祖推於事實蓋與宣祖不侔宣祖於唐是爲元帝之比唐有天下裁越三世而景元二祖已停配祀之典且有宋受命于兹四聖而宣祖配侑因而未停與唐非合請依永徽故事停宣祖配享仍用唐太宗故事宗祀眞宗於明堂兼配感生帝若據鄭康成說則曰五帝迭王王者之興因其所感別祭於南郊以祖配之今若不用永徽故事則請以太祖兼配正符鄭說而論者以宣祖比周之后稷竊又惑焉詳鄭之意非受命始封之祖則不配故引后稷配靈威仰之義爲證唯太祖始基帝業配感生帝據理甚明若以配祈穀與感生帝祠日相妨則當以太宗配祈穀太祖配雩祀亦不失尊嚴之旨臣以謂宣廟非爲不遷而迭用配帝於古爲疑禮祖有功宗有德但非受命之祖親盡必毀而況配享乎歷代名臣奏議

乞開內館恢景德之制疏

臣聞唐室麗正史官之局並在大明華清宮內太宗肇造三館更立祕閣于昇龍門左親飛白題額作贊刻石于閣下景德中圖書寖廣大延天下英俊之士乃益以內帑西庫二聖因數臨幸親加勞問遞宿廣內有不時之召人人力道術究藝文知天子尊禮甚勤而名臣高位繇此其選也往者延燔之後簡編略盡訪求典籍是正疑文而筆工乏集有司引兩省故事別創外館以從繕寫考校之便然直舍卑喧民櫚叢接太官衞尉供擬滋俏非先朝所以隆儒育才之本意陛下未嘗遷翠蓋降玉趾寥寥册府不聞輿馬之音曠有日矣議者以謂慕道不篤於古待士少損於前士無延訪之勤而因循相尙不自激發文雅漸弊竊爲聖時惜也願開內館以恢景德之制　同上

游嵩山寄梅殿丞書

近有使者東來付僕詔書幷御祝封香遣告嵩岳太常移文合用讀祝

捧幣二員府以歐陽永叔楊子聰分攝會尹師魯王幾道至自緱氏因思早時約聖俞有太室中峯之行聖俞中春時遂往爲人閒事所窘未遑也今幸其便又二三子可以爲山水游侶然亟與之議皆喜見顏色不戒而赴十二日晝漏未盡十刻出建春門宿十八里河翌日過緱氏閱游嵩詩碑碑字甚大而未鐫上緱嶺尋子晉祠陟轘轅道入登封出北門齋于廟中是夕寢既興吏由五鼓有司請朝服行事事已謁新治宮拜眞宗御容稍即山麓至峻極中院始改冠服卻車徒從者不過十數人輕齎遂行是時秋清日陰天未甚寒晚花幽草虧蔽石壁正當人力淸壯之際加有朋嚮談燕之適升高躡險氣豪心果遇盤石過大樹必休其上下必酌酒飮茗傲然者久之道徑差平則腰輿以行嶄崒斗甚則芒蹻以進窺玉女窗搗衣石石誠異窗則亡有迤邐至八仙壇憩二醉石徧視墨跡不復存矣考乎三居所賦亦名過其實午昃抵峻極

上院師魯體最谷最先到永叔最少最疲於是浣漱食從容閒躋封禪
壇下瞰羣峯乃向所跂而望之謂非插翼不可到者皆培塿焉邑居樓
觀人物之夥視若蟻壞武后封祀碑故存自號大周當時名賢皆姓名
于碑陰不虞後代之譏其不典也碑之空无字處覩聖俞記樂理國而
下四人同遊鑱刻尤精僕意古帝王祀天神紀功德于此當時尊美甚
盛後之君子不必廢之壞之也又尋韓文公所謂石室者因盡詣東峯
頂是夕宿頂上會幾望天無纖翳萬里在目子聰疑去月差近令人浩
然絕世閒慮盤桓立淸露下直覺冷透骨髮羸體將不堪可方即舍張
燭具豐饌醴五人者相與岸幘褫帶環坐滿引賦詩談道閒以謔劇然
不知形骸之累利欲之萌爲何物也夜分少就枕以息明日訪歸路步
履無苦昔闖鼯鼠窮技能下而不能上豈近此乎午閒至中院邑大夫
來逆其禮益謹中刻出登封西門道潁陽宿金占十六日晨發據鞍縱

望太室猶在後路曲南西則但見少室若夫觀少室之美非緱兹路則不能盡諸邑人謂之冠子山正得其狀自行七十里出潁陽北門訪石堂山紫雲洞卽邢和璞著書之所山徑極峻捫蘿而上者七八里上有大洞蔭數畝水泉出焉久爲道士所居爨煙熏燎又塗墁其内已戒邑宰稍營草屋於側徙而出之此閒峯勢危絕大抵相向如巧者爲之又峭壁有若四字云神清之洞體法確妙蓋薛老峯之比諸君疑古苔蘚自成文又意造化者筆焉莫得究其本末少留數十刻會將雨而去猶冒夜行二十五里宿呂氏店馬上粗若疲厭則有師魯語怪永叔子聰歌俚調幾道吹洞簫往往一笑絕倒豈知道路之短長也十七日宿鼓婆鎭遂緣伊流陟香山上下方飲于八節灘上始自峻極中院末及此凡題名于壁于石于樹間者蓋十有四處大凡出東門極東而南之自長夏門入繞崧轘一匝四百里可謂窮極勝覽切切未滿志者塈俞不

與焉今既還府恐相次便有塵事侵汨故急寫此奉報庶代一昔之談

宋文鑑

李師德字　元祐初官朝請郎勾當東京排岸司輕車都尉賜緋魚袋莫旦曰孝經石刻舊在縣庠景泰中尚存然則李蓋吳江人也

石刻孝經自序

萬勝使鄉里無秋毫之損雖功烈不大著於時與妻子剽掠拱手受刃者蓋有間矣事之本末見吳王祠之石刻焉師德獲嗣其後天下降造及長而孤惸然一身思願竭力以事朝夕其可得乎聖人之經孝爲大行爲人子者不得躬而行之食稻衣錦於汝安乎每一念至不覺涕之無從且父母之愛子孫非止鞠育衣食而已凡一言一行常恐恐然慮其有失而淪於非道也逮夫啓手足之際尚諄復戒飭而不能已者誠以愛之之心無有窮盡也以不可窮盡之愛而限以死生之變蓋人情

之所不足也師德雖不敏上焉既不得竭力於其親下焉敢忘於愛之乎良田廣居不足以有之也兼金美玉不足以寶之也可寶而有之者惟聖人之言乎聖人之言布在方策爛若日星至於立身治家事君事親其章句皎然而易曉者無如孝經爲最竊願模之堅石一植先塋一置縣庠以示其後復愧乎聲迹湮沫（沈彤曰疑當作曖昧）不足以聳人之耳目重來世是用購求甚貴而有名於時者人題一章益之以序得一十九人復且名之庶有託焉司馬遷曰閭巷之人欲砥名勵行者非附青雲之士惡能施於後世哉師德竊慕之是不徒使後之子孫知我愛之之至亦庶幾不肖之迹附見於來今又以鄉里之光傳諸永永而無窮已也

魏　憲字令則哲宗紹聖四年進士號熙豐人才累遷國子司業以學行見推徧歷中外師儒之選尋兼太子舍人遷中書舍人給事中其文温厚雅正得代言之體宣和二年以直龍圖閣知常州三

年除太常少卿歷顯謨閣直學士知明州建炎二年爲吏部侍郎提舉江州太平觀進吳郡開國侯食邑千二戶食實封一百戶致仕歸學者稱止庵先生

重修雅兒塔記

半塘壽聖浮圖按舊記云晉義熙十一年名法華塔詔賜國材以建由晉歷唐距宋興凡一再改建歲久寖壞先君開府覽之慨然若契宿願實始備焉建炎庚戌之亂塔復廢憲顧瞻餘燼夕惕於懷曰此吾先君所植德者也疇敢不勉於是傾貲度財裁加營繕紹興七年七月二日工告訖功初道生法師有童子能誦法華經死葬半塘其後過客夜聞誦經聲迹之莫見其人且視童子塚有青蓮花之異塔建蓋權輿於此迨今幾八百年矣而鳩工之始役夫夜方寢復聞誦經聲琅然出塔數夕不絕嗚呼異哉僧了勤以其事來告因爲之記蘇州府志

卷一 完

及門諸子校錄

卷二　　　　邑後學　陳去病　纂輯

宋一八

王　蘋字信伯原籍福清高宗紹興四年十月帝親征幸平江以郡守孫佑薦賜右迪功郎爲趙鼎所重旋賜進士出身除祕書省正字官至著作佐郎爲秦檜所惡文致奪官蘋傳伊洛之學爲程門高弟有王著作集今存十八篇

甲寅冬上殿劄子一

臣聞書曰天視自我民視天聽自我民聽故民之所欲天必從之孟子謂得乎丘民而爲天子凡以上之所爲視民之所向而已比者淮甸有警陛下決意親征詔下之日民情欣悅此無它當于人心而已夫民離而聽之則愚合而聽之則聖語謂謀從衆則合天心謂其衆心之所同

有至公之理存焉臣願陛下推是心以見于用人則用人皆慰人臣推是心以于政事則政事不咈於人情三王之治不過於得人心而已

其二

臣竊謂人主好惡其猶天與天之發生肅殺固無容心於其間是以人主法天而爲治賞善罰惡惟才是用曾何適莫焉其于臣下也愛而知其惡憎而知其善然後用人不失其宜矣苟知其人之善矣雖或憎焉未嘗廢也知其人之惡矣雖或愛之未嘗蔽也昔汲黯之戇嘗面折人主漢武每惡其妄發及與嚴助論之必以黯爲社稷之臣宇文士及之佞也唐文皇嘗愛之延入閤語每至夜分及稱佳木文皇必以佞人目之二君之不蔽于好惡之私故能盡莫臣下之能否陛下憂勤庶政急于爲治然百執事列每患于乏才焉臣願陛下察臣下之忠佞捨短取長隨才器使各當其職乃無乏才之患矣

其三

臣聞孔子曰吾志在春秋孟子曰春秋天子之事也則春秋誠經世之大法也然諸儒棄經任傳使聖經之旨闇而不彰鬱而不發故王通謂三傳作而春秋散豈不信然側聞陛下萬幾之暇留意春秋誠得進德之要矣然竊謂帝王之學與世儒之學異蓋世儒之學從事于章句之末解晰文義而已至于聖人經世大法往往莫之察也而帝王之學在得其至　措諸事業此其所以異也昔九方皐之相馬也物色牝牡有所不察而卒能得天下馬蓋視其所視而遺其所不視也臣愚竊謂此言雖小可以喻大春秋之學有類于是伏望陛下深求作經之旨自得于言意之表而不惑于先儒之偏見則春秋之旨昭然矣

應詔論事奏狀

右臣准尚書吏部牒備坐都省劄子正月十三日三省同奉聖旨令來

江北賊馬已退應行在及從便職事官各條具利害聞奏者臣謹按六月宣王北伐之詩也而詩序有及于鹿鳴四牡皇皇者華棠棣伐木以至于湛露彤弓菁菁者莪焉夫鹿鳴之燕嘉賓四牡之勞使臣皇皇者華之遣使棠棣之燕兄弟伐木之燕朋友故舊如魚麗美萬物盛多南陔孝子相成以養何預于北伐哉及觀車攻之詩稱宣王能內修政事外攘夷狄復以文武之疆土復會諸侯于東都乃知攘夷狄實係于政事之修舉也又觀禹之戒舜曰無若丹朱敖惟慢游是好以舜之聖其不爲慢游又何疑焉而禹之陳戒乃至于是者蓋臣之於君所以告戒者惟恐其有所不及以此見其愛君之至也然則人君之事可不法於斯乎臣竊謂政治之本有三而已一曰正心誠意二曰辨君子小人三曰消朋黨三者既至則夷狄不足慮也何謂正心誠意記曰欲明明德於天下者先治其國欲治其國者先齊其家欲齊其家者先修其身欲

修其身者先正其心欲正其心者先誠其意然則治天下國家以至於
修身皆本於正心誠意而已蓋誠者天之道也意與天合則動靜語默
不以豪髮己私間於其間無適而非其道矣心其有不正乎擧而措之
事業疑無難也故記曰治天下國有九經所以行之者一也以九經之
多該括萬事而謂行之者一也所謂一者何也亦曰誠而已昔舜舞干
羽於兩階七旬有苗格以有苗之遠夷負固不服而舞干羽於兩階乃
能格之則誠之所感豈有遠近之間哉莫見乎隱莫顯乎微不可不察
也何謂辨君子小人蓋君子與小人若冰炭之異不可以並用也君子
曰可則小人必曰不可君子曰然則小人必曰不然君子以爲是則小
人必以爲非其相戾如是而欲其共成治功難矣彼之不同非固爲不
相謀也以其智識之大小見聞之廣狹此則喩於義彼則喩於利此則
上達彼則下達何自而能一之哉觀齊侯伐魯展喜犒師對齊侯曰小

人恐矣君子則否文觀曾陰飴甥之對秦伯曰小人慼謂之不免君子恕以爲必歸則君子小人不同也常若是可不辨之哉何謂消朋黨昔唐文宗常歎曰破河北賊易破此黨難當昔牛李之黨互相傾軋四十餘年臣竊以爲當昔之黨雖爲起於牛李而文宗實成之也蓋朋黨之成破係於人君之取捨爾苟文宗不以爲黨則臣下孰從而成之乃歎曰破河北賊易破此黨難是未知夫黨之所以成實生於文宗之疑心而小人因此以成之耳一有所疑則親戚故舊謂之朋黨可也交游執友謂之朋黨可也官學相同謂之朋黨可也門生故吏謂之朋黨可也苟以是數者推之孰非朋黨乎又況近年以來宰相數易則人臣之立於朝門戶衆矣掊擊多門同於大公惟於是用而無彼此之間則盡善矣此朋黨不可不消也惟陛下正心誠意以辨君子小人而消朋黨之所自臣竊以爲今日艱難之時苟此三者旣正則其餘不勞而正矣臣

區區之心實願陛下萬幾之暇留意於此謹錄奏聞伏候勑旨

乙卯三月二十四日面對劄子一

臣聞道一而已何古今之異乎昔韓愈作原道曰堯以是傳之舜舜以是傳之禹禹以是傳之湯湯以是傳之文武周公文武周公傳之孔子孔子傳之孟軻或見而知之或聞而知之若合符節其揆一也則前聖后聖其所傳者豈拘於方册之間哉所謂傳聖人之道者非傳其道也傳其心也非傳聖人之心傳已之心也人之心擴而充之可以參天地可以贊化育苟不能充之則亦梏亡之矣故治天下國家必本於正心誠意焉主於一身則爲心心有所感則爲意心既正矣意其有不誠乎帝王之治未有不本於此者迨及秦漢則異於是秦任法律漢雜霸道操術任數以御臣民既失其本所以治功終不近古也譬之鑑焉明則塵垢不止止則不明也伏惟陛下留意問學固已默契於二帝三王矣

臣前所謂正心誠意者旣已得之推此以決庶政以待羣臣無非誠意
視彼秦漢之君以智術馭下何其淺也然湯之盤銘曰苟日新日日新
又日新則湯之聖德在於日新不已也伏望陛下愼終如始亹亹不已
則聖德日新天下幸甚取進止

其二

臣竊觀易之否泰二卦考其成卦之由泰則內君子而外小人否則內
小人而外君子以泰通之昔於小人非能絕之也時外之而已自古願
治之君未嘗不欲辨君子小人也而所進者未必君子所退者未必小
人其故何哉昔章子通國皆稱不孝而孟子爲之禮貌仲尼賢於堯舜
而魯人以爲東家丘夫人之好惡之相去豈直尋常之間哉蓋物我異
觀是非相埒彼君子曰吾之所好者君子也所惡者小人也其小人亦
曰吾之所好者君子也所惡者小人也則君子小人孰從而辨之及考

泰之初爻稱白茅茹以其彙征吉象曰志在外也以此見君子逢時則
出而有爲也至否之初爻稱拔茅茹以其彙征吉象曰志在君也君子
不用退處草野而猶曰志在君者以此見君子之心惓惓不忘於君也
及觀需之六四曰需於血出自穴㠯陰柔而居三易之上小人在上之
象也必至於見傷然后出於穴焉穴者陰之所安也則小人於進退之
際可見矣至否之六二曰包承小人吉蓋小人之志所包畜者在順承
於上以求濟其否爲身之利而已豈復顧於國家天下哉昔趙充國漢
將之忠於國家者也嘗曰明主可爲忠言又曰是何言之不忠也又曰
非公家忠計也則知君子之於國家未嘗不盡其忠也李林甫居相位
十九年固寵市權蔽欺天子耳目自是諫諍路絕卒成天寶之禍則知
小人之於國家未嘗爲忠謀也由是觀之君子小人之分在夫忠與不
忠之間耳陛下任賢使能㠯圖中興之治而臣區區之心猶㠯是言之

者蓋㠯小人難退而易進苟可㠯乘間而入必用其知巧願陛下常加
察焉取進止

五月七日面對劄子

臣聞乾之乾曰保合太和乃利貞然後繼㠯首出庶物之上而萬國皆
寧也於太和之氣然後能出庶物之上而萬國皆寧也泰之象曰居㠯
財成天地之道輔相天地之宜㠯泰通之時所㠯財成輔相於天地者
豈智力所能及哉亦全其至和之氣而已由是觀之人君所㠯贊天地
之化育者惟在於勿傷其和氣而已陛下學造精微德配天地所㠯贊
化育者固已得之矣然臣愚竊謂天地之大四海之廣有匹夫匹婦不
被其澤者皆足㠯傷於和氣又況人日軍興賦斂之繁州縣督責於民
間者非一豈無愁嘆之聲㠯傷於和氣哉陛下不可不察也願毋留聖
慮㠯召和氣天下幸甚取進止

其二

臣聞鄭子產從政一年輿人誦之曰取我衣冠而褚之取我田疇而伍之孰殺子產我其與之及三年又誦之曰我有子弟子產誨之我有田疇子產植之子產而死誰其嗣之以子產之爲政尙及三年然后民信而愛之則知爲政之道欲民之信服必在久於其職也今之郡守監司目二年成資已不久矣其閒又有席不暇煖而易之者欲民之信服其政其可得乎臣愚竊謂除授郡守監司初宜愼擇及畀付之後勿數移易使得各盡其材而無苟且脫去之心庶幾治功得目及民伏望陛下加察幸甚取進止

九月一日面對劄子

臣聞和氣之在天下猶元氣之在一身也保和氣者其國治保元氣者其生全故人之恃元氣以生所以保養之者其精在於喜怒哀樂之際

而其粗在於飲食起居之節有天下者恃和氣以爲治所以培護之者其微在於心術之感通而其著在於百姓之休戚此不可不察也昔東海殺孝婦而旱顏眞卿辦獄而雨以匹婦之寃與獄之情乃能感動如是而況天下百姓之休戚乎比年軍旅之興兵食之費取足於東南固所不得已也然監司守令苟逃譴責以不恤者謂之辦事以殘忍者謂之敢爲能以赤子爲念者有幾如和糴軍儲和賃舟船之類名爲情願實是抑勒未易以一二數也詔令丁寧非不切至然終不能革者其弊在監司守令不得人耳使監司守令得人則百姓受實惠矣亦不在詔令之數下也近者有詔銓量監司守令已嘗有罷黜者天下曉然皆知德意之厚然其閒宜罷而幸免者亦不少矣至於縣令尚未有澄汰甄別之法此正今日之急務也元元垂命於縣令可不爲之慮乎伏望陛下萬幾之暇令二三大臣講求所以旌一作甄別澄汰縣令之方使民安

於業而頌聲興則和氣充溢豈復有愁歎之苦哉取進止

其二

臣嘗謂爲治之本在於定國是國是定則人心正人心正則風俗厚晉楚莊王問於孫叔敖曰寡人未得所㠯爲國是也叔敖曰國之有是衆所惡也夫國之所是乃至公之理君子之所同也而叔敖曰衆之所惡者何邪蓋天下之善人少而不善人多此正論所㠯難勝也惟能審其是非示其好惡使知所向㠯定國是則人孰不歸於正乎今日之國是倘有可言者焉臣願陛下每留聖慮天下幸甚取進止

納宰相劄子

竊聞大臣事君㠯人則宰相在於知人而善任使耳然似是而非者有之似非而是者有之如章子通國皆稱不孝而孟子爲之禮貌仲尼賢於堯舜而魯人㠯爲東家丘其似非而是有如此者如殷浩隱於山林

謝尙王濛候其出處㠯卜興衰而庾翼乃謂此瞽可束之高閣其后終不能成功其似是而非有如此者所以知人爲難耳自非知道者未易究此伏惟執事深得此道發於事業㠯濟中興之治而蘋區區猶㠯是言之者蓋至誠無息則能合內外之道合則孰能間之哉推㠯知人宜無難矣不識僕射相公然之否也

其二

竊謂人君每惡朋黨而人臣每成朋黨至於小人之欲去君子也亦必㠯朋黨而去之蓋人主之於臣下賢則進否則退初無心於其間也故臣下之爲朋黨未嘗不惡之也人臣之執其政柄者固非有意於爲朋黨也然分別私正苟失於過甚則不幸而近似之矣而小人者乘此㠯中傷於君子則必曰非其黨不用故造爲疑似之謗㠯傾之而君子往往以是去矣伏惟執事以公忠直道簡在上心固無偏私矣然近年以

來宰相數易士大夫之立於朝者門戶衆矣伏望執事掊擊多門同於大公則人材短長皆不棄矣藾區區之心非謂其有此也蓋將逆處其未至耳

夫子之道忠恕論

中庸論天下之達道而於所以行之者一也中庸之書是爲入德之昇其言乃曰一而已疑若不以斯道示人也豈欲天下后世而不使之有知乎蓋道本無不在惟造道者能出於言意之表超然自得有契於心則萬善兼該不待博覩而泛取也故夫子以一以貫之告于曾子而曾子應之曰唯則固已默識之矣及門人之問則告以夫子之道忠恕而已信乎忠恕足以盡夫子之道也然既曰一矣而曾子以忠恕言之何哉忠恕之名既分果可謂之一乎忠以處己恕以接物則忠恕非一也忠以事上恕以濟衆則忠恕非一也自其末而求之則忠恕未嘗不二

自其本而求之則忠恕未嘗不一夫盡已之謂忠推已之謂恕所謂盡已豈有意於爲忠邪克己之私一毫不留大其心以體天下之物廓然無際而心無有外非盡己而何天地之造化與之同流矣萬物之散殊與之同體矣舉斯心以加諸彼烏往而非恕乎則恕之爲用豈外於忠乎是忠恕者內外之道耳斯道也聖人體之君子行之體之者從容中道大而能化故發於言也亦不見其迹焉行之者方且勉進於是故必顯其入德之由所以夫子言一以貫之而曾子語門人必及於忠恕者告之以入德之由也蓋夫子之言入德之言也有德之言所言皆已之所有也曾子之言造道之言也造道之言賢人之言聖人之事也欲由而未至也然率是以往其入聖域也必矣則曾子稱夫子之道何疑焉其后曾子傳之子思子思筆之於書亦曰忠恕違道不遠豈非有得於斯乎夫子之門自顏淵死之后門弟子於聖人之道信之篤得之深行

之力守之固未有如曾子者其稱夫子之道宜其異於衆也以子貢之智足以知聖人猶以聖人爲多學而識未達夫一貫之理及聖人語之而后知則曾子之言非造道者能之乎

題論語后

讀書須求聖賢所以言反覆翫味優游涵泳期於默識心通洞達無間然後爲學若祇循習訓詁解析文義適足爲玩物耳崇寧三年甲申歲九月十八日題

跋陳諫議書后

諫議先生忠言至論爲時蓍龜雖愚夫愚婦皆知尊仰至於業履之精微通於神明蓋人有不得而盡知者觀諫議爲龍舒公求銘書辭勤懇必誠必信雖字畫之末悉盡其至傳曰君子無所不用其極於諫議見之矣紹興十三年五月二十六日王蘋題

題張思叔書后

張思叔世爲壽安農夫思叔自幼已不樂爲農家子凡三易業始游庠序卽有能文聲及屢試禮部不偶乃冥心進取有求道之志是時伊川先生歸自涪陵遂受業以終身焉先生之門晚進甚衆然得之多行之力未有能及思叔者思叔明敏疏通學問深造眞有用之才也偶於篋中得思叔書二紙惜其中年而亡爲之悵然因錄其詩文五篇於后亦可以見思叔所學矣紹興二十一年辛未立秋日長樂王蘋題

答呂舍人居仁書

蘋自前年冬罷官毗陵卽還郵落復以賤累疾病相仍去冬山妻不幸傷悼之切殊不能堪以此不獲爲記室問然懷仰德義朝夕台誨感佩不勝舍人日與道俱想聰明才智不能留次累也老氏謂爲學日益爲道日損損之又損以至於無此舍人所深曉也於道旣得之則聖人所

以齊戒所以退藏於密所以和順於道德者皆不過此齊戒者若顏氏之心齋是矣未始有回方能如是所謂密者意必固我有一尙存則不密矣如莊生謂未始出吾宗釋氏謂鬼神窺覷不見者乃密者也既如是則於道德未有不和順者所過者化則所存者神附初無二也學者所造未至於極則不能無先后之序自志學以至於立至不惑至於知天命皆其序也故不成章不達子思云行遠自邇登高自卑不以躐等爲貴也人與仁異孟子以學者分此故謂仁乃人也能體合之卽道也孟子以人與仁與道未嘗異也學者正欲合之耳天生蒸民有物必有則如耳目者物也能視聽者則也心主於身不在則放矣性則養之耳二者學者之事故謂之事天遠蒙下問不敢不報然辭拙理暗不勝愧汗

送李子勉序

子路問强夫子告以南北方之强而縱言至於和而不流中立而不倚國有道不變塞焉國無道至死不變皆以强矯之士之特立獨行至死不變亦可以無愧矣進德至此亦不可以有加矣夫子又謂士不可以不弘毅强即毅也何待於弘哉而子思稱夫子聖必曰寬裕溫柔足以有容發强剛毅足以有執乃能溥博淵泉而時出之信知弘毅之不可偏也李子勉余畏友也剛直不屈言行必求合於古人與人合如膠漆不復可解不合不能忍見雖忤大臣拂流俗曾莫之顧然有意而爲之未若無心而適當直前不顧未若應之從容余嘗有意於斯而未能願與諸子勉之進之故書以告焉紹興六年丙申望日長樂王蘋序去病案申疑作辰

卷二一完

及門諸子校錄

松陵文集二編　　百尺樓叢書

卷三

邑後學　陳去病　纂輯

宋一八

陳長方字齊之其先閩人父侁娶吳中林旦女生長方少孤奉母依外祖以居因從王蘋游家震澤鎮舉高宗紹興八年進士授江陰教授其學以程氏爲宗朱熹盛推重之有唯室集四卷今存

帝學論

生民之巨福宗社之長計莫若人主知帝王之學三代而上堯舜禹湯得之故功高萬古當世被其賜三代而下孔孟得之而無其位故澤不旁流徒私淑於後世今有志之士未嘗不欲以獻於其君或在下而無由自通或聞而不果信或信而不克用是以寥寥千百年間黔首不被聖人之澤也人主雖有堯舜禹湯之資無學以充之目奪於聲色心蕩

於嗜好而又儉人讒夫以邪說逢迎遂順薰漬陶染於其前後日復一日及其惑於先入善言無間而可乘則下民惟君之怨是豈知愛君之義哉是豈欲澤及黎庶哉臣幼讀故相司馬光遺稿見其歷事三宗自爲諫官爲中執法進歷年圖每以三語爲獻曰仁曰明曰武又言平生艱勤所得盡在於此光之心不愧於孟軻之愛君矣臣私意人主心術之要無出光之三語及長得師乃知禮記大學一篇爲帝王學問之宗雖秦火之餘簡編紊散先後之次多失其舊然聖人之指昭昭可尋也大抵人主之學固在於博貫今古知書之多文字照人思侔造化然惟知帝王之學功德巍巍而兼有是者則爲多材多藝不知帝王之學徒挾數以爲長則無益於國事矣大學言古之欲明明德於天下者在於修身修身之道在於正心誠意欲心意正誠必先於格天下之物理使渙然冰釋以極致其所知所知既明則心自正意自誠心正意誠則匪

僻之心無自而生匪僻之言無自而入方寸之地昭昭然如鑑之明如水之澄由是而不已內之以進修則堯之所以欽明文思舜之所以濬哲文明溫恭允塞禹之所以祗承於帝敷於四海湯伊尹之咸有一德特名數不同爾皆此道也外之以應萬事則燭見機會外之以攬人材則洞見邪正外之以辨疑是則能爲權量其要特在致極其所知爾然而所謂知者非聰明才智之知非多能多藝之知在於熟察此心之正故大學又曰心有所恐懼則不得其正有所好樂則不得其正有所忿懥則不得其正有所憂患則不得其正去是四者而察此心之本體果爲如何於此了然無疑則大學所謂致知也自古聖人之德未有不由此而進修也人主萬幾之暇能取大學之書參以中庸澄神靜慮不使匪僻之念萌於胸中日一覽之以其疑義博訪眞儒則堯舜禹湯孔子孟子數聖人神交於千載之外天下將沐唐虞夏商之澤豈細事哉

孔子聖之時論

仲尼之道其猶天歟春夏秋冬發生敷榮揫斂肅殺人徒見萬物枯榮之迹而已所謂化工之神初不可得而見也孟子去聖人百有餘歲而得聖人之傳知聖人之奧故其發明仲尼之道不同於淸和任特曰聖之時而已蓋其仕止久速之不同人徒見仲尼出處之迹如是所謂仲尼之道初不可得而見也嗚呼此仲尼之道所以大歟此孟子之學所以深知仲尼者歟請試論之有大人之事有聖人之事大人者大而未化以道爲標的步趨言動視彼而行如持尺度而校長短如持權衡而酌輕重夫以尺度而論短長以權衡而量輕重宜其無所差也然而尺短寸長之間銖輕黍重之失一有少異則尺度權衡有時而不足恃其謬已千里矣聖人德臻極致體與道合由仁義而中會通身爲度而聲爲律故其動容周旋出處語默無所待而明無所持而合不思而得不

勉而中如天不言而四時自運行萬物自生殺人徒見草木生發肅殺而不知化工之迹也此大人聖人之德所以不同也伯夷伊尹柳下惠大而未化氣稟於天者或有所偏故其性分之內如玉含質如金在鎔所以胚渾琢磨之功有所未至其淸其任其和雖各臻於聖人之一端使三子者易位迭處則或有時而未盡善矣仲尼以天縱之質造前聖之極事變千途百出於前吾隨其宜而去付之物各止其所事各中其會及其事遂功成仲尼之迹初不可得而見也齊景公夾谷之會徒知仲尼文儒禮義欲以萊人而刼魯侯及其正色大數命士兵之則齊人驚畏其不可俄而度矣此仲尼之時一也衛靈公之南子凡潔身修已之士羞稱其人子適衛南子請見而仲尼見之子路且以爲言而仲尼遇物而應各適其時不可俄而度此仲尼之時二也原思爲宰與粟九百子華使齊與釜與庾雖冉子且不知其意此仲尼之時三也於門人

無所脫驂遇一哀於舊館則脫驂而賻之子貢且疑其已重不知仲尼之用各適其時此仲尼之時四也聖人之德見於事者其梗槪如此聖人之心見於經者尙有得而言之在易之時各贊其大處泰處否則彙正彙征之不同居復居逅則朋來勿用之有異遯而尾厲乾斯首凶凡易隨時之義則亦仲尼之時也考之春秋趙盾之不出境則爲逆臣許子之不嘗藥則爲逆子里克之死不書討賊之辭郕伯之來待以成君之禮衞衎書復歸而鄭突不書小白書入齊而晉文不紀凡此春秋之時則亦仲尼之時也學者能盡心於是則聖人之時可得而見矣雖然孟子學聖而幾於仲尼者也故其行事亦有類於聖人之時者均爲餽金或受於宋而齊則不受均爲發棠前則言之而後則不可均爲幣交季子則報之而儲子不報槪是三者則孟子之於聖人亦殆庶幾矣學者能知聖人之行事於其筆之於書知夫聖人之所謂時者其果爲何

如知此則富貴窮達死生禍福之際其將不詭乎聖人矣子思子曰君子而時中小人而無忌憚也其亦此之謂歟

藺相如論

士之所患者才知之不足有才矣而或爲身之災德之累者有焉蓋非才之難而用其才之難也秦自孝公以來爲封豕長蛇之毒以吞噬東方六國疲於奔命割地質子惟恐失秦之歡從約合而犀首解之齊楚和而張儀敗之驅諸侯如羣羊縛懷王如稚子秦之威如是輔以昭王之暴是虎而角翼也飛以搏人何難之有藺相如廷叱其羣臣而辱其君以擊瓶幾於撫其背扼其喉而奪其氣矣趙賴之而復合相如之爲趙計則善而不自爲計也觀此謂之勇者可也及其歸爲上卿在廉頗之右廉頗自恃其攻戰之功而不平其軋已故揚言將辱之相如於是稱疾不與朝會聞頗之車音望頗之羽旄必引車匿避逡巡畏縮若眞

有所畏者觀此謂之怯者可也至舍人恥而願辭則告以秦之不敢加兵於趙者徒以吾二人在也今兩虎並鬬勢不俱全故吾先國家之急而後其私是以致頗往謝而卒爲刎頸之交故後世之君子不多其能勇而多其能怯知秦之小趙久矣非有以服其口折其氣則秦之暴未易勝也於是示之勇而秦墮相如之計中知頗之强也久矣非柔之以德而服其心則頗之强不可屈也於是示之怯而頗遊相如之術內相如之或勇或怯皆相如之善用其才也後世之士欲用其才者如藺相如可也

劉玄德論

匹夫自立於鄉黨之間將以言行信於人必愼其舉措謹其修爲然後能有濟也一有穿窬之嫌竊鈇之謗後雖輸肝膽瀝肺腸以告於人人且疑之安能表表自見於後世乎譬之吳縑束絹方其潔素無染則見

者莫不愛玩及其墮於汚泥則雖湔滌以西江之水人亦指之爲棄物矣此天下必然之理也又況舉大號興義師將合天下之力誅天下之賊者可不愼所舉措哉劉玄德自以中山靖王之孫而景帝之後也故崎嶇於吳魏之間思欲資英雄仗大義舉兵東指而掃欃槍誅檮杌欲漢之宗廟復血食漢之遺民復有歸其志非不善也其才非不足也奈何首攻劉璋而取蜀之土地人民興師聚衆而與曹氏程才較力以爭其後先則其所以失天下仁人義士之心亦已多矣宜其卒無所就而成鼎峙之勢也彼曹氏者所以大得罪於天下正在反覆譎詐移漢之神器而已然其始也猶以安漢爲名掃平盜賊尊奬王室假仁義以行其奸故能有濟玄德未及出一師下一令以慰民心副人望而取劉璋之惡先佈於天下矣舉兵之端反曹操之不如也後雖仗義東出彼仁人義士肯信其言以爲善乎不過謂其欲增土地而已惜哉玄德以辟

肉之復生恐功名之不就故倉卒爲此不復長慮却顧得不太左計乎既爾爾矣而厲兵秣馬以治曹操之罪是何異於五十步而笑百步此僕所以發匹夫自立於鄉黨之說也孟子之稱伯夷伊尹曰得百里之地而君之皆能以朝諸侯有天下又曰行一不義殺一不辜而得天下不爲惟其行一不義殺一不辜而得天下不爲故能以百里之褊小而至於朝諸侯有天下也聖人之所爲其初雖若鈍而不利然而有不爲也爲必有濟使玄德能知此則安肯爲取劉璋之事乎惜哉

荀彧論

孔子爲魯司寇七日而誅少正卯尸於兩觀之下聖門高弟如子貢者猶以其魯聞人而疑之及孔子數以五罪然後信焉以子貢之賢智而不足以知正卯之惡則夫辨大姦於未形察大佞於未兆豈不難哉漢荀彧自曹氏興師動衆卽身從之爲之畫計謀慮相與戮力以成其功

董昭建九錫之議遂力沮而死後世議者或謂其與操同惡相濟及功成事定而邀名漢代譬諸教盜穴牆發櫃不與同挐欲免爲盜之名或謂其非不知操之惡將以濟時屯否故屈節從操及篡形逆志已彰然後守義以死二者皆非知彧者故譽之或過其實毀之或損其眞夫曹操之反覆譎詐濟以姦雄之才其所爲皆問牛之馬語東意西不易測識豈下於少正卯哉當是時也世無孔子孰能知之及其代異時移盜賊之心乃始彰著荀彧信其爲獎王室故輔之以有爲拳拳然勉之以迎獻帝故其言曰自天子蒙塵將軍首倡義兵雖禦外難乃心無不在王室今東京榛蕪義士有存本之思兆人有懷舊之感誠因此時奉主上以從人望大順也觀此則彧豈知曹操者乎及其功高權重移鼎問鹿之迹旣見然後死之爾苟有心輔操於爲惡及事成先死以邀虛名豈人之情哉若謂知操之惡從之以救時死之以明義則操之篡奪天

下是彧知而助之罪又大矣此愚所謂譽之或過其實毀之或損其眞也如彧之於操特始則不能知知己不可救故憤懣飲藥而死爾使其識足以濟其才安有是哉而賢如子貢猶不足以知少正卯則荀彧見欺於曹操蓋不足怪也孔子曰不逆詐不億不信抑亦先覺者是賢乎既不逆詐不億不信而以先覺爲賢則夫先覺果何道而致之乎此有志之士所當致疑以思致思以得庶乎不失身於大奸大佞而與彧同科矣

房魏論

自古君臣之相遇難矣傅說伊尹非有高宗成湯之君則老死於版築耕夫之間無以見於後世仲尼孟子以無堯舜文武之主故崎嶇於齊晉宋衛之墟而終見棄於當日一身之憂樂窮通非所恤也所悲者天宇之內焦嗷無告之民不被其澤若隕鼎鑊坐塗炭不能手決西江之

餘波而活之是以古之人三月無君則弔良有以也愚觀王福疇記唐太宗事深嗟房魏不聞聖學有君如此而無以啓沃其心且歎君臣相遇之難也唐太宗以英銳間出之姿甫冠自晉陽起義師以取隋之天下慨然有力追三代之志不能含忍循襲漢魏之塗轍俯首下氣甘心爲庸常之主故引房魏而告之曰卿等每進嘉言良策患人主之不行若行之則三王不足四五帝不足六朕誠虛薄然獨斷亦審矣諸公若有長久之策可一一陳之又曰秦漢而下不足襲也三代損益何者爲當卿等悉心以對不患不行又曰時難得而易失朕所以遑遑也卿等無退有後言嗚呼太宗下問羣臣之言可謂至矣求治之心可謂切矣房杜之徒既無以爲對而魏玄成又以周書爲言是以太宗有不井田不封建不肉刑不可行周公之道之語夫人存政擧人亡政息周書姬公爲治之具也守此糟粕果足以爲姬公乎三王欲四五帝欲六疲精

勞神於刑名度數之間果足以致之乎損益三代而以區區之己意果足以爲權度乎太宗之問不謂不切而房魏之徒不可謂不負其君也今以數寸之規矩而能盡天下之方圓數尺之準繩而能盡天下之曲直況先王所以端本撫世風動四方固必有要道矣爲房魏者胡不告以治國治天下本於修身齊家修身齊家本於正心誠意正心誠意在於格物致知使太宗能行斯言則三王誠可追而四五帝誠可躋而六用此以治天下則姬公猶存於今日持此以爲權度則損益三代而不差聖人之道由玆而後行三代之風由玆而復見則太宗之所以爲太宗豈獨貞觀而已哉不然舜舞干羽而有苗格孔子之動斯和綏斯來者果何道而致之哉使王仲淹不死而遇太宗之問猶恐不能發聖人之關鍵探聖學之淵源而啓導之況其所謂房杜魏溫乎況其所謂仇程董薛乎是皆斯文不傳學者無所宗承而至於斯也然而不能輔太

爲堯舜躋有唐於三代此固房魏之罪也後世之主視太宗貞觀之治邈不可及使生民不覩前日全盛之治而安樂於畎畝之間者果誰之罪耶世必有任其辜者哀哉

開元治亂論

嗚呼自昔天下治亂之生豈不由於君子小人也哉時君世主用之而不疑安之而不悟者豈其好治惡亂之心與衆人殊乎蓋亦辨之不早而當世君子爲有罪也唐史以開元二十四年張九齡罷相爲治亂之分愚以爲治亂之分不在九齡之罷相而在二十二年之用李林甫也請試論之夫人君之心天下之樞機樞機之邪正則天下隨而治亂君子將以格君心之非而不使入於邪必先辨其左右人材之正否知其爲小人則竄殛流放如捄焚拯溺之急詎可使之一朝一夕在君側乎彼其甘言似忠奸訐似直巽順逢迎而似可喜軟熟阿諛而似易制自

非高明卓識之士有過人先覺之才辨之于早而奸言詭計無一可行
反覆開諭其君使心知其爲小人然後行三苗之竄正兩觀之誅則朝
廷清肅邪正分判免爲患于當時而貽禍于後世苟唯喜其甘言墮其
姦計一日彼得志于君引黨與而助己則反以君子爲小人傾擠排陷
無所不至爲禍于天下可勝言哉譬如虎豹豺狼方其饑病羸困則俯
伏搖尾乞憐于人然而磨牙利齒傷人之志未嘗不在豈可信之而弛
其備忘其毒乎一日不飽以肉乘間以發小則傷肌膚大則碎軀體養
小人之患何以異於是乎易曰履霜堅冰至蓋欲辨及于早也觀張九
齡由文學進身以直道事主宜其與方正骨鯁之人氣合而情親乃若
嚴挺之太勁而喜蕭誠之軟美則林甫固可以象恭遜言而蔽其姦矣
當林甫以韓休之薦而輔政曾不聞一言辨其爲小人旣而與之同在
朝廷首尾三年又不能發其姦而去之是九齡信虎豹豺狼搖尾俯伏

而易制也及其內交宮禁外引仙客養君之欲而陷溺其心然後覺而欲爲救之言雖忠論雖正奈君之陷溺而不聽何此愚所以深嗟屢歎恨九齡覺之不先所以致天寶之亂生靈塗炭唐室卒不能振者不在九齡之罷相而失于去林甫之不早也噫九齡能知祿山之禍幽州而不知林甫之亂天下恥與仙客同朝而不恥與林甫輔政愚固知其喜蕭誠軟美之心而不惡林甫也使九齡能知其爲小人開諭其君明正其罪梟磔林甫如去犬豕則明皇何由而有新臺之惡祿山何由而興漁陽之師楊國忠何由而進其身九齡何由而死于逐身名兩全爲唐良臣愚亦何由置喙于其間哉

維州論

君子之所以急於學者將以知道也惟知道然後能用權天下之事是非曲直曉然無疑者雖三尺之童循乎塗轍而行猶能不至甚失至於

事之似是而非似同而異者苟無道以權其輕重則差之於毫忽之間雖才智高明之士或有時而不免矣李德裕在蜀吐蕃以維州來降牛僧儒爲相挾怨而沮其謀後之言利者謂此州吾故號無憂城韋臯竭力經營而不得今也得之可使山西八國鄉風面內吐蕃合水雞棲等城既失險阨自須抽歸坐減八處鎭兵而收舊地千有餘里守義者謂信義爲國之大本諸侯者禮義之所在棄盟廢信殉利忘義在平人猶足爲羞况天子而爲之乎二說紛紜歷數百年相非不已是皆無道以爲之權也苟無道以爲之權則言利者必入於變詐守義者又幾於陋儒雖彼善於此則有之至於失道則均也夫信義者固有國之大本而生民之常經也然於守信行義之中當有道以爲之權故孔子曰信近於義言可復矣言必信行必果硜硜然小人哉孟子亦曰言不必信行不必果惟義所在仲尼孟子豈欲後世之士薄於信義哉蓋以守常而

不知變則有時失節而害義也吐蕃於唐雖設盟結好於前廢約敗盟於後維州來降之前歲猶興師而圍唐之魯州既已入人之境圍人之城侵其土地殺其人民矣前之盟約果可信乎彼乘間隙惟利是圖我乃守盟坐受其斃如是而爲信義亦何異於宋襄公之爲仁義耶愚以爲若無魯州之隙則維州雖降不可受也今既嘗爲魯州是彼先廢前日之盟矣曲不在我以直報怨德裕取之未失也量其曲直酌其當否夫是之爲用權嗚呼若僧孺者挾私怨而敗國事王法所宜誅也爲人而若是犬彘將不食其餘矣哀哉

上殿劄子 案宋史紹興七年以久旱詔中外臣庶實封言事長方時爲蕪湖尉此劄子當是應詔所上也

詩云迨天之未陰雨徹彼桑土綢繆牖戶今女下民或敢侮予孔子曰爲此詩者其知道乎能治其國家誰敢侮之臣伏見去歲僭叛之臣外連強敵陛下聖心果斷元戎北指天威皇靈截然而下如雷如霆震驚

萬里故敵計不日告窮然自敵師行遁已復半年臣輩遠在闕庭之外
廟謀勝算有不及知而臣竊觀金人緣自靖康所向必得去歲之舉猶
循故智不謂朝廷遣將四出六飛親駕前控大江後隔長淮頓兵老師
不能寸進是自金人入侵以來未有若去歲少挫其鋒者也大凡狃勝
者恥於少衄好利則不憚興師安知敵人不於秋高馬肥之時猶思奮
其螳臂臣愚深恐議者妄意敵情因此畏怯簽軍調發勢難再舉以悅
耳諛佞之詞上誤國家大計欲望聖慈敎喻輔臣内嚴師律外飭諸將
謹長江控帶之方講漕運轉輸之畫留司庶務斥堠要隘無不畢舉素
定以視敵人之進退如此則孔子所謂能治其國家誰敢侮之者臣於
今見之矣臣觀自古中興之君未嘗不有災祥以警戒之豈天之獨私
於是耶蓋亦愛之深耳在商高宗則有鼎雉之異在周宣王則有旱嘆
之虐然二二君遇災修省故其功德由是以興恭維陛下念雨澤愆期至

誠惻怛形於詔令下至閭巷垂髫戴白之民莫不歌詠盛德謂陛下焦勞憫雨之心商宗周宣蔑有加矣然而方今斗米不啻千錢尚且踊貴未已萬一雨澤後時饑饉之患有所不免流離之民聚爲盜賊勢不得不慮臣愚望先勅有司經畫邦計預爲之備使儲蓄素定無至乏絕近降詔書之外凡一毫未便於民者並令罷去以成陛下中興之政雖聖人焦勞格於上下必無雨澤後時之患臣妄言蓋以先慮不勝區區而已

節通鑑序

國之有史其來尚矣所以善善惡惡爲萬世法戒其不足爲法戒者未嘗書也故魯僖公修泮宮仲尼作春秋不載而見之於詩筆削謹嚴蓋可見矣至左氏太史公范蔚宗之流雖刻畫文字光彩溢人耳目而書事之法駸駸流蕩已乖於前人爲狐突登僕彭生敢見與夫石言於魏

檢左氏之書也滑稽立傳而漆城乳媼之論著太史公之書也方伎立傳而龐爲府君之說傳范蔚宗之書也諸如此類今不暇毛縷披剝其言直論大概以爲書之傳後果何爲乎將有補於世教耶將開迪於來代耶是亦徒費荆潭之竹而漫禿南山之兔也下及晉宋以至陳隋恢詭十倍於三書而一草一木之異畢載穢詞褻語殊不可使父子兄弟同業共習之爲史至於是與古人書事之意亦何異哉故相司馬公受命於朝聚歷代史爲資治通鑑删繁去長一洗千餘年之弊詞將以備乙夜之覽也事之存而無所損者不可盡削故亦不得不詳余家世業儒貧不能致此書念之久矣方將縮衣節食以求之不幸亂離官本存否莫能知也因假於交游手自鈔錄凡事之繫興衰於教化大得大失皆不敢遺其間資聞見助談柄者或不能盡錄非敢有所銓擇也直以筆力不逮爾然自三十年來士於史籍中記一字之隱僻摭一語之新

奇藏胸中以爲事業言於衆以爲伎能者多矣至於上可資治道下可修一身者彼直如視秦人之肥瘠然雖唱之於名世之士余不暇學也嗚呼天有四時發生肅殺不能並行於春夏地有四岳東西南北不能俱見於一方天地尚爾況人力乎則余之取其大而遺其細也來者亦未易加誚焉

送龔聖任序

先豫章公大觀初得官歷陽會侍郎龔公弭節里社而祭院游公博士關公亦客此羣四人相與歡然無間陋邦小君一時有四公居之直可使閭史記述以爲異時嘉話也諸公凡日夕講摩議論意有未合者歸輒折簡相難詰必期於是余生雖晚嘗聞其梗槩關公來歷陽未幾物故且無子天下痛之獨三家子孫尚存經亂理諸公手簡散已幾盡惟先君議論獨見家集紹興十年余至吳興見龔公之孫聖任於郵亭中

各知兩家先契之厚復歡然無間退問僚友稱其公勤吏士服其威愛賢士大夫稱其好學余私自慰故家有孫也余方爲貧浮沉閭里聖任作吏日走水村山徑間奉檄別白田里訴訟一年之中相見不數而聖任受代矣將行責言於余周視此身空如無有念聖任之意不可虛因思去秋與客泛舟道場何山道中有稱聖任能詩文歌詞者余告之曰聖任如驥騄之駒方就韁勒嘶風逐日意氣已在萬里外矣是將取唐虞三代先秦兩漢之書沈酣其間淵停雲升山涵海聚浩無津涯然後權量斟酌以求先聖人遺意豈直詩詞而已念對客語不可不使聖任聞之然余老大無知無聞常恐失墜先業姿稾頑鈍策益不進惟覬聖任學成行立光明傑偉倘使天下指曰是數家子今猶有人未便泯泯也余亦依藉聲光以壯衰懦聖任勉之

送方務德序

直閣方侯務德被命使廣右行有日交朋多戚戚以侯宜中都不宜遠也言曰天地淸淑之氣鍾於中州南極五嶺北限燕然故燕然之北多勁悍五嶺之南多瑰奇自唐都長安去五嶺爲最遠一時名臣如韓退之柳子厚劉夢得守潮陽連柳寫愁怨於歌詩至今士大夫承風不樂遊其間不知五嶺之地襟帶南海控制外蕃數十國自是一都會皇祐間廣源小醜陸梁騷動半天下至煩朝廷移兵西陲然終不聞生致其豪戮槀街中有事之初使當時部刺史有人制有機微一轉手力耳宋廣平亦自五羊召還曷嘗聞以遠藩鄙之哉紹興辛酉歲方侯守禾興禾興於今爲輔郡事十倍平日余嘗過侯公庭閴爾淸陰散地便坐斷未決獄凡三數輩余每歎侯之才絕人未幾從祿江東聞侯移守邊郡書問少不繼每遇淮上來人必詢侯安否多爲余言侯治山陽益務惠愛以安靜撫綏之訟訴辦理有不持牒徑造庭下侯爲之別白教戒如

與家人語民愛之如父母也今天子又移侯使廣右乃吾君不忘遠而慎擇部刺史之意他時侯之事業益顯白如廣平召還吾君用之豈但如今日哉因書以爲送序然五嶺之南風物小異寒暄溫清一日或具四時惟順氣令節宣之則不生疾所祝在此爾曾公吉甫聞遂聯事其樂詎有涯耶二十三州生齒數十百萬得二公撫摩之可爲二十三州賀也

二烈婦傳

北國自宣和之末窺中原建炎己酉歲由江左以入淛東次年春二月自明越杭秀取道三吳以歸官吏議固守人皆安之迨敵臨城一夕去死者五十餘萬是時吳人吳永年奉母以逃嫠居之姊與其妻何氏在後二日追至母老待扶持而後行相與環視不能去妻與姊爲敵得將就執紿曰諸君何不武耶婦人東西唯所命耳敵信之行次水濱謂其

夫曰吾不負君言絕而沈於河其姊從而繼之嗚呼將臣相臣守封疆保天下牧守縣令保一方婦人女子保一身職也自世教不明上下苟且凡職之所當然皆視之若秦人之肥瘠靡然衰俗之中而一婦人能死其職使居士大夫之列據連城保一郡則烈如秋霜招之不來麾之不去矣凡世之居其地而失其職者視此宜如何哉孔子作春秋於二百四十二年閒獨書宋災伯姬卒以其得死所也夫以二百四十二年之久君臣上下不為無人於一女子聖人進之豈聖人亦將有感於此乎紹興壬子歲余聞此於黃氏子黃與其夫交其言必信恨其所立者於伯姬幾無可愧而余德義之薄不能使之與古人並傳感事增歎作二烈婦傳蓋亦春秋之意也

心逸堂記

于湖舊無丞紹興初徙繁昌之貳粱侯審理於此再易政吳越錢某進

之實來進之畏簡書勤吏職庾之事自豆區釜鍾銖黍校程出納惟謹丞之事自田稅受售布帛精否省視惟謹晨起矻矻不少怠暮乃已又且燒燭繼晷以治四方書疏應接賓寮投壺雅歌執炙行酒從容笑語或至夜分而官舍卑陋無遊息之方於是作堂西偏以來求名余告之曰進之爲吏勤矣吏勤則身榮察其行事鳧雁而進於庭者決遣無留山立比櫛之牘按考有稽晝雖勞夜而休心無甚愧焉是心常逸也惰吏謾不省事仰成胥手輕重去取惟胥意問焉不知訴焉不聞視之身常逸矣一日人繩以三尺法束之如濕薪首鼠進退徘徊四顧方此時其心勞焉余欲以心逸名君堂可乎唐崔斯立丞藍田痛掃漑對二松日吟哦其間有問者輒曰余方有公事而自去余不負丞而丞負余今君畏簡書勤吏職亦以其餘力作堂植花柳鑿方池從賓寮朋友以徜徉其上視斯立則君不負丞丞不負君矣

如是齋記

宣和之末國勢如大木枵然外雖枝葉婆娑而旁穿心穴蟻螻蚓蟈之所經營實空如也一日外寇竊發電掣星馳在廷大臣口噤目張無復措手吳郡黃子端冕外揣敵情內論國勢叩閽自列曲折殫布衣將解筋破骨刳腹湔腸而起膏肓之病也余於其時知黃子爲千人之英而未之見未幾黃子歸自京師卽結廬於太湖之濱蓋心交神契者三年始克見於家布裘博帶袖手恬默如不能言者余私自疑黃子何前日能吐精光露芒角膽落權佞驚動主聽之如是何今日落其華芬杳兮靜深之如是也建炎庚戌春二月奉親避金人之亂於湖濱造黃子之居見其牓所居室爲如是齋余於是前日之疑渙然而解失聲浩歎曰黃子豈特千夫之英而已蓋知道之士也始之激昂而前不爲勇進今之浩然而歸不爲勇退道固如是也惟道不明於世世之英才異稟咸

以功名爲已事一發不中則志憊神喪徉狂垢面行吟澤畔自燔空山知道君子觀之可謂捧腹掀髯而一笑也孔子曰用之則行舍之則藏用舍何加於我哉蓋民命之否泰而斯道之行尼也黃子蓋進於是矣乃與之定交後數月以齋記見屬於余因書其初鄉慕之意中而致疑之由以進之又爲之言曰道不可名名曰如是蓋雕刻太空圖繪日月矣又從而言復何加焉願子坐於此齋深探而久蹈之雲蒸雨浹久而彌勤以追三代君子之逸焉雖禹稷事功亦若浮雲之過目彼蝸頭蠅足者曷足爲子道哉適來則應之適去則任之所謂如是主人常是若也

擬御書尚書跋尾

御書尚書十三卷以賜臣鼎臣鼎謹拜手稽首言曰唐虞三代之君與其卓偉光明之臣贊襄之言爲治之要修身之道其在此書皇帝萬幾

之餘覃思探討既自得之而又以賜臣鼎是用三代之佐以勵人下也若阿衡恥君之不如堯舜臣與一二在位之臣其敢不以此自勵然而周公作立政言綴衣虎賁知恤者鮮穆王命伯冏欲侍御僕從罔匪正人則凡百執事亦宜以此自勵也故刻之石頒示中外庶幾無有遠邇一德一心同成事功如臣之愚非曰能之蓋亦其志在焉云爾案文內所言臣鼎當是趙鼎據集中有與元鎮詩鼎字元鎮也

題斬蛇劍銘後

人君之德有三曰仁曰明曰武外是三者未見其能御天下致熙平也歷世以來循名失實仁則流於弱明則失於察武則傷於暴盛德之主幾千里而一遇懷忠之士每恨此而興歎蓋由於斯漢高祖提三尺以斬白帝子取天下後世寶之至晉武庫災而後燬黃子材作銘以爲斬蛇覆項非高祖之劍而高祖之劍實在於用三傑屈羣策非深知人主

之武者不道是也噫嘻此峨冠玉佩訏謨贊襄於朝廷之言也胡爲而發於巖崖泉石之間哉昔司馬相如賦子虛武帝恨不同時孰能通此文於吾君之側安知不如武帝之長卿哉然長卿之賦不異優辭而此文實陳正理孰多孰少必有能知之者矣

里醫

里有三醫甲持論多固元氣乙曰能起痼疾丙遊於甲乙之間其術可參二人之長一日主人謝甲俾乙專治方陳子聞而見丙曰僕於乙無一日之舊然主人休戚實及吾屬昔褚裒庾亮殷浩桓溫謝安欲爲晉攻羣雄之疾凡五攻不審虛實不儲藥石故無功宋武帝知慕容超姚泓二童子不能藏於膏上肓下也先覆青齊以張吾右翼後擣關中以破其心腹此善用湯劑善審疾勢善乘機以發者惟惜乎欲賄之心勝故起疾之功不終此古人治法具存方册者也爲我多謝乙元氣人之

根本當保衛之膏血人待以資養勿妄耗之藥石不可卒致多年之儲亦宜愛護之丹砂敗鼓雜進必無功當慎擇之黃龍湯一飲可以起疾亦可以殺人當審其機而用之爲我多謝乙僕非强聒政以主人休戚而乙之令名爲難保也行百里者半九十里古人豈虛言哉以僕念古人休戚之心則乙之心丙之心從可知矣願丙思僕言以告乙勿以僕不知醫而廢之則主人之福乙之福丙之福亦僕之福也退而作里醫

去病案此文以朝廷罷趙鼎任張浚而發四庫提要謂其意不主於和而亦不主於遽戰富平淮西符離兩敗躁妄僨事若預睹之固與迂闊者異矣

祠竈篇

天道在北維斗直丑歲聿徂新蜡惟其舊家人醲酒醴羞血膋摩梠杓羅檠几以祠于竈謂陳子曰是天之計吏也歲事善否畢聞于帝淹速之期豐殺之度此實司存子宜乞靈于是曰吁嘻若是哉在昔衛國有

愚王孫掉舌易言發于聖門曰寧媚于竈志期已尊傳疑承誤老婦是
澄燔柴之爨戴聖所云波及末流英如漢武僵尸萬里角翼以虎憑虛
欲仙寸田內蟲虢觀壽宮長陵士女故李少君因言祠竈致物鑄金封
禪却老車跡馬塵並海緣道迄無一就貽千古笑陰氏修祠祀以黃羊
言家遂肥貪夫始狂我以衣遮寒以食實物晝盡而休臥則瞑目心遊
物初不知孰爲生之始思慮紛紜不知孰爲念之起欲默則縮舌欲言
則啓齒無善惡之名無禍福之形行無跡而語非聲彼且惡乎名我哉
將謂吾爲善而錫之福乎將謂吾爲慵惰而加之辱乎將謂吾爲無方
之名而置之不錄乎子爲我試問之因書於簡曰祠竈篇

章季明哀詞

國初因唐以聲律取士王氏起而救之言惟務爲道眞而道實難明也
故其學內外二途事道殊致硫砣于精粗名數之間求其爲已終無聞

爲崇寧大臣本王氏黨力推尊之立師建宮以教天下育材不問其質之所宜而一爲虛無空寂之論三十年來士非磨不磷涅不緇者未有不汩時說趨世好也一日赤白囊至而人材無一可用悲夫浦城章季明當其時知孔孟之傳不如是也得伊洛高第而師事之閉戶讀書求川上逝者天下歸仁之所以然即中庸而高明合內外而同德以之修身以之治人無非本此故右丞許公嘗語予曰吳中學者如章氏兄弟吾以爲難能建炎庚戌五月卒于仕壚山菴友人陳某以疾後兩月始聞訃哭之寢門外既而嘆曰嗚呼如季明之學之才使令一邑亦福百里況其上者乎不及試用而沒則交友之悲非特哀其不年而已也乃爲之詞曰嗟夫君兮頎頎儵委脫兮何之乘六氣兮游揚友造化兮騎箕視斯世之過目若太空之埃飛望夫君兮不來使吾心兮增悲風嫋嫋兮淒清水渺瀰兮洞庭想君舟兮桂櫂結荷佩兮蘭旌朝徜徉兮北

渚夕歸懟兮玉京君胡爲兮不顧拆在原之鶺鴒泣呱呱兮嫠婦舉輿衰于知名余述詞兮敘感愧太上兮忘情

張横渠贊

祖龍吐毒烈火四焚先王載籍畢罹其屯劉漢崛興訪索邱墳羣儒掇拾百不一存緜蕝之野陋兮叔孫胸謀腹斷己學自尊致彼古禮冢落無聞勇哉先生絕類離倫追千歲上以禮立身隱居關右化行於民賓嘉喪祭惟古之循坐令鄒魯復見咸秦巖巖泰山烈烈秋暾先生謹嚴比德實均嗟世習非誠難具論棄禮自快紛其如雲感今陳古歌以斯文庶由高躅起我後昆

胡先生墓誌銘

如村先生胡公紹興十四年十一月二十六日終於平江府常熟縣塗菘村享年七十九明年二月八日弟某孤百能奉先生之柩合葬于吳

縣至德鄉向龍山夫人樓氏之兆後數月某罷官江東聞訃道上哭而
以書弔其子又數月百能屬以沈刻之文自念由故人子出入門下且
三十年而能以道義相劘切亦非一日矣無可辭理特以人微詞拙荒
穢盛德是懼先生之壻著作王公某授學其門而見命尤力乃黽勉敍
而述之先生諱　字仲連世居婺州永康縣曾祖諱賑故贈紫金光祿
大夫尙書禮部侍郎祖諱枚故任尙書職方郎中贈太中大夫父諱稷
言故任通直郎致仕母夫人鄭氏太中葬吳下子孫家焉先生姿稟淡
泊恬于世嗜故于道學易若天成自其少日已蹈履繩繩言行有常慨
然自許志在斯世屢上春官卒不合因退居于家當宣和末達官顯人
居吳甚衆富盛甲于東南而大雲里中有莆陽方公子通余伯舅氏林
公德祖以雅望特操與先生爲三一時鄉州埋光隱耀不爲無人二三
公年以輩相追放浪泉石之間一觴一詠人歆豔之先生居五柳園中

松牕蓬戶植竹疏沼兄弟雍如父子論學二小童供薪水役客至談論終日罕及世故皆疑其爲隱君子也間而忘懷極論愛君憂世發于詞情雖當重寄負憂責者不過如此然後知其欲仕而求義于平居也步趨言動皆有尺度賓嘉喪祭率遵古法宗族遠行不問尊卑多從之以質疑辨惑鄉人相語曰仲連不問姓氏知爲先生也某從遊之久于始見也秉風裁愼許可視世之爲不善者如已仇敵面目嚴凜使人不敢萌非心已而刻意性命之學治心養氣一本于此德宇夷曠凡前日深疾者至前哀矜之而已及其日益老養益熟頹然自放同于衆人淵停川深莫見涯涘叩之大小隨問意滿則欲言其美蓋難致詞嗚呼自古抱負其有無所遇合者亦潤身行家推于鄉黨而已先生復何恨哉建炎登極以累舉法特命之官亦一至于銓曹授右迪功郎欽州安遠縣尉而終不仕曰吾老矣姑承朝廷之恩意也其居五柳嘗以杜子美宅

舍如荒村之句榜居室曰如村因自號如村老人有文集二十卷文詩
簡古如其爲人夫人樓氏朝請郞禹鄰之女二男子百能千能其季早
卒二女長適著作王蘋次適進士張句一孫曰耕孫女三人銘曰出處
二致仕之大節蹈履其宜維古明喆或素而隱潛于邱園或亟于進宜
負而軒我相彼躬鯱𨇮跋疐出處之節彼亦何議允矣先生合轍古人
進退求義以沒其身館娃之西向龍几几其下幽宮先生攸止咨爾吳
民夙知好賢矧敢樵牧尙千萬年

銘弟墓

吾弟少方字同之我先豫章公第二子也生五歲始能言姿稟凝重先
公器之始學卽不肯下人客指川字以問君無答紿曰三字倒爾一座
大笑年十二遭外艱表表自扶持知以奉身承先爲孝益長事父友學
古道世知君者不過以靜願稱之至其商榷是非好辨者未易屈蓋君

外簡默而中健武也初呂大臨與叔嘗箋中庸大義暮年刪刮長詞益以新知別爲一書學者相傳爲明道程先生所述雖名世之士有作後序數百言亦以爲明道書者余持示君君笑曰此呂叔之文也旨義多類特詳略不同爾荀卿楊雄視聖人固天地方之孟子七篇又何如哉余于是知君器可大受而君亦自淬礪以古人自期建炎庚戌夏四月舉家病疫余病特甚君不解衣者半月未幾君病而不起矣實五月十七日年二十二嗚呼余尙忍言之也夫是年十月癸酉奉吾母之命葬君平江府吳縣至德鄉鳳凰原如君之材而不克壽使余踽踽獨行于世是皆終身之悲也銘曰保躬以正稟皇極也致知以誠學之力也壽不克稱天胡嗇也死而不亡庶乎君之無戚也

卷三　完　　　　　及門諸子校錄

卷四

邑後學陳去病纂輯

宋一八

范成大字至能自號石湖居士高宗紹興二十四年進士授戶曹孝宗時累擢吏部尚書參知政事進資政殿學士提舉洞霄宮卒謚文穆生平立朝有氣節使金尤著風骨崇文書目載文集十六卷今佚不傳其傳者有石湖詩賦集驂鸞錄吳船錄吳郡志桂海虞衡志梅譜菊譜

惜交賦

屈原既遭子蘭子椒之譖傷楚國之俗朋友道薄始合之難而終以輕背故著惜交之詞道知心之難遇故舊之不再得動心忍性徘徊不能去君子覽之有以增義合之重焉

余既有此淑質兮昔幽處而無仇悵佳人之眇覿兮走六漠而周求歲

甲子之初春兮維元日吾始遊紉木蘭以爲蓋兮抗杜蘅以爲斿詔凍雨俾淸道兮戒日星使燭幽恐颿飁之選軟兮又命飛廉而挾輈豻天紘而鶩列缺兮類幽都與玄邱天地四方多賊姦兮忽吾班乎齊州怳神釋而目粲兮悅夫人之好修佩繆轕之連璐兮戴陸離之高冠紛雜鶩之朋飛兮儼黃鵠之蹁躚葆衆美以自卑兮夫何獨處之嬋娟吾恐始合之易兮終離之者不難號百靈而訊之兮筮告余曰吉者予巫咸往招兮介蹇修而爲媒枉若人之嘉惠兮命保介而戴予摻修袂而約言兮曰歲晚其與俱入旣與之同袍兮出又與之同車投我以蒼玉之連環兮予報以獨繭曳緖玉宛轉而不斷兮繭縈紆而連縷谷風習其自東兮固維風而及雨汝行前而予殿兮予安歌而汝舞至於今其十年兮固知美惡周必復敏予德而日新兮羌未變乎初也修予容其滋

媚兮嗟采色其猶未暮也妬被離而害交兮讒翕脅而敗度雖君子之石腸兮固將徇乎市虎兩造膝而笑言兮慘其間之容斧予治容虞予善泆兮頩顏謂予汝怒髮甚短而怨長兮輿則固而路艱蹇中道而如遺兮予既寡而汝鰥夫豈無他人兮焉有夫君之好賢雖得汝於萬一兮終不及當時之纏綿彼日而食兮此月而虧物不終盡剝兮信復盈之有時涕承睫而交下兮若孟津之流澌敢誦言而怨慕兮恐衆人之汝窺曼予聲以悲吟兮託長風而要之政木石必回睠兮將白首人而爲期儻曾飛而不顧兮嗟此怨之誰歸

望海亭賦

會稽太守參政魏公作望海亭於臥龍之巔率其屬爲歌詩以落成錄其書來且使賦之余謹掇其膏馥之餘擬賦一首以寄後日獲從杖屨其上於山川之神尚有舊焉其辭曰

諸侯之客有來自東而姹會稽之遊者曰佳乎麗哉越之爲邦也縈山帶湖樓觀相望背臥龍而崛起煥丹碧之翬翔躋攀下臨顧瞻無旁平疇蔚以穲綠喬木森森其老蒼淙萬壑之春聲寫千巖之秋光朝霞暝霏扶疏微茫望山河之古墟弔草木之餘祉夏后萬國之　勾踐百戰之野興亡梗槩猶有存者至於流觴泛雪高人之舊事浣紗采蓮遊女之遺跡鬱溪山之如畫尙彷彿其可識訪故老以問訊興慨歎于疇昔是爲遊覽之大略而蓬萊觀風之所得雖然士固多感而況於對景以懷古撫事而凝情往往使人魂斷意折洒澹而歌不平故麗則麗矣而未擅乎登臨之勝也若夫浩蕩軒豁孤高伶俜騰駕碧冢指麾滄溟墮憂端於眇莽挹顥氣於空明飄飄焉有連鼇跨鯨之意舉莫如望海之新亭嘗試登茲而望焉沃野既盡遙見東極送萬折之傾注豔寒光之迸射浸地軸以上浮盪天容而一色珠輝貝芒贔蝀橫蜺快宇宙之清寬

悵百年之傴仄當其三星曉横萬境俱絕浴日未動晨光先激波鱗鱗而躍金天晃晃而半赤赬輪騰上東方皆白煙消塵作栖鳥振翼俯羣動而紛起寄一笑於遐覩永我暇日苒其將夕餞斜暉於孤嶂候佳月于滄浦沈沈上下杳無處所驚玉池之破碎漾銀盤而呑吐忽褰雲而湧霧獻霜影於庭宇夜色既合初聞鐘鼓觴屢至而不辭詩欲成而起舞又若潮生海門萬里一息浮光如綫濤頭千尺方鐵馬之横潰倏銀山之崩坼氣平怒霽水面如席吳帆越檣飛上空碧此亦天下之偉觀然猶未及乎目力燕香春容俗客莫陪神清意消徙倚徘徊天風激吹波濤闔開五雲明滅丹宮絳臺睇三山之不遠其爲公而飛來遂招汗漫之勝遊下飈車之逸軌屬紫霄之妙質侑玉斝之清醴勤歌鸞與舞鳳壽仙伯以多祉恍風雨之皆散但鶯塵之四起悟眞靈之不隔而何有乎弱水之三萬里也噫昔之居此者多矣曾靡暇于經營逮山靈之

効奇發遺址于巖扃殫妙巧于天藏超埃壒而上征極觀聽之所接遂杳渺而難名嗟此樂之無央與來者而同登決眥盪胸雪其塵纓且安知前日之蒼烟白露斷蔓而荒荊者哉顧客子之所能道者纔管中之一斑惟覽者之自得會絕景於遐闃心凝神釋浩如飛翰而後知茲亭之仙意而凌虛御風之無難主人瞿然而起曰有是哉吾將觀焉

荔枝賦

紹興丙子夏有自行都餉貢餘新荔枝者坐客稱歎窮山所未嘗有呼酒更酌鼓琴以侑之且爲之賦時爲新安掾

吾聞南國之南水激而山蟠鍾具美於一物繄化工之所難擱絳綃以裓服襲蒨桃而中單湛冰明之濯濯粲玉粒之團團藹生香之令芳泣仙液於微瀾走候置其萬里上玉宸與金鑾顧人間之流落纔千倉之一簞餉江南之病客索孤笑于蠻端斥蜂蜜之黃膩謝佛桑之紅乾覺

龍目之幺麽咍葡萄之甘酸藉以秋雲之巾薦以水晶之盤羞以燒春之浮醅相以流水之清彈迨風月之溫麗耿星河其未翻予一嚼而三嚥灩玉池之清寒恍醉夢之翾飛掖九天之風翰望涪江與閩嶺麾八極于雷軿方溟濛其路暗倏浩蕩其天寬岌芳宮與繡戶窈玉聲之闌珊欸荔枝之仙人若平生之所歡謂客子其少畱紛擘 而破丹招玉環于東虛御清空之雙鸞訪長生之舊曲有千載之遺歎悵三山之回風驚南斗之闌干亂梧竹之滿庭渺雲海之漫漫

館娃宮賦 幷序

靈巖山寺故吳館娃宮也上下閒臺別館之迹髣髴可攷余少長遊焉感遺事而賦之

洶西山之南犇勢鬱嵂其巉空若大敵之在前忽踞虎而跧龍半紫厓而砥平訪館娃之故宮是爲逸王之舊遊有墟國之遺惘焉嗟乎汰哉

愎賢胥之忠告巽陰嚭之詖說暗救虎之後患縱處女使兔脫迨嘗膽之謀成駭疽囊之潰裂蓋自有以賈禍非天爲之孽方其銜哀茹痛抆淚飲血儼拂士於前庭尅三年而報越訖甘心而一快夫何初志之英發及其見栖于姑蘇遽雌伏而大壞援宿恩而乞憐或赦圖于臣罪當是之時又何其憊也韙禍福之無門曷今愚而昨賢後千載之嗤點莫不鍾咎于嬋娟固尤物之移人抑猶有可得而言蓋嘗觀于若人矣好大而欲速厭常而棄舊狃會稽之得意謂周鼎其唾手闚齊楚以朶頤睨陳蔡而驤首道甚遠而疾驅氣已餒而猶鬬外未寧而內憂東略之而西否阻關河以頓兵撤墻屋而致寇亟歸視其四封蔑一夫之能守是猶螳螂之捕蟬不知黃雀之議其後也然以蕞爾之旅衡行四方攻靡堅郛戰無距行事便時利如徑乎無人之鄉惜也未聞大道宜其逸樂而志荒次有臺池宿有嬪嬙左攜修明右撫夷光粲二八以前列咸

絕世而浩倡嗟浣紗之彼姝乃獨繫于興亡蕩龍舟之水嬉擷香徑之沓芳載夕昜以倶還秉遊燭于夜長灩金鍾之千石倣酒池于舊商歌吳歈而楚舞薦萬壽于君王悵星河之易翻嘉來日之未央錚銅壺之鳴悲爛急烽之森芒慘梧宮之生愁踐桐夢之不祥歘高陵與深谷委盛麗于蒼茫所謂玉檻銅溝朱簾椒房理鏡之軒響屧之廊杳烟蕪與露蔓紛日莫之牛羊況捧心之百媚濯粉之餘妝者哉今則雲雨之巔仙聖是宅硯沼蓴浮琴臺松崛封古蘚于井甃宿唔芳于洞穴木鯨吼以清厲金磬隱其蕭瑟彼方外之徒龜藏而蠖屈者又安知往古與來今方枯禪而縛律翩鴻影之拂坐見前山之銜石

問天醫賦 幷序

余幼而氣弱常慕同隊兒之強壯生十四年大病瀕死至紹興壬申又十三年矣疾痛疴癢無時不有夏至涉一日得寒疾夢謁天醫省問畣

了然獨未知天醫爲何神案晉書卷舌六星其一曰天讒主巫醫而孫氏千金書以日辰推天醫所在其是歟皆未可必也雖然吾疾自是其有間哉乃敍其夢爲問天醫賦

吳山之臞不達不聞有門常關日與病親歲値壬申亢中于昏薄寒中之不良睡眠覺邪夢耶陸離紛紜神馬具裝出于頂門驅風鞭霆莫知所從紫城翠樓千窗萬櫳玉書垂芒天醫之宮中有一人瑤冠紫衣如帝如尊衆眞繞圍我瞻而思是其天醫者耶竊樂其名幸已吾疾次且而前再拜以出仰而稱曰蟣蝨之臣有鬱弗宣幸遭聖靈利用乞憐願賜清閒聽臣苦言天生下人如沙如塵長養安樂壽其天眞臣獨多疾支離輪困炎黃之經厥病四百去半取半臣悉經歷五日一曳杖十日一臥簀茁爲痤疿潰爲瘇瘰遊爲痺頑尼爲否塞跣爲洞盪節爲關格躁爲嚚呼靜爲爽惑榮衛挾寒而留行溪谷流溫而橫隘襲于皮毛客

于絡脉次于焦府益于形色攣拳惰其四支黖黣淫乎大宅百骸九竅
參以天無一得適十巫遞進三醫吏謁探金匱之寶藏紬玉函之祕策
朮芝桂方書堆于几案藥物庤于牆壁訪和扁以制度招桐雷使炮炙
血之茸泉左右之運列以君臣佐使之職配合者相須畏惡者相敵參
毒若螌鉛汞乳礫果菜之英醪醴之液萬歲之藟千年之珀莫潤于敹
鼎不暇莫濟于委蛻之骼厭遠効于中和要近功于武力三建若燎五
蹵語多入口如茶下咽如戟燥剛以發舒酸苦以湧洩杵臼無停鳴鐺
再襲旦滌瞑眩酷烈疾戰縱擊外邪未潰中氣先踣久立則蹐久行則
轎頭岑則逆臥多則愓先寒而裘未暑而絡席避風而五褫衣惡溼而
暑醴玉欲輿而三休夜將誦而九息聽蟻爲牛視朱作碧中憒憒其結
門而大岑而戴石人生世間居處飲食臣以病故跬步榛棘春醅珠紅
納寒月白翠瓤之瓜青房之菂泫梨液之流膚滃橘泉之破隙臣欲過

柳怪其嚼黃媪推臣以避席清空泬寥霧旦霜夕駕牛西上騎鯨東極軋軋厭于半領御罡風于兩腋臣欲褰裳而往从皓華挾臣以辟易弱探不一早衰瘦木嗤其多瘠怠侮出于家人煩勞困于僕役羣居之中苦擲溫厭狎者臣嘲疎者臣嫌獨疚臣身不可任堪人之多疾自取自者得于其凡大略有三其一者心根泄機命門喪阻明消精散形弊神不淚而玉以畀火奉甘餐而戲虎陰惑陽而化蜮風落山而成蠱若是心之灰晦淫命曰伐性之斧其二者愁莫愁于生離痛莫痛于死別哭居奧處神傷歎無聲而怨結魂欲升而中斷腸將思而已絕孤憤爲丹之艸玉燧憂爲靑鬢之雪若是者得于情鍾命曰蠹心之孽其三曰深臣非有溫燠窈窕重帷複幄風日不到枵然如久繫之匏蘛然如處陰入抑嘗體軟脆動輒感冒若是者得于貴遊命曰煬和之竃凡此三者之呻號弊尫誰職爲之孰祟孰厲孰攻孰襲何方而來何門而闖之造

化爲爐人物爲象洪鈞無心大放厥帑元陽之氣可斤可兩人受其中
有瘠有腴故有秉生多艱形枯德腴委隨惰窳命也何如子房所以辟
穀長卿所以閒居士安散髮黽勉扶輿希逸惙惙疢與生俱天實爲之
非人速辜臣也不肖殆類此乎地產之藥方家之書媲寒配溫僻遠怪
迂欲持人以勝天嗟慮密而功疏竊聞大神天醫之王範圍堪輿運乎
陰陽起死回骸斡旋天藏揉太和以爲劑酌沆瀣而爲漿噓碧落以發
英糜朝霞而薦芳神火氣從日噉星芒度人千億奮飛仙鄉賜臣刀圭
刮摩膏肓濡枯充虛豐羸植僵解臣朽骨濯臣腐腸宅胎仙以葆貞凝
虛白而發光碎鼎槌鑪破瓢褫囊脫兎彭殤之囿蛻蟬人鬼之場不老
不衰來歸帝旁臣之願也非所敢望語未竟仰聞太息曰有是哉汝之
憂也凡汝所苦可以理測凡汝所求吾不汝嗇病自汝得造化吾知汝
窮汝原何藥之爲今即汝身示汝三機隱几嘏思載撫四維汝身塊然

汝方火馳甘寐于牀委骸陳尸夢遊何方悲嘑笑嘻譆焉以死烏鳶狐狸生汝安住死汝安歸形與化遷汝豈變移虛空無傍奚所據依厥狀維何爲靑爲黃爲一爲多爲短爲長未病何形已病何色癢苛酸辛誰覺誰識吾將遠遊汝速返去試用我言周徧求汝脫焉得之解痼釋痾不然已矣將奈汝何叩稽玉階退而下歸形開神瀓汗濡寢衣嗚呼異哉爲信爲欺是耶非耶至今疑之

桂林中秋賦 并序

乾道癸巳中秋湘南樓月色佳甚病起不觴客又祈雨蔬食淸坐默數年來九遇此夕皆不常其處乙酉值三館丙戌與嚴子文游松江有來歲復會之約丁亥又以薄遽走陽羨與周子充遇于罨畫溪上戊子守栝蒼己丑以經筵內宿庚寅使虜次于睢陽辛卯出西掖泊舟吳興門外壬辰始歸石湖而今復踰嶺歎此生之役役次其事而賦之

登湘南以獨夜兮挹訾洲之横煙絳霄豔其光景兮湧冰鏡于蒼顥悵旻宇之佳節兮并四者其良難矧吾生之飄泊兮寄遽廬于八埏九得秋而九徙兮靡一枝之能安上瀛洲而瀑飲兮當作噩之初元旋水宿于垂虹兮混金碧之浮天剋後期而竟爽兮忽罨畫之滄灣既戊子而守栝兮摘少微于樓欄丑寓直于玉堂兮聽宮漏之清圓再西風而北征兮胡笳咽于夜闌迨返旆之期月兮放苕霅之歸船幸故歲之還吳兮帶夕暉而灌園甘土偶之遇雨兮就一丘之考槃今又飄飄而桂海兮賓望舒于南躔訪農圃之昨夢兮杳征路之三千月亦隨予而四方兮不擇地而嬋娟諒素娥之我咍兮老色流于朱顏　觀月之曩見兮炯不動而超然適病餘而閉閣兮屏危柱與哀絃復訟風而憫雨兮謝鼎食之芳鮮闃清齋而晤歎兮驚足迹之間關誰職爲此驅逐兮豈不坐夫微官知明年之何處兮莞一笑而無眠

幽誓

天風厲兮山木黃歲晼晚兮又早霜虎號厓兮石飛下山中（文範有之字）人兮孰虞予造軔兮挾輈紛不可兮此淹留靈曄兮遄邁趣駕兮遠遊予高馳兮雨濡蓋予揭淺兮水漸珮橫四方兮末極泥盎盎兮予車以敗望夫君兮天東南江復山兮斯路巉恍欲遇兮忽不見奄晝晦兮雲曇曇前馬兮無路稅駕兮無所誰與共兮芳馨獨蒼茫兮愁苦

愍遊

君胡爲兮遠遊蹇行迷兮路阻修朝予濟兮滄海靈胥怒兮蛟躁舟莫予略兮太行車隳輻兮驂決攀援怪蔓兮一息雷晝闞兮山裂四無人兮又風雨靈幽幽（文範作悠悠）兮爲予愁絕君胡爲兮遠道委玉躬兮荒艸與魑魅兮爭光與虎兕兮羣嘷君之居兮社木蒼然衡門之下兮可以休老歸來兮婆娑芳滿堂兮僊歌奉君子兮眉壽光風蕩兮酒生波雲

日兮同社月星兮偕夜千秋兮歲華弭予蓋兮紲予馬悲莫悲兮天涯樂莫樂兮還家

交難

美一人兮巖之扃佩璧月兮問珠星歲既單兮不丰幣路巉絕兮遠莫致稼石田兮長飢誰與此兮蓺之藉予玉兮雙瑴先予綈兮五兩不萬一兮當此託長風兮寄想長風兮無旁吾媒乏兮鳳凰謂蘋若兮蒿艾鳳告予以不祥恐青女兮行秋奄銷歇兮衆芳搴芳華兮玉[illegible]將以遺兮所思玉[illegible]兮霜露所思兮未知

歸將

輿不濟兮中河日欲莫兮情多子蘭橈兮蕙棹願因子以(文範作兮)淩波胥鑿兮以漁周落兮以驅驪龍兮飛渡郊之鱻兮去汝波河瀆兮迷塗黃流怒兮不可以桴目八極兮悵望獨顧懷兮此都御右兮告病鑾鈴兮

靡騁河之水兮洋洋不濟此兮有命

上孝宗皇帝疏

臣聞自古建功業者必有一定之規摹規摹既定則以其力之所能及者日夜淬厲以赴之而不可分其力于規摹之外所謂力者有三一曰日力寸陰是也二曰國力資用是也三曰人力思慮智術之所及者是也世事無窮而三力有限豈可分之於不急之地哉臣雖疵賤去國未久固嘗仰窺陛下神謨聖策將大有爲竊計復古之心規摹已定然而風俗宴安期會倥傯稽古禮文之事太繁承平虛費之習未盡日力窮於不急之務國力耗於不急之須人力疲于不急之役皆非所以副陛下規摹之所爲者非曠然大有以損益之恐不免於志勤道遠之歎願陛下與共政之臣自治三力專用於所欲爲之地凡規摹之外一切稍緩俟大欲既濟復之未晚昔越句踐未得志也蚤朝晏罷非謀吳之策

則不講自古能用三力無出其右者故功業卓然此雖陳迹可以驗今
臣故併以爲陛下獻取進止

松江水利圖序

竊謂天人之理必相因而其力亦常相半人事已十五六則其不可奈
何者當歸之天在人者未盡不幸遭遇便謂天實爲之此不待智者知
其不然蓋嘗與老農計之欲爲救災捍患之術其大概有二曰作隄曰
疏水其小槪一曰種茭今之膝岸率去水二三尺人單行猶側足其上
坎坷斷裂纍纍如蹲羊伏兔佃戶貧下至東作時舉貸以備糧種其勢
無餘力以及畚臿之工婦子持木杴探汚泥補綴缺空累塊亭亭一蹴
便隕謂之作岸實可憐笑雖殫力耕耘而不念四維之不足恃秋水時
至相以飄風莫之障防與江湖同波農人轉徙而他明年或能歸業或
召新租事力愈薄鹵莽增甚長民者不爲檢校沒世窮年永爲曠土今

宜攷紹興二十八年以來被水之由其邊鄰湖瀼土人所謂搭白之處增築長隄使高五六尺基廣七八尺以上秋冬之交潢潦乾涸手足所及土皆可取閱春夏半年至秋雨風潮土已堅定艸茅生之可恃爲安較之臨時補綴相去遠矣至於夫力則同頃共利者不殊如一頃之田南高而北下水必先自北入北邊有田之人固當悉力三邊衆戶亦合併工夫有田無岸水平入之輒復罷歲誠可太息蓋作隄之說如此崑山之田號爲下溼數十年前十種九澇自趙霖鑿吳松江積潦三十年來歲無荐饑今吳松之利自若而邑中諸港頗有堙鬱之處一二里間斷絕有之今宜行視凡出水之港皆決而疏之使水得肆行無留用工甚少效驗立見而隄岸始爲田用蓋疏水之說如此江東圩埂高厚如大府之城舟行常仰視之並驅其上猶有餘地至水發時數十百圍一時皆破其有茭葑外護者則往往獨存蓋其紛披搖曳與水周旋而不

與之忤比其及岸已如彊弩之末狂怒盡齧芰之能殺水如此崑山附田故皆有芰葑近歲騎軍就牧斬刈殆盡陂濼漫生之芰不可以頃畝計獨令赦附隄者猶不乏軍興宜與主將通知利害明立表識使樵片無得過此芰所不產處卽置葑田附之三說具舉無遺策矣此非有隱情奧理待探賾而知州縣屬吏有解事者使躬行阡陌不三日間利害皆在目前今誠因農隙稍捐倉粟以助作者此命一下見其懽然翕從指顧而成矣

臘月村田樂府引

余歸石湖往來田家得歲暮十事採其語各賦一詩以識土風號村田樂府其一冬舂行臘日舂米爲一歲計多聚杵臼盡臘中畢事藏之土瓦倉中經年不壞謂之冬舂米其二燈市行風俗尤競上元一月前已賣燈謂之燈市價貴者數人聚博勝則得之喧盛不減燈市其三祭竈

詞臘月二十四日夜祀竈其說謂竈神翼日朝天白一歲事故前期禱之其四口數粥行二十五日煑赤豆作糜暮夜闔家同饗云能解瘟氣雖遠出未歸者亦留貯口分及襁褓小兒僮僕皆預故名口數粥豆粥本正月望日祭門故事流傳爲此其五爆竹行此他郡所同而吳中特盛惡鬼皆畏此聲古以歲朝而吳以二十五夜其六燒火盆行爆竹之夕人家各又於門首燃薪滿盆無貧富皆爾謂之相煖熱其七照田蠶詞與燒火盆同日村落則以禿帚若麻䕸竹枝輩燃火炬縛長竿之杪以照田爛然徧野以祈絲穀其八分歲詞除夜祭其先竣事長幼聚飲祝頌而散謂之分歲其九賣癡獃詞分歲罷小兒繞街呼叫賣汝癡賣汝獃世傳吳人多獃故兒輩諱之欲賈其餘益可笑其十打灰堆詞除夜將曉雞且鳴婢獲持杖擊壤致詞以祈利市謂之打灰堆此本彭蠡清洪君廟中打如願故事惟吳下至今不廢云

桂海虞衡志序

始余自紫薇垣出帥廣右姻親故人張飲松江皆以炎荒風土爲戚余取唐人詩考桂林之地少陵謂之宜人樂天謂之無瘴退之至以湘南江山勝於驂鸞仙去則宦遊之適寧有踰於此者乎既以解親友而遂行乾道八年三月既至郡則風氣清淑果如所聞而巖岫之奇絕習俗之醕古府治之雄勝又有過所聞者余既不鄙夷其民而民亦矜予之拙而信其誠相戒毋欺侮歲比稔幕府少文書居二年余心安焉承詔徙鎮全蜀亟上疏固謝不能留再閱月辭勿獲命乃與桂民別民觴客於途既出郭又留二日始得去航瀟湘絕洞庭泝灩澦驅兩川半年達於成都道中無事時念昔游因追記其登臨之處與風物土宜凡方志所未載者萃爲一書蠻陬絕徼見聞可紀者亦附著之以備土訓之圖噫錦城以名都樂國聞天下余幸得至焉然且惓惓於桂林至爲之

綴緝瑣碎如此蓋以信余之不鄙夷其民雖去之遠且在名都樂國而猶弗忘之也湻熙二年長至日

梅譜序

梅天下尤物無問智賢愚不肖莫敢有異議學圃之士必先種梅且不厭多他花有無多少皆不繫重輕余於石湖玉雪坡既有梅數百本比年又於舍南買王氏僦舍七十楹盡拆除之治爲范村以其地三分之一與梅吳下栽梅特盛其品不一今始盡得之隨所得爲之譜以遺好事者

三高祠記

乾道三年二月吳江縣新作三高祠成三高者越上將軍姓范氏是爲鴟夷子皮晉大司馬東曹掾姓張氏是爲江東步兵唐贈右補闕姓陸氏是爲甫里先生三君生不並世而鴟夷子皮又嘗一用人之國功大

名顯而去之季鷹魯望蕭然臞儒使有爲于當年其所成就固不可喻度要皆以得道見微脫屣天刑淸風峻節相望於松江太湖之上故天下同高之而吳江之人獨私得奉烝嘗以夸於四方若曰此吾東家某云爾邑大夫趙伯虛以故祠偪陋將改作于是歸老之士鄉老王份獻其地雪灘左具區右笠澤號稱極勝乃築堂其上告遷於像而奠焉且屬郡人石湖范成大爲之辭噫不有君子其能國乎今乃自放寂寞之濱掉頭而弗顧人又從而以爲高此豈盛際之所願哉後之人高三君之風而跡其所以去爲世道計者可以懼矣至於豪傑之士或肆志乎軒冕宴安流連卒悔於後者亦將感於斯堂而成大何足以述之然屈平旣從彭咸而叢桂之賦猶招隱士疑若幽隱處林薄不死而仙况如三君蟬蛻溷濁得全於天者常試倚楹而望水光浮空雲日上下風飄烟艇飄忽晦明意必往來其間成大亦何足以見之姑效小山作歌三

章以招焉遂從而歌之曰若有人兮扁舟撫（一作泛亂）五湖兮遠遊衆芳媚兮高邱忽獨君兮不可留長風積兮浪波白蕩搖空明兮南北一色鏡萬里兮鞭魚龍列星燦燦兮其下孤蓬眇懷兮斯路與凉月兮入滄浦戰爭蝸角兮昨夢一笑水雲得意兮垂虹可以艤櫂仙之人兮壽無涯樂哉垂虹兮去復來載歌曰若有人兮橫大江秋風起兮歸故鄉鴻冥飛兮白鷗舞吳波鱗鱗兮而在下嘵人胡爲兮天地四方樂莫樂兮吾之土膾修鱸兮雪霏登菰蓴兮毫之水仙嬪兮胥命君可望兮不可追頹倒景兮揮碧寥娭燕息兮江之皐蓑蘋堂兮廡杜若一杯之酒兮我爲君酌又歌曰若有人兮北江之渚披雲而晞兮類烟雨綠蔬兮莎棘歲晼晚兮何以續君食偭五鼎兮腥腐羞三泉兮終古千秋風露兮歸來故墟月明無人兮蒼石與語牛宮泇兮生蒲荷潮西東兮下田一波訪南涇兮鄰曲山川良是兮邱壠多稼九晼兮今其刈聊春容兮玆里

是歲六月既望書遺邑人使習以侑祠伯盧請遂以爲記

吳縣令壁記

吳令壁有記尙矣唐大歷已未粱肅爲之詞者令盧某所立石亡而文傳本朝元祐壬申郭受爲之詞者令許公輔所立石雖存而中更兵燼缺裂無幾後七十有六年晉陵袁君祖忠政成將歸始治二石更刻之又斷自建炎以下爲之續記實乾道紀元之三祀歲在丁亥距大歷垂四百年而題名三立相望可攷吏民以爲盛事然吳之爲壯縣固自昔志之風俗之孅生聚之繁覽觀之勝著于二碑者自若獨官事搶攘日不暇給必出於甚難而後能善治視昔類不同者非特吳爲然余行四方所過縣邑數十百見大夫皆厭苦其官齋咨太息悔爲之來而憂後之不得脫余私怪其說甚哉何至於此及切磋究之使一二其詳則曰古吏憂民而已今顧不然蕞爾邑負責猶數鉅萬晝夜薄遽唯錢穀之

知且不能報期會有如一日姑舍是而用力於民不崇朝百適滿矣彼齎咨太息厭苦而欲脫者眞有味其言哉今夫急催科則愧政專撫字則愧考兼善之誠難若袁君蓋幾於無愧者其政先理而後情弛例而舉法故吏不能並緣士不敢奸以私民有訟自揣不當勝望寺門心醉郤去直者家居待報曰無庸謁吏明府自辦此坐堂上再期人信之如一日至于大官之閒須求于不有責課于非時則又從容辦結弗以厲民率常最爲他邑嗚呼可謂難也已且莫去此至大官勢益易于爲縣其所成就何可量按續記所登載無慮三十人而未有顯者必將自袁君始儻余言猶信來者尙勉之八月十五日左奉議郎主管台州崇道觀范成大記并書

雙瑞堂記

紹熙初元夏四月吳郡袁使君爲政之再閱月也長洲之彭華鄉以瑞

麥獻又三月木蘭後池以瑞蓮獻麥兩岐已堅栗可刈岐間複出新苗生枝青葱且秀且實後十日又岐于新苗之半亦秀實如前按瑞圖麥自兩岐至九岐者有矣未聞枯萃之稊一再重出青黃殊色而至三穎俱茂有生生不窮之意蓋創見云蓮則共蒂異花連理連理並秀豐腴適相當亦奇產也吏民歡喜謂造物者效珍發祥工深巧妙非賢使君孰能致此又謂使君辱臨吾州政爾暖席而嘉瑞輒應何其速耶余聞神人精祲之交其跡固相絕遠一念感通則和同無間眞瞬息頃爾固未可速計也方使君持節按刑時以杜後惠文繩郡縣弗虐官吏衆足立逐捕劇賊血其鯨鯢風采烈于秋霜朝廷第最課進直中祕書就牧此邦吳人憚其威名相與屏氣惕息使君一日過范村從容爲余言向吾以衣繡持斧爲職知飭法鋤奸而已今爲郡守號稱民父母當有惻怛之愛拊摩惸鰥若乳保之于赤子使百姓知吾此心庶幾有不忍欺

者雖蒲鞭且勿願用兕于桁楊敲扑乎余矍然起賀曰公此心當與天
通人固未能戶知神者其知之矣閱時無幾而協氣董翔被于珍物豈
非一念之感此鼓應桴有不疾而速不召而至歟是歲秋大熟政成人
和庭訟稀簡郡廓無事囊之靳望于民者皆如本指蓋知祥應之不虛
于是部使者暨一府縣之賓佐皆畫圖以傳賦詩以相倡酧猶謂未足
傳久遠且春秋有年大有年皆以喜書今玆樂歲善收甌窶汙邪無不
滿望二瑞實兆其祥尤不可以弗識乃以雙瑞名郡之東堂余又爲原
其所以致祥者爲之記因以附見有年之喜亦春秋之遺意焉使君名
說友字起巖建陽人也嘉平月石湖范成大書

思賢堂記

吳郡治故有思賢亭以祠韋白劉三太守更兵燼久之遂作新堂名曰
三賢其四年當紹興辛巳鄱陽洪公始益以唐王常侍本朝范文正公

之像復其舊之名亭者榜焉先是公以歲五月來臨吾州由州鄙望洞庭略具區觀三江五湖之吐呑波濤聒天旁無邊垠而石隄截然浮于巨浸之上若有鬼神之扶傾鯨鰲背負而湧以出也暝夜人語馬嘶匈匈不絕公固已語其人思常侍之功矣周覽原田而相其溝防東南之播于江東北之委于海者脈絡釃通堙蕪滌除夏旱易以陂潦水時至不能齧渚涯以決汙邪荒寒化爲麥禾起景祐迄茲歲無大祲于是公又曰非文正范公之勤其民者乎退而參石記竹書之傳詳兩賢事尙什伯于此韓退之名知言碑王之基隧謂治蘇最天下蓋遺册僅存于一隄其變滅無考者不知凡幾也文公自郡召還遂參昭陵大政德業光明爲宋宗臣通國之誦曰文正公而不以姓氏行焉章白劉之餘愛邦人既已俎豆之語在舊碑尙矣王范風烈如此且有德于吳宜俱三賢不沒以爲無窮之思此堂之所以得名者嘗謂士才高必自賢位高

或不屑其官世通忠也洪公忠宣公之子擢博學宏詞第一名字滿四海二十餘年既入翰林爲學士未幾自劾去甫及里門制書以左魚來矣邦人度公公且上朝謁莫能久私公也然始至之日咨民所疾苦退然不自居其智能亟從掌故吏訪諸賢之舊圖畫仿彿想見其平生公既以道學文章命一世顧有羡于五君子者意將迹其惠術講千里之長利以膏雨此民彼憧憧往來睎桑陰趣舍人裝者慮安肯出此夫才高而不自賢位高而滋共其官盛德事也斯堂法應得書會公使來屬筆紀歲月成大世占名藪西郭樂其州多賢守令之不歉于古也文正公又吾東家丘焉竊願託斯堂以夸隣邦以爲邑子榮乃不辭而承公命八月既望州民左從侍郎范成大記幷書

瞻儀堂記

吳自置守以來仍古大國世爲名郡又當東南水會外暨百粤中屬之

江淮四方賓客行李之往來畢上謁城下願見東道主城門之軌深焉稻田膏沃民生其間實繁井邑如雲烟物夥事穰有司程文書應官府者以千萬計奉使命大夫行部第郡課必致祥于吳以視列城其雄劇如此夜漏未盡太守坐堂上主吏儐客旅進退語言面目不暇相執何平明乃得據按聽諸曹白事率常旰食有頃他客與報期會者又至如前雖精力過絕人其勢亦出甚勞而後能善治故吳郡虎符非名德素著已至大官者不以朌去之數十百年長老猶以爲至藏弆繪像畏愛之如一日番陽洪公之以內相典城也乃規東序之間屋爲堂取凡公私所藏故侯之像頗補其闕遺列畫其上又采韓退之廟學碑語名之曰瞻儀而命州民范成大詞而誌諸石竊嘗觀郡國方志與耆舊風土之書旣備載山川土疆郭郛所在必論次前世賢守長爵里姓氏之大略于篇謂君子嘗居之其地政僻陋猶借此以爲寵今吾州不獨能志

其人而肖貌具在章綬相輝凜凜如對生面他郡未聞有此雖大府地重多顯者來自有以不沒抑吳人習于親上至久遠且弗諼忘氣俗之熾奮矣洪公蓋始表出之盛事固不宜無記然公實以紹興辛巳夏五月至郡早成北虜謀畔盟積甲並塞使行人來啓兵端又造舟東海上將數道入寇天子赫怒大發步騎待邊分命樓船將督水居之士營巨浸以直賊衝吳前當出師通道後控海浦所從入烽堠相望羽書疾星火公聲氣弗爲動舂容指不斂一錢不籍一夫機事立決無留行行發人幸騷搖一湜心醉叵測相率遁去里門晏閒田間無吠犬行歌刈熟不知有軍興民德公甚念無以報恩勤飮食必祝焉公於艱難時用劇郡呼吸變故曾無足以攖道德之威齒文章之斧斤者治行冠一世而不自以爲功若此足矣顧方師其吏民以舘御諸賢覽觀徘徊若慕用之云者夫有餘則毋我不足者多尙人君子之德以豈世俗所能測識

哉後之人歷堦而登有感於作者之意疇肯以行能蓋前聞人其必葺斯堂而嗣其事壁間之圖將魚鱗雜襲至于無窮可也故并書之以風來者十月九日左侍郎范成大記

新修主簿廳記

州縣之任古謂之宦遊豈直以斗升易農而已哉名山大川雄尊奇秀之境從事其間足以窺覽觀而昌神明古之君子固有樂乎此矣松江太湖水國之勝當天下第一四方好事者想像其處欲至而無繇今行臨東南士大夫假道以奏名場與夫商賈百族權船而逐利者飈馭相摩此其人皆有所期會叫呼爭先亂次以濟終夜洶洶有聲其勢豈能少留而一萬目是雖日過乎前而與未始至者奚辨余家吳門莽蒼在望又無聲利火馳之役宜能數遊而躬畊作苦正爾少暇日私念誠得築室葦間卜隣三高以朝夕於斯吾樂可勝計耶乾道丙戌八月既望

間從容汎舟垂虹主縣簿高君炳儒適新作治所落其成余與觀焉蓋自始役至是才七十日而閈閎高昭牖戶靚深髹繢甓鏝皆中度程旣聚廬之百須無一可恨而爲之讀書之齋休坐之堂修竹繞圍光景瀟然所謂垂虹者乃在其旁數十百步耳夫出有江湖之趣居有清燕之適此固古之君子宦遊之樂而余素願朝夕於斯而不可得者炳儒之職會計當而已無催科敲扑之煩奔走將迎之勞而有可樂者如此於是求文以爲識余聞漢高士不爲主簿孫子嚴徙舍而有喜色士未遭隨所遇而安其可愧者不在我也炳儒有文學行誼而不畀其官又作意而新之視祭竈請比隣有加焉其志固未易量姑爲敘其所可樂之告後之賢者使共之明年二月一日順陽范成大記幷書

游湖州石林記

石湖居士以乾道壬辰十二月七日發吳郡帥廣西十七日至湖州十

九日將遊北山石林薛守願同行乘輕舟十餘里登籃輿小憩牛氏歲寒堂自此入山松桂深幽絕無塵事過大嶺乃至石林則棟宇已（一作多）傾頹西廊盡拆去今畦菜矣正堂無恙亦有舊牀榻在凝塵鼠壤中堂正面卞山之高峯層巒空翠照衣袂略似上天竺白雲堂所見而加雄尊自堂西過二小亭佳石錯立道周至西崖石益奇且多有小堂曰承詔葉公自玉堂歸守先隴經始之初始有此堂後以天官召還受命于此因以爲志焉其旁登高有羅漢巖（一作崖）石狀怪詭皆嵌空裝綴巧過鐫劖自西巖回步至東巖石之高壯礧砢又西過巖小亭亦頹矣葉公好石盡力剔山骨森然發露若林而開徑於石間亦有自它所移徙置道傍以補闕空者方公著書釋經於堂上四方學士聞風仰之如璇璣景星語石林所在又如仙都道山欲至不可得蓋棺未幾而其家已不能有委而棄之灌莽叢薄間遊子相與徘徊歎息之不能去或謂此地

離人太遠岑蔚荒虛非大官部曲衆多者難久處又云公沒後山鬼搶攘暮夜與人錯行婦子不能安室故諸郎去之云出石林飯旌善寺葉氏墳祠也霅川有兩玲瓏山石林爲大玲瓏又有小玲瓏在長興縣界路口聞其尤勝石林遂過之小玲瓏今屬沈氏沈氏之父死二子幼方檢校於官此山石色微黃而更奇古一丘悉中空洞穴十數皆傍相通貫故名玲瓏泉聲瀉壞磴中窈如深谷堂前小池石如牛馬虺隤其中池後山屏上洗出之石襞積嵌巖巧怪萬狀缺罅淸泉泓泓叢桂覆其上亭館既無人居亦漸荒廢霅川特無好事者能捐厚貲買之沈氏雖不得仙亦足以豪矣玲瓏山杜牧之所遊卽石林是小玲瓏晚出而加勝由沈家步登舟回至城下一鼓後矣

遊薌林盤園記

薌林故戶部侍郎向公伯恭所作本負郭平地舊亦人家阡隴故多古

木修篁廳事及薌林堂皆爲越蔭所迫森然以寒宅旁入圃中步步可觀構臺最有思致叢植大梅中爲小臺四面有澀道梅皆交枝覆之蓋自梅洞中躡級而登則又下臨花頂盡賞梅之致矣企疎堂之側海棠一徑列植如槿籬位置甚佳其他處所自有圖本行於世不暇悉紀歿後諸子復葺墻後園池搴芳諸亭亦不草草大率無水僅有一派入園作小池及澗泉之類所謂虎文者亦不能詳攷出薌林對門又有荒園甚廣未及葺中有古巖桂大數圍江鄉無雙者伯恭欲爲堂亦不果雨終日廉纖假籃輿以板爲底上起四柱籃缺其前以垂足於空虛有雨雪則以僧笠覆其上兩夫荷之盤園者前湖南倅任詔子嚴所居去薌林里許始爲酒家一作其始酒家之後家有古梅盤結如蓋可覆一畝枝四垂以木架之如坐大酴醾下子嚴以爲天下尤物求買得之時薌林尚無恙亦極歎賞勸子嚴作凌雲閣以瞰之迄今方能鳩工梅後坡隴畇畇子

巖悉進築焉地廣過薌林種植大盛桂徑梅坡極其繁廡但亦乏水當
窪下處作池積雨水而已周旋兩園遂以抵莫炬炳追及前頓宿倒塔
鋪始余得吳中石湖遂習隱焉未能經營如意也翰林周公子充同其
兄必達子上過之題其壁曰登臨之勝甲於東南余愧駭曰公言重何
乃輕許與如此子充曰吾行四方見園池多矣如薌林盤園尙乏此天
趣非甲而何子上從旁贊之余非敢以石湖夸憶子充之言併記于此
噫使予有伯恭之力子巖之才又得閒數年則石湖眞當不在薌林盤
園下耶

游石鼓山記

十四日泊衡州謁石鼓書院實州學一作治也始諸郡未命教時天下有
書院四徂徠金山岳麓石鼓石鼓山名也州北行岡壟將盡忽山右一
峯起如大石磯浸江中蒸水自邵陽來繞其左瀟湘自桂零陵來繞其

右而皆會於合江亭之前併爲一水以東去石鼓雄踞要會大略如春秋霸主號令諸侯勤王蒸湘如兄弟國奔命來會稟命載書乃同軌以朝宗蓋其形勝如此合江亭見韓文公詩今名綠淨閣亦取文公詩中綠淨不可唾之句退之貶潮陽時蓋自此橫絕取路以入廣東故衡陽之南皆無詩焉西廓外石磴緣山謂之西溪有窪尊及唐李吉甫齊映諸人題刻書院之前有諸葛武侯新廟家兄至先爲常平使者時所建一作立十五日捨舟遵陸登回鴈峯郡南一小山也世傳陽鳥不過衡山至此而回然聞桂林尙有鴈聲又云此峯預南嶽七十二峯之數然相去已遠矣

復水月洞銘 幷序

水月洞剜灘山一作江之麓梁空踞江春水時至湍流貫之石門正圓如滿月樣一作涌光景穿映望之皎然名賓其實舊矣近歲或以一時燕私

更其號爲朝陽邦人弗從且隱山東洞既曰朝陽矣不應相重乾道九年秋九月初吉吳人范成大莆田人林光朝考古揆宜俾復其舊成大又爲之銘百世之後倘無改也銘曰

有嵌孱顏中淙漲湍水清石寒圓魄在上終古弗爽如月斯望灕山之英灕江之靈嫭（一作復）其嘉名范子作頌勒于巃嵸水月之洞

炭頌

余病衰大冬非附火不暖既銘被鑪又作炭頌

燔木不灰化爲精堅是衷至陽惟火之傳雪霾六虛冰寒九淵環堵之室天不能寒有赫神物斡流化甄尺璧寸珠罔功汗顏我惟德之莫之名言既煥既安與之窮年

舉葬文

維乾道九年八月乙酉集英殿修撰知靜江軍府事兼本路經略安撫

使范成大謹遣左迪功郎臨桂縣令陳舜韶左迪功郎司法參軍鄭勛祭于新冢諸君之靈嗚呼聖人有言卜其宅兆而安厝之則凡死無宅兆者不得其安可知也形魄降于地骨肉歸于土然後其魂氣無不之也故人死曰鬼鬼者歸也不得其安不得其歸魂羇而無託天下之至悲也桂林之俗或不葬所親寓其骨于浮屠而顙莫泚也與夫遠遊客死遺骸委骼狼藉散亂而弗收者不知其幾也嗚呼若爾諸君生何罪於天而今迺至于此也太守之來惻然動乎其心若已手之棄也屬吾同僚出公帑營燥剛實覺華之原鍾官之墟鬱然砥然以爲諸君之基隧也舉凡無歸之骨而竁之域于前列者有官君子也分封于兩旁者姓氏不傳冥漠君之類也祭之雖非其親藏之雖非其里有以安而歸之何異于其親與里也日吉辰良肴芬而酒旨魂兮卽安無南無北無東無西也牛羊弗踐樵薪避焉詔于終古勿毀勿夷也

附跋

先人嘗爲莘等言自十四五始爲詩文晩而罙篤或寢疾醫以勞心見止亦以政自不能不爾謝之手編僅成帙而棄不肖之孤其尙忍言哉當从九京遊而未敢者以先人之志未承也詩文凡百有三十卷求序于楊先生誠齋求核于龔編修芥隱而刊于家之壽櫟堂春秋霜露思其意志思其所樂僾然如見愾然如聞庶得藉口以告我先人云

嘉泰三年十二月初三日莘敍謹書

卷六 完

及門諸子校錄

卷五　邑後學　陳去病　纂輯

宋十八

趙磻老字渭師其先東平人仕孝宗朝爲書狀官范成大客之因家黎里隨使金歸擢正言乾道八年以右通直郎知楚州入爲大理寺丞淳熙三年由兩浙轉運副使知臨安府除祕閣修撰權工部侍郎有拙庵雜箸三十卷外集四卷俱佚

廬州府新學碑記

乾道癸巳夏五月磻老假守山陽郡歸冒恩爲尚書郎會兩淮復分帥上命行淮西事合肥郡引辭便殿上宣諭淮帥比吏民不堪命往其奉揚安靜之風餘應在所後磻老受命疾馳以七月上澣到郡謁先聖先師於學敗屋幾椽揭榜爲位贊者謁拜其下月朔上丁行釋奠禮視器

陳益陋升降幾無爲容退合郡寮暨學之師生問廢置狀咸曰郡自唐會昌廟學鼎盛迄紹興隆興一再壞於戎馬後帥以迂闊不益武備因弗爲欲爲而弗久者亦不竟若有待焉磻老曰噫有是乎昔晉士蔿以禮樂慈愛爲戰之蓄楚申叔以德刑詳義禮信爲戰之器先儒謂使民遜事樂和愛親哀懼而後可用生厚而德正用利而事節時順而物成戰必以克二者非學不能故齊小白驟興以兵摟諸侯魯僖公趨舍獨異及考服淮夷之詩頌其能修泮宮聖人亦與其無事能養勝表而繫之然則非武備乎矧天子以安靜屬我我其爲廬父兄修明其政刷固陋之恥衆雖拱立聽命顧郡政不常公私弊於取予必能斥無益更服儒儉乃濟爰齊量出入持以堅忍歷一時而後吏卒有常俸始日夜營度嗣歲改元湻熙虜騎橫至喜亂之說將已動搖邊情士大夫亦不能根持論天子明見萬里疇昔之訓常在定民志以消姦慝此其時也乃

下令禁妄議邊者卽日鳩材庀工分命鼓率一切主辦於官而民不知以二月癸亥經始七月庚子告成計爲屋四十九楹垣墉外峻堂殿屹立階序門屏齋廚庖湢圂不具備中嚴象貌配從祭陳如典禮他亦稱是又取邦之先烈馬忠肅包孝肅二公像祀於翼室揭示所當學俾君子砥礪愛身以有待養身以有爲小人動化安生固本知教而願死其上戎馬之跡蓋將削於吾國矣皤老不學闇於治體上過聽俾臨其民方一時譸張爲幻輒違俗如此不自意卒媮今日之安凡民幸益見信似未爲甚迂闊也異時易以賢帥增益所不能文德遠暢銷患於未萌然後知吾先聖之道與天地元氣相磅礴曲成萬物而不遺皤老汲汲於廟學實本明天子安靜之訓庶幾乎其不朽也邦人旣願紀歲月遂書以爲新學記云（廬州府志）

黃　由字子由孝宗淳熙辛丑進士第一（長洲籍）官至刑部尚書兼直

學士院初居黃家溪又置別業於吳江學宮之左扁曰盤野因號盤野居士有盤野集爲松陵黃氏始祖

太學時中齋聚星臺記

紹熙四年中秋前一日李君琪夢與同舍訪由云琪適長時中因其齋之前開地爲臺名曰聚星願書其額併爲識之由問所以名之之因則曰中興置學以來士之耀斯世者相踵是齋又夥魁多士子擢辛丑第在朝諸公相與賦詩嘗有黃甲聚魁星之句今扁之爐亭可攷故取以名吾臺備前美勉後進也由復之曰昔人以賢人君子比於列星謂其德性淸明行實光大耳國家敎育之本意固將俾講繹理義變移氣質別昏立懦懋既厥實匪但欲其釣聲問躐科級而已今夫人之貴與天地並然自動靜相生五氣順布剛柔參差美惡不齊儻稟其偏自克弗果亂常舛次終身病焉誠能循本返初一出於正則三光五嶽之全

氣皆備乎我英華爗然而爲文中和粹然而爲德開濟生民澤及天下慈祥益然而爲福此聚星所繇以名也吾同舍皆四方俊秀而六經孔孟之訓以及聖朝諸儒之所發揮本末具舉炳炳垂世朝夕於斯是究是行意欲少適則徜徉乎臺之上或游或休或默或語藻滌物累涵育善端風雲之趣千古同意異時出爲世用歷奎壁騎箕尾左右天極使人望而知敬不益光於前乎皆曰敢不勉於是次其語鑱於石　潛說友咸淳臨安志卷十一行在所錄太學

企賢堂記

長洲爲縣肇唐萬歲通天中至於我朝雍熙元年翰林學士王公諱禹偁字元之濟州鉅野人實來爲令滿秩召爲左正言直史館公自敘其時侍親而行姑蘇名邦號爲繁富魚酒甚美親年方踰耳順子孫滿前多自樂者形之於詩見之家集至其論榷酒懼遺斯民之害則憂深思

遠反覆陳之爲廳壁記則欲激其風俗遲之教化抑兼幷而哀流亡所謂鳩斂民瘼評議政體以待後人則其言皆凜然是知公凡所以爲訓者其言皆不苟發也惟公首倡斯文濟之忠直全名大節見諸國史如廬陵歐陽公眉山蘇公豫章黃公皆嘗追述爲詩贊極其推尊自是公之言誼風烈在人耳目表表愈偉後公垂二百年今令曾君德寬來亦將終更顧縣治之東堂壁間有公子子嘉言所敍題名記繼往來之詳與踵武之嘆讀之慨想因求公像於虎邱寺繪之堂上扁曰企賢併刻三公之詩贊於石高山景行用志則深異時永賢黃岡之祠冠佩陸離以儀以躋並嫓相望足以使有識歆聳起敬慕矣淳熙九年十月一日邑人黃由記吳郡志

重建旌忠觀記

旌忠觀者爲元豐三忠臣作也皇朝承命稽古諏經凡施德於民禦災

捍患死則祀之示褒也鳳翔故有廟今移於行在所謹按高宗會要杭之廟食隸祠官者凡十三而四在畿內曰忠清祚德神應通惠而旌忠不與豈闕文哉鉤考圖牒三神之祠紹興壬子則爲廟己巳則爲觀其事倡於循王張俊其費成於和王楊存中此建置之本末也三神世系以國史詳之高諱永能綏州人景諱思誼晉州人程諱博古河南人率隸尺籍元豐五禩有事於銀川自謀臣不良以輕誤國合蕃漢十餘將西行兵幾十萬高佐中軍景佐後軍程處偏列方寇薄城下其鋒叵當是時三君同日出戰然奇機秘畫沮於首事之昏躁盛心勁氣絀於大勢之退撓九月己卯虜亟吾攻時中軍曲珍懼見顏色計且未有所出也程曰願當前不濟則敢以死戰即挺身從數百騎力擢其堅以沒是月戊戌虜衆甚迫許從和議初遣呂文思復謀遣曲珍未決景曰願請行不從則誓以死爭及馳見虜酋辭不爲屈竟被囚而殺之若十月丙

寅王師疲曳城援孤絕勢岌甚矣高曰吾自結髮大小百餘戰未嘗敗辱今事至此天也因易弊衣奮戰旋挂弦絕吭死之原其死雖不同大致一於忠而已事聞朝廷其節賚䘏休洽尋復廟而祀之夫生爲忠義死爲明神激烈沉雄昭貫日月而凜然獨存者詎以存亡間之耶宣和中方臘寇睦詔加收捕奉命者請禱寇即銷殄於是肇封高爲感聖侯景爲順聖侯程爲惠聖侯建炎中魔賊俶優辛侯企宗以偏師討之次於信上遙伸懇啓恍若有見賊旣就執於是增封曰感聖順正曰惠聖順應曰順聖威遠紹興初大業甫濟帝念列神之功議所以尊顯之者禮寺弟其績首以三人爲最於是陞封王爵曰威烈曰威顯曰威惠厥後兀朮擁衆窺全蜀時張公浚吳公玠總兵鳳翔直與對壘事亟置祠以禱一日雲隧晝暝鳳翔雨微霑而敵壁乃有大風揚拔之異敵騎驚遁我師乘之大勝凱入二公合辭以聞遂增封曰忠烈靈應曰忠顯昭

應曰忠惠順應紹興末阜陵復土龍輴安濟敕議褒典又封增曰忠烈靈應昭佑曰忠顯昭應孚佑曰忠惠順應孚濟至嘉泰初崇陵迄事會越之士民以靈應來上則又封曰忠烈靈應孚澤昭佑曰忠顯昭應孚濟廣佑曰忠惠順應孚佑善利惟爾三神克保於我國家而累聖崇報旣都顯册以彰靈德又化血食而爲淨供其所以寵賁顯融之者至矣哉初觀之立也實在淸泠橋北隆興受禪上欲斥廟垣之地廣養親之宮乃撤浮屠覺苑寺易之嘉泰辛酉春都城不戒於火一夕宮館蕩爲游埃主觀陳元直適會其壞也慨悼成績且不敢以事藉費穰廢繇是奮力先斥厥儲初得太師韓王請於朝賜內帑錢五百萬已而循和二王復與巨室之所向慕者益以金幣佐其役始事於是年之夏歷三歲而克就總爲屋四百楹巍殿修廊臺門傑閣雲齋林館下至於庖湢畢具土木之費爲錢七千萬有奇規模視前益侈觀成有訪古者曰祀有

廟自夏始也道有觀自唐始也合廟於觀孰爲始乎嘗考熙寧中吳越不祀守杭趙抃特爲之請乃以龍山祠爲觀而賜名表忠此廟爲觀之由也然歸觀之義與勤王不同備恪之功與死事自異彼祠宇蕪穢猶加修葺矧而潛德容可後乎今六合承平百神受職戶口蕃庶海嶽晏淸念褒德報功固已無違於禮而默贊陰佑則惟爾有神雖日尊嚴旣見顯異宜有文字以昭無窮故爲紀其顚末而繫之以銘銘曰

莫愛於生生或可棄莫畏於死死或莫避猗歟三神凜然同志戮力守城膏身夷裔沈沈英爽與生不二隨相循和遏攘寇懟大勳旣集靈應益異迺侈王封以崇廟祀比更鬱攸莽爲牧地憑乃陰威作其圮墜峨峨新宮隆隆曩制有雖其桷有壞其麗春秋奉嘗中外瞻跂詔爾銘詩於千百世

吳江縣學大成殿記

祥符五年二月吳江縣始建學丞相文惠陳公堯佐爲兩浙轉運使實記其成當是時宋興六七十載海內無事文治大興詔郡縣悉置學守若令得祀夫子令李度築縣偏（沈邑志云度當作恭偏上脫西字去病案度築縣偏者言相度縣西偏地而築之也沈志似泥）以奉詔書規創軒偉廟貌邃嚴俊語明章相爲發揮學校之盛稱於二浙既厄於兵令石公轍乃改而南大成殿之建距今又七十載棟撓榱腐聖繪漫漶春秋釋菜觀者太息令劉伯麟肇錢五十萬議葺治不果今令孫君仁榮初拜學宮有慨於心義劉之爲願竟其役於是捐金糜穀至劃圭租躬執朴略無留難明年夏六月已成簷楹飛敞像設一新承平氣象宛然如在由有園百畝撫上所賜詔墨是名盤野幸與學鄰扁舟過之輪奐奪目乃載酒爲諸友賀席間人人言令君之賢豈弟不擾百廢具興未幾皆及吾門且述所以嘉惠鄉校者謁由書之由再三辭不獲則進諸君而告之曰學之興廢時也道之窮通命也惟不以窮

通累其心而一以救時行道爲事此吾夫子所以異諸子也至於今名教被於四海祀典垂於百王其於啓人心惠斯世者蓋與天地相爲無窮豈眞籩豆斯存歲時奠謁而已哉縣水天家闊淸淑扶輿數千百年間豈無長才秀民行夫子之道於世顧使高人隱士脫身世鞅者多擅玆邑是豈夫子詔吾黨之意哉夫沮溺耦耕晨門荷蕢謂非知幾有道之士不可夫子奚不深取以爲世道計也噫出處何常惟義之歸屑意軒冕顚冥利害之塗而不知返固非也忘斯世獨善其身將孰與任天下之事轍環諸國削跡伐木夫子有不得已於此者矣諸君勉之入宮牆拜冠履而念及此則通經學古期於有用得時行道思濟斯民皆聖門事業毋徒曰吾自有東家某此則由之志也亦令君所以尊嚴先聖淑艾吾黨之意也語曰十室之邑必有忠信不如某之好學也諸君勉之嘉定八年正月十五正奉大夫提舉隆興府黃龍萬壽宮寶謨閣學

士吳郡開國侯食邑一千七百戶食實封一百戶黃由記

盛　章字如晦又字俊卿淳熙丁未進士仕至吏部尚書敷文館學
士封吳江縣開國伯食邑八百戶贈銀青光祿大夫

重修吳江縣學記

嘉定十年吳江重修縣學僝工邑之多士合詞來言曰學舊有宮歲久
就壓曰殿曰堂前令嘗葺之力未逮以其餘遺後人今呂君宰邑謂是
爲政之大者首與僚佐謀其議克合乃節嗇銖毫月聚歲羸市材就工
歷吉丕作授成學職畀以分領向所麤備增敞加飾既侖嚴翼門廡齋
舍撤陋崇庳屹爲閎閌雖廩庫庖湢曹胥之局輿隸之所靳靳一新於
是同帥僚從及士俯仰再拜致敬於先聖先師冠裳韋布環列後先雍
容盤辟濟濟咸在觀者侈焉願有以記章明居言路天下事無巨細得
以商略可否日以酬酢未暇既而復來言曰今之爲邑簿書期會獄訟

聽斷非材識精敏不能辨詰此其所難也賦斂有常額外鑿空漁巳竭澤後反求多日對疲民較量於圭黍尺寸之微否則繩以法雖不忍所不遑恤此又難者也今令乃能於敲朴喧囂之中知所先務豐宏茲學以幸邑士且役成而民不知此尤其難者也請益堅不得辭因爲之說曰學所以明教化美習俗也古者學庠序塾無非此理身修而家齊家齊而國治此學之所以及乎人也自誠而明自明而誠極而至於不可測之神此學之所以合乎天也吳松爲邑地占奇勝自昔高人隱士徜徉其間清風峻節聞者興起世降俗下趨向浸異士之重厚誠篤或隨俗而遠害民之和順輯睦或怵欲以虧恩反古者每致其拳拳也然揆厥有生畀賦均一是理苟明轉移易易今教養之地鴻紛煥輪威儀文物設飭宣備俾邑之秀民得以優游涵泳於其中浹和染教以成就其遠大之器業田里之內聞風嚮化亦將有所勸勉愧恥而乖爭淩犯之

習浸以消沮蓋人心之理本與政通以齊魯待其人則人亦以齊魯待其身其機固如此也令之加惠我邑豈不厚歟章既書其事抑有告焉夫人不難於觀感動化之速而難於持循蹈履之久使士尊德樂義積於其身猶長日加益而不自知民苟入孝出弟日以遷善而無思邪犯禮之俗相與守而不變則於國家崇化導民之意始爲無負且有以答令之盛心矣其勉之哉呂君名祖憲婺州人心事平夷政尚淸簡其學問源流蓋有得於伯氏東萊云是歲冬十二月望日承議郎監察御史盛章記

王　楙字勉夫蘋從孫有野客叢書三十卷巢睫稿五十卷

野客叢書自序

僕閒以管見隨意而書積數年閒卷帙俱滿旅寓高沙始命筆吏不暇詮次總而錄之爲三十卷目之曰野客叢書井鼃拘虛稽考不無疏鹵

議論不無狂僭君子謂其野客則然不以爲罪也

漢再受命之兆

元城先生夏至日與門人論陰陽消長之理以謂物禁太盛者衰之始也門人因曰漢宣帝甘露三年呼韓邪單于稽侯珊來朝此漢極盛時也是年王政君得幸於皇太子生帝驁於甲觀畫室爲世適皇孫此新室代漢之兆此正夏至生一陰之時先生曰然漢再受命已兆朕於景帝生長沙定王發之際矣蓋謂光武長沙定王之後故也僕謂生長沙定王之時已萌芽漢再受命之象又非所以爲兆朕也兆朕之時其見於程姬所避之際乎當景帝之召程姬也程姬有所避而飾唐姬以進有所避者顏師古謂月事也上醉以爲程姬而幸之遂有身已而覺其非程姬及生子因名發發之云者謂悟已之謬也鄉使程姬無所避景帝不醉唐姬其能幸乎程姬之避景帝之醉天實使之也杜牧之詩曰

織室魏豹俘作漢太平基誤置代籍中兩朝尊母儀光武紹高祖本係
生唐兒其推原遠矣

王章孔融兒女

士君子不幸罹不測之禍使兒女子悲痛亡聊百世之下聞者酸鼻王
章下獄妻子皆收繫章小女年十二夜起號哭曰平生獄上呼囚數常
至九今八而止我君素剛先死者必君明日問之章果獄死孔融棄市
時七歲女九歲男以幼得全寄他舍二子方弈棋融被收而不動左右
曰父執而不起何也答曰安有巢毀而卵不破乎主人有遺肉汁男渴
而飮之女曰今日之禍豈得久活何賴知肉味乎兄號泣而止或言於
曹操欲盡殺之及收女謂兄曰若死者有知得見父母豈非至願乃延
頸就戮神色不變自古兒女爲家門累者不爲不多就此二事尤其可
傷者夫七歲小女而勇決如是雖聖門結纓赴難者不是過也

蕭何强買民田宅

邵氏聞見錄謂漢史蕭何傳先言何强買民田宅上書言者數千人後言何買田宅必居窮僻處不治垣屋曰令後世賢師吾儉不賢無爲勢家所奪其反覆如此不可信也僕謂史氏之言非反覆也揆何所爲信皆有之前謂强買民田宅者蓋當功遂危疑之際後謂買田宅必窮僻處者蓋其平居無事之時二者自不相關何謂反覆高祖既定天下於諸功臣不能無疑蕭何懼所不免一聞鮑生之言則遣子詣軍一聞召平之言則悉家財佐軍急急自防惟恐不及當上自將兵擊黥布時何守關中上數遣使問相國何甚岌岌乎此客恐之以族滅之說復獻以買田自汙之計何雖知其不可其勢不得不然謂買民田其罪小不釋君疑其禍大上既罷兵而歸見上書告相國强買民田事者如此之衆帝之心始安所以不罪相國但以民所上書笑以示相國俾自謝而已

可見其疑至此釋然是則何買田宅必窮僻處者正其本心而强買田宅致民之訟者蓋出于不得已也本朝趙韓王普强買人第宅聚斂財賄爲御史中丞雷德驤所劾不知趙亦用蕭何之術而蕭何此計又祖王翦之故智耳類而推之如陳平當呂氏異議之際日飲醇酒弄婦人顏眞卿當安祿山牙蘖之際日與賓客泛舟飲酒裴度當宦官熏灼之際退居綠野把酒賦詩不問人間事古人明哲保身之術例如此皆所以絕其疑也

周顗處曖昧召禍

人不可自處曖昧之地曖昧之地災禍之所由生可不戒哉僕觀晉王處仲作亂劉隗勸帝盡誅王氏王導率羣從詣闕請罪値周顗將入導呼顗謂曰伯仁以百口累卿顗直入不顧既見帝言導忠純申救甚至帝納其言顗喜飲酒至醉而出導猶在門又呼顗顗不與言顧左右曰

今年殺賊奴取金印如一大斗繫肘間顗既出又上表救導甚切導不知救已銜之處仲既得志問導曰周顗南北之望當登三司導不應又曰若不三司便應令僕射又不答處仲曰若不爾當誅又無言顗竟至死導後檢中書故事見顗表救已殷勤欵至執表涕泣告諸子曰吾雖不殺伯仁伯仁由我而死幽冥之中負此良友此顗自召禍端無足怪者夫救人而不使人知顗蓋示以公道志非不佳然密爲申救不示私恩足矣何至告之而不應出入殿門有揚揚自得之色且至有殺賊奴之罵外貌外言尚且若此則其在內可知不惟不能救已反以陷已必矣安得無此疑當此之際雖使善人長者亦所不能堪導豈陷賢者當處仲三問而三不答可見導中心有不能堪者顗死而後方知向者詆詆見拒之際乃拳拳申救之時吁無及矣人誰得而知之以是知人不可處於曖昧之地而况立朝於危疑之際尤爲難事稍有間隙性命不

可保其可明開禍隙以示人哉宜頵之不得其死也將以避恩反以召禍哀哉

殷浩

士大夫之名節要其終而後信區區於一時僕未敢以爲必然者商浩少有盛名三府交辟不就二十更請以爲屬不從屏居墓所且幾十年時人擬之管葛王濛謝尙當代偉人亦伺其出處以卜江左興廢因相與省之知浩有確然之志既反相謂曰深源不起當如蒼生何其望重如此庾翼貽書勉爲時起浩固辭褚裒力薦於簡文徵爲揚州刺史浩又上疏遜謝簡文答書力挽之浩復辭避自三月至七月稽命如是之久不得已然後勉强受之可見商浩當時不肯出仕而士大夫屬望於浩如此之切雖商之伊尹周之呂望殆不過此浩之出也竊意必能康濟四海以慰中外之望然經略中原疎而無術與桓溫不協且所用非人

卒底桑山之衂浩之出不惟一事無立而喪師辱國殆有甚焉朝野於是大失所望削爵貶竄固其宜也而咄咄書空不能自遣又可笑者浩在貶所其甥告歸灑然起貧賤親戚離之感至於揮淚何遽至此後桓溫遺書示以引用之意斯言未必非戲耳浩一聞其說欣然許之答書慮有乖謬以忤其意開閉數十竟達空函臨事顛錯如此可笑其胸中可知且喧寂聚散人之常態何必苦爲悲戚餞人見招未必美意正以示辱而甘心從之其無恥如此尤可鄙也且商浩一商浩耳向也諸公翕然引用堅執不起今也一聞桓溫之言便欣然相從向也志節甚厲爵祿不動今也貶所失侶遂至悲泣何其無特操邪

說逍遙溪愚溪

王建逍遙溪亭詩曰逍遙公在此徘徊帝改溪名起石臺車馬到春常借問子孫因選暫歸來稀疎野樹人移折零落蕉花雨打開無主青山

何所直賣供官稅不如灰劉禹錫傷愚溪詩序曰柳子厚歿三年有僧來告曰愚溪無復曩時矣悲不自勝遂爲七言以寄恨曰草聖數行留壞壁木奴千樹屬鄰家惟見里門通德牓殘陽寂寞出樵車余觀二詩深有感焉當逍遙公隆盛之日太官載酒奉常抱樂鑾輿翟禕增賁泉谷見誇於諸公者不一章公去此才數世耳向者逍遙之地至於賣供官稅不如灰當子厚無恙之日所游愚溪皆一時名士而子厚物故未久乃至殘陽寂寞出樵車是何隳廢一至於此觀此二事重使人惻然前人基緒後人鮮克保持雖欲委曲爲計有不可得李衛公平泉山居戒子孫曰鬻平泉者非吾子孫也以平泉一樹一石與人者非佳士也諄戒非不切至然平泉怪石名品幾爲洛陽大族有力者取去嗚呼玆豈告戒所及哉

沈義甫字伯時寧宗嘉定十六年科貢表作十五年領鄉薦第五爲南康軍

白鹿洞書院山長舉行朱子學規時稱良師學者稱時齋先生著
遺世頌時齋集均佚惟樂府指迷今存

昭靈侯廟記

朱邑令（令一作官）桐鄉謂後世子孫奉我不如桐鄉民遂葬焉邑人祠之如父母李蘋刺建州喪歸郡人留之建廟梨山靈嚮（一作響通）日盛嗚呼偉哉政之得民心如此耶王諱明唐太宗第十四子也肇封於曹嘗爲吳郡刺史有惠政王薨謚曰恭郡民去思朝命立祠今吳江縣城隍即王妥靈之所也俄而蜿蜒示異邑人異之先天中遂錫廟額惟王生前已分茅列土矣而僅以侯爵告神議者隘之然昭靈美名也邑人至今以爲稱夫王以帝子之貴能脫綺紈之習施實惠福千里六百餘年之久吳人至今家祀而人祝之前後守郡鮮儷焉其視桐鄉梨山二祠實可（一作奚啻）比肩郡凡六邑（一作七邑）惟松陵奉之尤謹（一作獨松陵奉之）邑凡二十九都爲

廟十餘所仁矣哉王之德也非有大功烈大德政入人之深何以得此於吳人耶縣之西南八十里溪號雙楊廟之建已三百載民之家於是境有禱必應籤卜之靈其驗如響歲在丙子大兵南征民相率禱於祠下王陰有以相之他境則遭焚燬惟此方宴然無虞里人思所以答揚保護之庥者備極其至顧惟廟貌所在迫窄傾欹非所以彰神威而酬靈貺也於是鄉老周得華等捐金穀爲東西兩社首倡廣而新之大家富民從而樂助經始於丁丑之春落成於戊寅之夏繼而有徐道輿建崇軒於殿陛之前土木雄麗舊觀頓改獨像設未飾周彬叔者鄉之儒士謹信者也王復示夢於周俾加繪事自是一廟由內及外煥然更新較之近都諸祠允爲之冠余鄉震澤至雙溪纔五六里市皆火燬而昭靈一祠巋然存於烈焰之中民居之附麗者得獨免焉方此敬異而邑士潘庚金以廟記爲請余仰王之靈欽王之德久矣不敢以譾陋辭乃

爲之述其梗槪著之金石以傳永久因作迎饗送神詞俾鄉人歌以侑祭焉其詞曰帝子降兮涇渭之渚朱兩（一作兩朱）旛兮爲吳邦主仁聲演迤兮實惠溥去之六百載兮威靈猶故疫癘驅兮禱而暘雨生我父母兮長我稌黍籤卜錫兮若相告語夢寐接兮如目斯覩干戈擾攘兮室多毀蒙王之庥兮家安堵民思報德兮闢神宇牲腯酒馨兮蘋藻盈俎黃髮兒齒兮式歌且舞靈旂央央兮儼其來下祐吾人兮永爲恃怙千秋萬祀兮廟食茲土至元十七年夏五月既望時齋沈義甫撰

樂府指迷自敘

余自幼好吟詩壬寅秋始識靜翁於澤濱癸卯識夢窗暇日相與倡酬率多塡詞因講論作詞之法然後知詞之作難於詩蓋音律欲其協不協則成長短之詩下字欲其雅不雅則近乎纏令之體用字不可太露露則直突而無深長之味發意不可太高高則狂怪而失柔婉之意思

此則知所以爲難子姪輩往往求其法於余姑以得之所聞條列下方觀於此則思過半矣去病案文中壬寅癸卯係元成宗大德之六七年也

莫子文字仲武理宗寶慶二年庚戌進士官至廣德軍兼管內勸農營田事賜緋魚袋

仁矣堂記

湻祐五年臣以進士通理嘉興縣考滿候代間奉使王疇行括田之令臣謂此事欺君害民斷不敢從田使劾臣抗拒朝命降受宣義郎七年十一月也責詞云勤撫字拙催科賢者之常也爾爲令切切愛民乃不能汲汲以赴功坐是爲殿司田使所劾降爾一秩非朕得已然亦因是得以知汝之爲人仁矣田使見而愈怒收不付出臣亦遂歸田里葺先臣之舊廬以終以老無復怨悔亦不復作仕進夢想矣越五載始以原詞給告復原官十年六月也又詞云君子之仕利與鈍亦何嘗之有彼

迎合希進之儔乃欲常利而無鈍然至於時改論定卒亦不能有其有
也可嘆已頃奉行田令者倚法而逞爾製邑且受代乃能力抗其鋒期
以不擾留遺所附民雖主計之臣請黜爾朕不爾忘也五年之跱於今
而復前日利鈍之閒所不得而常有者固非可常之道也士所當爲不
止此其益厲所守以副朕擢試之意嗚呼聖天子洪恩所被蔑以加矣
顧臣犬馬之齒莫報涓埃謹取責詞中仁矣二字以名其堂榮君賜也
蓋仁者愛之理心之德也曷從人人得以生也曷從二天地也天地以
生物爲心也仁惡見見乎書繫乎易詳乎魯論子思孟軻氏之書曷其
說之異也其端惻隱其實事親其施愛人其體立達能近取譬其方廣
居安宅尊爵其名親親仁民愛物者其序也仲尼之言曷爲罕其道大
也漢唐諸儒曷弗喩泥其用也程門諸子曷弗與騖高遠流異端也仁
之說何元於天性於人偏言則一專則包乎四也人之爲曷以以其仁

也不仁則不智而無禮無義非人矣一日克己復禮仁矣顏何人也有爲者亦若是以臣愚贛固不敢當仁矣之說然亦不敢以不仁者有負聖天子之明命謹記淳祐十一年辛亥六月初吉臣莫子文拜手謹記

武林西湖高僧事略序

人生五濁惡世根塵濡染昏迷沉著其能出離火宅者蓋寡至於翦髮披緇而爲僧固已高於衆人矣然僧之爲僧豈若是而止哉識心見性超出死生精持戒律貞積力久詮演教法垂範將來百千萬僧中閒見一二表表偉偉卓乎不可企及舉世佛徒莫不宗仰之此高僧所以有傳也作者有人讀者有人修之者又有人然未有思其人追其蹤想像其高致即其囊昔經行宴坐之地崇飾傑閣而嚴奉之紀述行業而偈贊之圖繪頂相而瞻敬之者瑪瑙講師元敬節庵乃克爲之也閣始瓶於前主僧了性工未就而遷住他刹節庵實踵成之始會萃名宿嘗駐

錫於錢塘者得二十有四人命東嘉僧元復摭其事實而繫之贊續訪求又得六人焉節庵併述而贊之圖其形置之閣又慮不能流布四方乃合而成書名以西湖高僧事略鋟梓以惠學者噫佛法盛於東南異人輩出前人既爲後人所高矣燈燈相傳續佛慧命將使後人而復高後人深有望焉寶祐丙辰長至日吳郡莫子文序

顧公像贊

陳黃門侍郎光祿卿顧公諱野王廟在吳江之顧墟墓在石湖之下周村去余家不半里而近蓋先賢也咸淳乙丑余致仕閒居公之裔孫彥實持公畫像來求贊因考列傳摭其行實而爲之書

偉矣顧公古之英特方幼而奇才異能既長而精記默識其報國也則仗義援都而君臣之義明其事親也則執喪過哀而父子之倫立著述富矣而玉篇爲經世之書丹青美矣（沈志集文作美哉）而古賢爲名世之筆仕

宦歷登乎顯融聲譽永垂夫竹帛此所以廟食百世而不忝東家於吾邑也是歲六月望日朝散大夫前知廣德軍兼管內勸農營田事賜緋魚袋同邑莫子文書

孫　銳字穎叔號耕淵咸淳甲戌進士官廬州事僉判有耕閒集

重建殊勝寺記

能仁氏以慈雲覆大地以法雨潤衆生燭迷途於已往航苦海於胥溺甚有功於人報其功必宏其教祇園鷲嶺臺館之制由是興焉且夫紺殿崔巍金容赫奕天宮寶所化出塵寰孰不曰人之願力所致也豈知佛之神力變化莫測隨感輒應事會方來之時佛若運其力潛驅隱率俾人之願力勇猛精進無復退轉天順人信而迄有成功此乎望殊勝寺所以建也國朝治平四年丁未有如信師來自雲間遊憩茲地瞻奇覽異澹然忘歸復夢神扶師而告之曰此師之住地也寤而異之居無

何鄉之人亦若有感詰朝請見合辭獻謀謂吾邑控三輔郡十方雲水皆出此途酷暑隆冬無條椽錐地以駐足道人出家者所當用心師可已乎師聽僉言發宏願卜地湖東創立精舍延納緇徒規模僅就元豐六年癸亥被旨毀撤無額寺院師所經營蕩無存焉其址亦廢爲戎師講武地矣師志不遂挑包欲行稱耄挽留不聽其去未踰月詔許寺院已廢者復存元豐七年甲子師請於繡衣朱公公從師請遷於湖西之地其地前控平湖環若鶯脰後坐大溪縈如龍尾弁嶺借翠屏之色松江分霜練之光天造地設勝絕罕麗當其地未屬師攡影常見於澄波之上觀者咸以爲異師獲此地如獲至寶越從卓錫人帆運斤輪奐一新壯麗踰昔師有弟子七法昇法安其尤也建中靖國元年辛巳時國大臣取道南征縱步至院適遇昇師書金光明經至殊勝功德品一時投合欣然灑翰許以回京當奏以殊勝爲寺額未幾召還昇師兩叩光

範不遇至於三日歎曰事不諧矣誓投汴水一日寓相國寺大臣偶飯僧遂獲見從容道舊果踐宿約奏賜金額法安繼之廣率衆緣乃建大殿繪七軀山門法堂始克周備建炎三年己酉虜騎縱橫烈焰縱焚一夕焦土師遂閉關十五年閱金光明經五十萬部誦畢功圓檀信翕至富者施財貧者助力棟宇復立丹堊重施變煨燼爲蓮宮易瓦礫爲金地繼踵流傳式至今日嗚呼機之不偶也甚矣緣之難成也至矣此寺肇於治平廢於元豐復於元豐焚於建炎屢仆屢興益昌益大信師之與弟子願力可謂深固矣至於神夢告符空中旛影見像遷勝地錫佳名謂非佛之神力有以使之吾不信焉古人云天不人不因人不天不成眞不誣也院自元豐甲子至咸淳七年辛未一百九十五年未有碑誌以記其實比丘淨明爰念佛之神力祖師願力能濟於澤國建此伽藍俾我苾芻安享成烈恐後之嗣法不用其力而毀廢之乃纂序顚末

勒於堅珉揭於永鑑百世之下庶幾不隕其美咸淳七年三月日鄉貢進士孫鋭記

趙時遠字无近（一作無逸）居平望之桑盤郁因自號桑磐野老

孫耕閑詩集序

天下有豪雋自喜之士不齷齪於世故而肯與筆墨爲緣雖鋤雲原外春雨當犂皆能以跌宕風雅鼓吹元韻其人必落寞蘊藉相忘於箕潁之天者也其文亦必清明溫粟自達於漢晉之前者也平湖里畔有隱君子焉息鋤南畝肩挂杖杖挂瓢瓢中詩卷咕嚄有聲或高歌野外自比再世接輿漢陰老人間嘗欠躬訪之居然有道氣象爲耕閑先生當宋末造兵荒洶洶（原作洶誤）然應詔貢譽髦上親臨軒對策卓然爲多士冠冕久之成進士僉判廬州會胡騎長驅吳越望風納欵鬭蟋狂吠之徒猶惑宸聽先生矍然起曰時事尚可爲哉卽日謝命歸里與一二漁父

夫往來湖上輿到輒對酒嘯咏不倦蓋古淵明摩詰者流不以富貴動人而所得全於五七言者多也先生名銳字穎叔別號耕閑老人祖炳有潛德父珽以布衣與討虜功擢秉義郎文集累若干卷多散佚不傳予忝世誼知之深因搜輯其遺稿或扇頭或壁上或蠹簡鼠穴裒而成編得數十首後之人覽斯集而先生之梗概從可知矣去病案此序作于至元十八年辛巳七月惟其志節高尚確乎宋室遺民故仍依沈義甫例編列于此

卷五 完

及門諸子校錄

卷六　　邑後學　陳去病　纂輯

元三人

張　淵字清夫號湖南野逸又號用拙道人博學好古有詩名尤工
書法皇慶中以薦爲東省提舉有心遠堂集虞文靖公爲序已佚
不存今據朱存理鐵網珊瑚錄一篇

題蘭亭舊刻

蘭亭序自從葬昭陵後爲溫韜發墓而泯沒不知所存惟唐定武刻本
傳世尚有典刑後之好事者轉相模倣翻刻則有肥本瘦本三字五字
損本之異以僞雜眞論說縱橫去古愈遠余不諳字學景文持此卷徵
余評可謂求道於盲者也諸公旣鑒賞之士已審定僕亦確信其爲善
本至元六年後庚辰歲十月望吳江用拙道人張淵清夫題時年七十

有七

陸行直字季道號德恭又字輔之自號壺天居士大德中由人材任

湖北十學士選典籍

詞旨敘

夫詞亦難言矣正取近雅而又不俗予從樂笑翁游深得奧旨製度之法因從其言命韶作詞旨語近而明法簡而要俾初學易於入室云陸輔之識

錢雪川竹深荷淨圖跋

余家有玉潭翁三仙對弈圖每明窗淨几輒與友人展玩覺有生氣勃勃茲於民瞻齋中更得觀此恍若置扁舟于渭川澤畔淸氣習習自淵谷中來也直令人有遺世之想陸輔之

題鄭所南推篷竹卷

所南先生貞節之士有夷齊之風者書畫散落人間政自不少雖片紙不盈數寸或蘭或竹必有題詠然其意深密非高識韻士豈容易窺見哉予自童稚至壯時得承顏接辭而先生去世幾二十載今獲觀小軸如在其右展卷懸情慨想甫里陸行直書于壺中天

跋唐臨十七帖

松雪翁負書名於當世然八法回斡之際眞不愧古人觀唐人所摹帖不完處數行但神釆洸著處知公不逮古人多矣觀者粲然奚待贅述雖然渡江以來二百餘載鮮能與公並駕者後此以往又未審孰能繼之臨風慨歎陸行直

鍾繇薦季直表跋

右漢鍾繇薦季直表眞跡高古純朴超妙入神無晉唐插花美女之態上有河東薛紹彭印章眞無上太古法書爲天下第一予於至元甲午

以厚貲購得於方外友存此山後因飄泊散失經廿六年不知所存忽於至正九年六月一日復得之恍然如隔世事以得失歲月考之歷五十六載嗟人生之幾何遇合有如此者後之子孫宜寶藏之吳郡陸行直題於壺中時年七十有五

陸祖廣字季弘又字季衡自號天游生爲行直第九子

張溪雲鉤勒竹卷跋

王君伯時早歲從學於張溪雲先生故其能事皆有師法今觀所藏張先生松石圖爲信伯時所學之有成後之學先生非伯時其誰與歸伯時兄仲和持卷索僕書辭不獲已爲作竹梢深媿美玉左右而賔珷玞也凡觀張先生雙鉤竹當與古人並列故不復綴言天游生陸廣季弘

卷六 完

及門諸子校錄

松陵文集三編

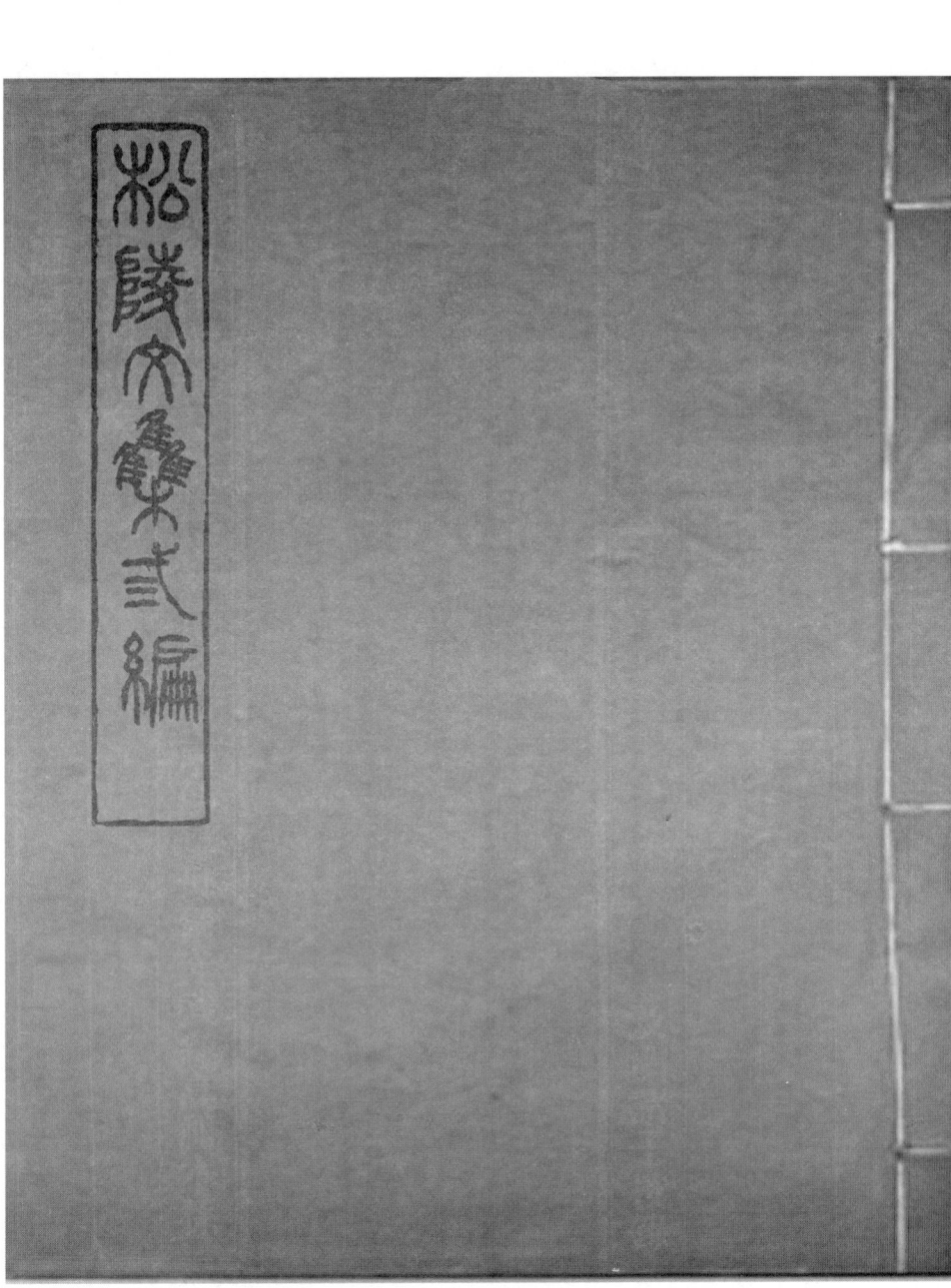

松陵文集三編

李孫題

民國十一年春季開印

卷一　　邑後學　陳去病　纂輯

明十二人

竇德遠字□□四都充溪人洪武四年辛亥舉明經授禮部主客郎中擢本部侍郎著松陵志已佚然吾邑有志自德遠始也茲從徐師曾志史家譜得敘傳二首錄之以見梗概

松陵志序

松陵即吳江係吳泰伯封內域自泰伯來吳吳人被其文化漸沐休風聲教所暨君子出焉由是季札歷聘諸華先王禮樂達於海隅迨夫子胥治吳建倉庾峙兵庫創城郭設守備而蘇州號稱吳城爲東南甲郡吳江乃蘇州之屬邑也距蘇州南四十五里即古之笠澤本隸吳縣至梁開平三年錢鏐奏劃吳縣地置吳江縣太湖環抱邑西南隅禹貢之

震澤也周職方揚州藪曰具區其水多震而難定即今之湖翻是也禹導水源至此故曰震澤底定言底於定而不震動也距邑西南九十里有橋曰底定吳越春秋謂范蠡於此乘舟出三江口其地亦有橋曰思范至今遺跡不泯自春秋以下秦漢及唐兵皆不至茲境錢鏐保障百餘年納土於宋故民不知兵而庶且富建炎南渡駐蹕錢塘茲邑迺爲宋京畿供給之地爲上縣元朝丙子丞相伯顔率師渡江時有武將甯玉駐兵鎮守民皆賴之元貞間戶口繁夥遂陞中州至正丙申張氏兵入據始築城障之本朝丙午冬十有一月天戈東下克湖州自太湖直抵吳江駐兵邑西石里時統兵徐相國諭父老以恩信茲邑遂歸附焉相國即單騎入城安堵如故洪武二年仍改州爲縣民阜物豐山川勝槩疆域之廣古跡之多顧志不可不輯乃攬衆說采摭遺事纂成是書目之曰松陵志使一邑之內千載之間其事可按書而索之矣後之覽

者取前人之成憲以爲法將見道德興而習俗美松陵之區與鄒魯無二則是書有關於世不亦大乎洪武六年七月既望徐志

史惟則傳

史惟則字天問終南人唐末官集賢院學士工八分飛白二篆其弟懷則字超宗亦工書不減惟則而行楷尤擅名亦官學士天福中同遷吳中宋興用曹彬薦起惟則隱四明懷則就平望釋氏匿使者識之致之洛都一時題額多出其手賜緋魚袋終不受爵卒兄弟同葬吳城下子孫世顯多文儒今猶盛史家譜

書友竹軒詩卷後

崔天德字君誼七都人有幹才博涉書史仕元爲金玉局副使明初隱居洚溪種竹自娛左丞周伯溫題其軒曰友竹一時名士咸賦詠焉

余索居寡儔惟竹君雅有相忘之好軒之南隙地廣三席延竹君數植
而居之淸風入簾明月在牖泊如也鄱陽周公伯溫題其顏曰友竹賢
士大夫能以詩文鳴者咸有述以爲余榮裝潢成軸凡若干首樵牧之
暇時展而詠歌之若洞庭之野衆樂並作魚龍噴跳物怪奔走天籟合
而風雨應也若鳳凰覽輝鳴高岡而朝日出也若衡璜佩玉周旋矩度
聆音節於太古之域也予於諸賢或素識或未之前識因竹君之好而
辱交焉何其幸歟後繄官於燕與竹君契闊者四載及歸田江上凡長
林穹谷俱摧毀於風霜搖落之餘顧竹君玉立依然無恙豈偶然哉取
是編而讀之其人名稱班班珠玉晃耀有雄材碩德黼黻皇猷相廊廟
之上者有聯乘結駟光華赫奕馳騁於遐邦萬里之外者有望靑天觀
白雲漁釣溪山以自樂者有碑橫野蔓纍木以拱者求如竹君歡娛不
可得獨抱無涯之思而已雖然微士大夫之文詞弗克宣竹君之雅操

非竹君之雅操又疇能承諸賢之賦咏也哉予蹇拙之姿知友於竹不濟竹君去取爲何如當砥名礪節誦淇澳之章以自警庶不負名賢之見與也因書以謝云洪武乙酉二月十四日吳江崔天德謹識去病案乙酉爲永樂三年時在藍獄之後牽累甚衆崔氏又安能從容箸述而友修竹耶疑或有誤

朱應辰字文奎號寄翁綺川人少爲陳氏禮習舉子業累試不利乃棄去爲古文詞與楊維禎游洪武四年辛亥舉明經授蘇州學訓導改江陰有寄翁漱芳二集今未見

寄翁說

吳山之陽有寓翁焉綺川之涓有寄翁焉過諸塗寓謂寄曰吾于莫年以寓自居子何其寄竊吾緒餘子謂寄者將有說乎抑無說乎寄乃却立拱手曰噫嘻凡天地之大萬物之衆莫不皆然豈特寄哉日月星辰之運行寄乎天萬木昆蟲之動植寄乎地地大也亦寄乎天天附于氣

人以眇躬介立于兩間可謂寄所寄寄之中又有寄者焉寓人也寄亦人也視聽言動飢食渴飲無適而不同也寓也可寄也亦可無適而不可也然可有不可者存同亦有不得而同者矣今有人焉呼翁曰寓則應呼曰寄則弗應惟寄亦然固不可得而同者較然矣同者理不同者名同其所可同不必強其所不可同則未始不同也寄少寓七歲視寓猶父兄生同時居同里耕同田出同道意氣脗合今皆老無用于世同也居易以俟命亦同也吾惡知夫寓之竊寄歟寄之竊寓歟視其逡巡退縮苟全而自利者寄與寓斷斷不爲也爲之者則有孔孟之仁義在寓喜起而歌曰嗟所寄兮寄身嗟所寓兮寓形天地倘然兮九州一塵介立兩間兮如滄海之浮萍寄乃賡歌曰山之陽兮寓之廬川之湄兮寄之居山同樵兮水同漁曰寄曰寓兮同周遊乎太虛歌闋寓曰與我記之寓翁者吳人嗣初盛其姓寄翁者朱應辰也

沈　原字　雙楊人

吳江縣雙溪昭靈廟曹王神應記

按郡乘王廟食于吳之松陵凡有五雙溪曹王廟其一焉王在唐爲昭陵子名爵謚號史傳記碑具悉茲不贅然聞先天年中奉敕立祠民得以祀今其鄉即震澤也王之著靈于茲境特靈于他祠若梁開平間錢鏐王吳越欲破賊禱之吉不血刃而平又若前元至正中淮東張氏據吳先是楊苗人倡義輔國率衆征行剽掠焚蕩村落爲墟將至吾鄉不一二里許忽自驚潰似有追驅潛鼠遁去里之人初莫測其所以既而詢之乃有神兵設險凌虛俾其衆目覩心駭衆既逃遁民克奠安又至正末丙午秋烟燄四起民皆倉皇鄉之耆耋誠謹愿愨者率衆走祠下虔禱於王曰託藉王靈兵不犯境耄艾獲全後當刻石昭貺以答神庥自爾以來果感赫威兵不狂突未信口案堵如故闔境全生各安私室

實藉王靈局敢稽緩今鄉之大姓與士夫之誠敬者會監同詞僦工鐫石納于西廡之下用昭丕顯神力俾邦民戮思永久無怠竊聞禮云神能捍大災禦大患者則祀之又聞諸傳記神有功于生民有德于其邑則廟食于其鄉若王之生爲帝子死爲地祇神化無方智周萬物凡邑之水旱札瘥蠶繅耕稑宏纖顯微罔不一禱于王王監决裁纖悉無爽肸蠁靈應遐邇彰明實係王之陰功神化被于邦之民也尤多殆猶穎川之思陳仲弓食息側微罔敢違越咸可書者原等欽惟捃拾休徵登口樂石式藏潔誠祀事重刊第二碑云（沈眉壽震澤鎭志昭靈侯廟在鎭東雙楊俗稱曹王廟初建無考元時此廟特著靈異至元十七年重建里人沈義甫記明洪武十三年再建里人沈原記）

謝　常字彥銘號桂軒洪武十五年壬戌舉秀才召試丹鳳朝陽賦稱旨欲官之以母老辭歸隱震澤之東溪有桂軒東溪二集今未見

簫杖曲自叙

簫杖者黃大癡之珍玩也杖乃湘竹一枝皇英淚血斑斕在修不逾五尺竅兩節間而吹之聲清剛而奇淵魚皋禽驚騰應和非止嫋嫋餘音而已提之出遊以古錦囊蒙其首人謂筇枝在握不知爲簫筦也遇佳山水處或當風清月白之夜啓囊出弄聞者有飄飄然仙舉之意大癡晚遊華嶽山不知所終傳于松陵谷祥徐氏予嘗艤舟垂虹徐爲按舊習洞仙歌水龍吟弄詞數闋因製曲贈之

秋風歌自叙

洪武三十五年六月皇帝受天命飛師渡江時三吳之境迴卒散漫居民駭懼以神京天遠萑苻之澤有盜弄兵者猖狂肆虐殺人而燔廬舍勢張甚震澤巡檢孟復初慨然奮曰茲非人臣效職之秋乎率兵往捕境內以安斯時也非勇敢之爲倡少從容延蔓其禍有不可勝言者今

當三考觀成或執銓衡者有聞庶不沒乎善也

梅月軒記

梅遭吟玩聞於世莫甚於維揚東閣之盛由法曹何遜而名著也松陵環城皆水非維揚比孰知邑中亦有官梅之可玩哉邑處東吳舊矣多長杉秀柏霜皮黛色層陰夏寒已摧柯不求其跡惟丞廨舍之旁而梅在焉蟲穿蟻穴蘚痕蒼古隙地廣二席根蟠無餘而世無知者二尹李公涖政之初遇之而喜乃除荒棘剪枯朽挺然而生意遂矣每花時殘雪未消梨雲尤凍黃昏窗几暗香浮動春思靄吟懷矣既而月升海嶠恍睹素娥冉冉降于瑤闕睥睨南枝而索笑也於仙姝綠萼之儔挹蟾液引鸞軿縞袂綃裳邂風前迎氷肌無塵淡妝相向儼然而情親者惟翠禽啁哳上下寒梢而留戀也斯須悄無所見一白浸於寒輝誦乎易聲之盈耳者琅琅然鼓乎琴韻之觸指者泠泠然雖處江湖之遠俄若

神游乎玉宇瓊樓之迴法曹千載不知此樂能同乎否因榜楹閒曰梅月徵文以記嗟夫法曹棲遲東閣耽於賦詠想官閒無事得專意於梅今公剸繁治劇簿書叢委日不暇食於公退食之頃一無所嗜獨留意於二者何歟蓋梅葩於嚴冬霜雪之交月懸於寥廓高寒之表仰瞻俯察心體瑩然猶氷鑑空明豈纖毫之可翳哉廉聲偉績播於東吳信有感於梅月而成德也及茲三考高登瀛洲其解舍之梅必如召伯之甘棠又奚羡東閣之橫斜者哉永樂十八年八月既望書

崔氏友竹軒賦

友竹先生雪一巢雲半邱眠空八荒氣凌九秋騁遐思於千古深景慕於前修嗟美人其何在藐獨行而無儔闢軒居之兩楹樹篔簹於林幽澹相對於終日矢永好之綢繆方掩關而謝客若將玩世而神遊有桂軒散人冠芙蓉服毛博蠭談奮辨麈尾在握長揖先生而進曰友道之

重人倫所推試探索於青編名班班其可窺或贈帛而尊賢或命駕而
踐期或刎頸而忘憾或加足而相知或德業之深懿或文章之雄奇歆
醇酎而春融投膠漆而堅持由道同而神合相琢磨而箴規然往跡之
淪謝所以名愈久而光輝嗟哉竹君草木孔微雖清流之多尚將何益
而何裨羨植物而求友竟伐木之奚施此愚蒙之未解請先生之廓疑
先生曰友之云貴尙德是輔淳風既散勁眞誰慕少涼涼而遽斥纔翕
翕而爭附方傾倒而情親隨凌欺而背侮耳哇淫而共聽目嬋娟而交
妬爲前哲之深恥俾余心之獨苦惟竹君之修潔抱虛心其終古分淸
陰之半席期歲晚而爲伍忝名馳於鶚薦遂挈挈而西鶩始睽離於吳
越卒周流於齊魯慨茀屋之荒涼悲琅玕其誰撫懷秋風於淯水弔落
月於湘浦賴孤琴之遺興緪冰絃而時鼓雖芳荃之盈掬莫陶余之悽
楚幸謝職而南轅獲遄歸於故土歌遼鶴之遺響感人民之非故蘭欽

秀於春臯菊藏香於秋圃篝青燈於夜榻夢舊遊之無所酬別罕於松
楸讀殘碑於榛莽欣竹君之無恙獨翛然於環堵蔭蒼苔於庭砌留白
雲於窗戶步虛檐而前覿驚舊雨而相顧初蕭瑟而欲語遂低昂而起
舞匪四美之兼幷曷金石之同固茲信義之深孚足以勒箴銘於肺腑
也散人曰四美可得而聞歟先生曰觀其亭亭猗猗不倚不頗纔淸飈
之一拂何靈籟之孔多啼老蛟於陰壑鳴威鳳於陽阿鏗宮商之夾奏
森劍戟而鏘磨吹比管於嶰谷之岑走落木於洞庭之波疑幽人之吟
嘯類樵豎之唱歌乍摧折而欹倒忽琮琤而相和露滴秋林聽飛璠之
曳珮雨來曉谷鏘帝子之鳴珂此金聲而玉振庶資講學之切磋及頑
雲凝舞霰集明河凍勁吹急悽獨鶴之宵唳慘寒蟾之夜泣蘿窗未曙
苔階盡溼悄空山之無榮凜萬木之僵立胡霜筠之獨秀操堅剛而愈
執葉翡翠以羽零幹蒼虬而鱗襲氷裂石而陰翳月穿簾而影入散晴

碧之交輝湧寒青之可吸膚貴黝之不撓項強宣之難屈此貞標而勁節足以濯遷汙之陋習若夫冷冷烟梢不蔓不茀邁羣芳之特異盈千尺而彌高實充丹穴之鵷鸞竿掣滄溟之鯨鰲杖化龍而難箓筆成杠而誰操羞豔華之妖血輕凡芬於鴻毛揖夷齊於首陽之林谷抗巢許於箕山之巖嶅寧相依於松檜豈甘沒於蓬蒿掃紅塵而披拂干青雲而遊遨軒獨立於物表挺然伊呂之人豪此離倫而絕俗宜從穎拔於英髦且其肥瘠俱榮發育有待奮蟄雷而驚起滋潤澤之霑溉蘚茵迸紫抽犢角之崢嶸籜錦凝斑露襬兒之鮮彩溼蒼烟之滿谷翁春雲之如海螺鬟對倚而娉婷霓旌交揚而晻靄並森森而玉峙恍多士之如在篤金蘭之同氣依瓊樹而交愛聯秀色之晚榮益高情之春藹歡共慶以彈冠儼相逢而傾蓋紛肩摩而袂接豈貌同而心改此多朋之濟濟眞足全夔龍於千載也嗚呼玉以愛著白以養稱七賢之同調六逸

之齊名或千戶之並貴或三徑以娛情斯爲竹君之深鄙又何足流後世之芳聲今予辭光華守寂寞我爲竹友竹惟我託忘人物之竹我共徘徊而盤礴睨乾坤之無際疇克知予友竹之樂也哉吾子豈非與可詠非蘇僊競其所短昧其所全而返以爲言乎散人顏色變赤芒背駭汗降堦三揖起而爲亂亂曰軒之竹兮蒼蒼軒之人兮珮琳琅歲既晏兮孰芳伊友竹兮彌光山可梯兮海可航友竹之風兮不可望

一葉浮萍賦 并敘

包山木石先生徐庭栢讀書世家也器宇卓犖神采翛然望之如神仙中人嘗與二三同志泛舟於具區採菱芡酌濁醪歌范少伯之詩而娛其情遂號其舟曰一葉浮萍吳中以詩鳴者爲之咏歌余雖年邁亦撰賦一通爲木石先生之貽也賦曰

稽山樵朔發蹤於東海夕將抵乎西都遇茫洋之大澤勢滔涵乎太虛

爲吳中之勝境實天下之名區以爲洞庭耶則層樓不見翬飛乎岳陽君山不見列翠乎蒼梧以爲彭蠡耶則瀉不見銀河九天之瀑布而張不見屏風九疊之匡廬於是西瞻苕嶺東望姑胥然後知其名見於禹貢而爲揚州所轄之太湖耶是時也日落蒼灣煙濬平蕪恍東山之月出見木石之鴻儒停桂櫂而揖余言曰吾將告子太湖之所以得名演子以太湖之大義子將樂而聞之乎是湖也三州之界四方之迂其東也則百里之已越其西也則億弓之有餘其南也則一望之是遠其北也則萬頃之無虧故東其半爲蘇臺之境西其半爲霅水之隅北其半爲常郡之限南其半爲松陵之拘三州太湖之得名其以此歟古老相傳信而不誣原其始則夏禹之底定而衆水皆匯乎此淼然亦安知其不濫觴於崐崙之頂泄瀚海而來尾閭者耶乃若微波不興一碧萬頃如青銅之淨拭似白練之平鋪颶風倏起長鯨怒呼拔銀山之千尺撼

銀濤之雪如使觀者不覺心戰而膽慄頃刻覆行人之舳艫其產則有辛夷杜若菌萏珊瑚大寶之貝明月之珠春水桃花之鱖秋風蓴菜之鱸白頰奪淮南之風味紫蟹剖吳下之膏腴又有魚鱗之屋水晶之居其深莫測其奧莫闚構波神之窟宅作馮夷之幽都既有凌波之仙子豈無騎鯉之神夫月白風淸似或聽廣樂鈞天於縹緲雪消雨霽恍若見金支翠旗之有無散落霞錦光於淵瀁灑殘陽紅纈於扶疎玉宇涼生則足以試太一乘蓮之渡綠雲曉漲則足以供漢陰抱甕之蘄惜杜少陵空有渼陂之樂曾不及此一覩李謫仙空有采石之泛曾不及此一遊故凡遊乎此者自有以得其樂又何必渡黃陵而遊赤壁隔滄海而望翠蓬與玄壺也哉吾今於是求舟楫於蘭桂編蓬帆於菰蒲一葉浮萍之是扁百年奕世之不汚輕於杭葦穩勝乘桴效天隨子之蕭散采芝叟之淸臞韜光於草澤混跡於江漁短櫂輕橈紛總總乎湖山之

樂長鎗大劍不屑屑乎雲臺之圖披羊裘於風雨恣綸竿而卷舒仰清風於桐江釣雪之嚴子慕高名於石湖載月之陶朱張騫八月之槎枉泛斗牛之渚純陽三尺之劍空過洞庭之湖詩卷酒杯以備怡情之具筆牀茶竈聊爲適興之需紅蓼白蘋處同羣而作侶汀鷗沙鷺每相狎而相呼鼓腹而歌濯纓之句扣舷而誦玄眞之書喜問津之有託藐浮海之爲愚雖有志乎蓑笠亦不棄乎簪裾實南州高士之苗裔匪武陵隱客之流徒今吾幸有此樂孰云誕而爲迂是則向之太湖不獨有異芳靈物之産神仙巨靈之宅抑且稱中吳人物之遊亦吾祖宗之世居也語畢木石先生鼓枻波閒倏然而去飛玉龍之一聲撼金濤於別浦折風木於太湖八百之西灣不覺七十二峰翠鸞之掀舞紛落葉以相觸灑蓬牕之急雨起而視之則夜將曉鷄三鳴更四點月已墮海西丈五矣於是叱湘靈捧硯命洛神展素援湘玉一枝於碧天蘸蟾宮九秋

之涼露想木石與余問答之前言而遂寫爲一葉浮萍之賦

吳　復字孟修桃墩人洪武二十一年戊辰以人材薦授湖廣僉事

有雪區稿霞外集盛唐詩選甲子循環圖今未見

華孝子誠感詩序

人物之類雖殊惟誠則能動誠者物之終始誠感於此物應於彼理一故也若伯翔華君可謂能以誠感者矣君事親孝母疾禱北辰而愈既歿持律嚴甚出入起居罔敢弗欽履舄雖至微未嘗一悖乎北每齋日必精潔整肅稽顙夜過分然後已辛巳夏四月丁未偕客抵僧宗宗爲黍將殺雞君以齋禁辭弗聽刀折於地三乃止弗殺衆駭焉咸賦詩以神夫鷄或難曰成毀數也刀之成人弗彼異其毀又烏足異耶余曰物固有偶然者乃若所以然殆非偶然也天下之事有恆有變恆者易明變者難量泥其常而駭其變可乎哉客曰夫物弱之肉強之食蟲之於

雞也亦然且雞豚狗彘古以養老交不食焉以縱其繁殖將見偪人而覆爲害矣豈先王制禮貴人賤畜之義耶予曰客亦味夫孟軻氏之言乎親親而仁民仁民而愛物物之愛也奈何取之有時用之有節如此而已夫豈倒行逆施與夫暴殄之謂哉曰然怪神聖人所不語若此者刀之馮耶雞之靈耶抑宗之監華之誠耶余曰聖人不語怪也魯史之筆詳矣不語神也易大傳之論彰矣誠之所在射石而沒哭城而崩水游而不溺火蹈而不焚戈揮而靈曜反光言善而熒惑退舍者有矣而獨疑於今耶古之君子遠庖廚弗身踐無故弗殺所以廣仁也類之異者猶若是况同類也乎哉今之世或殺人不忌至於相食曾犬馬之不如天其哀夫人之忍因夫人之誠以示好生之德而爲暴殄之戒也豈惟在乎一雛雞何所靈刀何所憑若伯翔華君可謂能以誠感者矣客忘所問而退因悉次其語以冠於卷首至正二十二年壬寅仲秋八月

吉且吳江吳復序

莫　禮字士敬綺川人子文七世孫洪武戊辰以稅戶人材徵爲戶部員外郎超擢本部左右侍郎坐藍黨死有東郡北征二集今未見

友竹軒記

去縣而西百里曰浲溪溪之上有德人崔君誼所居在焉屋前後種竹若干挺幽閒蓊薆不啻一篔簹谷也因扁其所居曰友竹蓋寓其志然耳君誼當勝國時出宦京師遭時多故旣歸田里與竹君雅好如昔終日嘯歌其間於勢利紛華邈然無聞也厥子齡國朝仕刑部主事以淸愼稱閒持友竹詩卷請記於余余與君誼爲通家子弟其何敢辭夫竹一植物耳衞詩美其如簀戴記美其有筠蓋皆比德於君子故君子而與友也固宜世俗亦以松竹梅爲歲寒三友然則松與梅其竹之友乎

人之可與竹爲友者必如松如梅而後可晉王子猷有何可一日無此君之語是子猷有取於竹而與之友矣唐李太白有閉門風動竹疑是故人來之句則太白亦與竹爲友焉今君誼既以友竹名其軒復以爲號是與竹深交密締死生以之固非反覆手者比顧何以致此哉吾有以知之矣主人淸修蓋取諸竹主人疏直亦竹是取主人與竹彼此相忘不知我友於竹竹之友於我也其節其心當有以肩子猷而軼太白不然竹之爲竹混於凡草木矣何以表然特立於松梅之間也哉予將徑造竹所訂三益之盟以從其所樂不知可與否也是爲記洪武二十五年秋八月書於鍾山之寓

陶　振字子昌分湖人獻集云其先華亭金澤人贅于𪊨山謝氏遂爲吳江人今據吳志少與謝常同學于楊維禎兼治春秋詩書三經洪武二十三年庚午舉明經授縣學訓導坐佃居官房逮至京師上紫金山金水河二賦隨命

撰飛龍在天賦得釋遷安化教諭有賦一卷釣鼇清嘯二集今未見

陳情書

洪武二十八年月日直隸蘇州府吳江縣儒學訓導陶振再拜奉狀陳情于兵部尚書大人鈞座前切念振江左儒生吳中賤士洪武二十三年四月內蒙本縣禮請補充本學訓導所有家小坐落鄉都相去水路六十餘里因本學無訓導公廨難以挈（原闕）遂於當年七月內佃到近學官房一所後蒙提取赴京發瓦屑壩工役當年十二月十二日振將佃官房情由告蒙通政司受理啓准敬依釋放還職了當今又蒙工部天字七百八十六號勘合批差錦衣衛舍人甘瑜等到府爲逃故沒官房屋因人事內提釋放囚人一名陶振敬惟殿下天下之大本令旨天下之法言凡令一出未必不若雷霆流行河岳聳峙烟雲低昂百揆爲之

趨迎萬靈爲之率職與夫四海之廣兆民之衆靡不端拱瞻聽奔走奉揚之不暇也况若振者特承恩宥躬被玉音而凡三吳遠近之民悉知振由釋放而回其於榮嗟歎羨之音戛戛乎洋洋乎倘在人耳使果一旦又蒙提取混於逃弃寡婦等囚中豈不有負殿下之釋放深恩厚德哉伏惟大人司天喉舌職兼師保立近雲霄之上居依日月之邊俯視寰區有人如此其將激而憐之予而進之啓聞於上乎抑將麾而退之舍之不顧乎且聞朝廷設官分職內而百揆六卿諸執事外而十二布政司府州縣卑而至於臬司令典莫不有公廨可居而養育人材位微責重如冷官訓導者獨無公廨可居乎且振忝爲國家臣子頭之所戴者聖天子之天足之所履者聖天子之地全家所食者聖天子之祿則凡所居不居聖天子之公廨將安所居乎哉則知振因本縣之缺公廨佃房而居者出乎不得已也茲聞佃官屋囚人提取赴京編在兵籍備

員戎行將以爲用是雖臣子忠君報國之心知無不爲然振乃區區一介書生蒲柳弱質頭顱似雪脆病不勝且無衛霍之才勳賁之勇孫吳之策一旦驅而置之行伍雖累千百將何益於事哉以振譾材薄技必使見諸設施惟當以忠孝爲先鋒仁義爲主將禮樂爲卒徒筆札爲干櫓揖讓進退爲坐作擊刺之法或可戰之文場耳於軍旅之事槩乎未有聞焉況堂堂聖代混一寰區其于鷹揚之師干城之將若古之方叔召虎仲山甫南仲者豈無其人被堅執銳斬將搴旗者豈無其士詩所謂用王于邁六師及之未有盛於今日以之敵王所愾則愾無不平以之靜邊之寇則寇無不靜顧安用一介書生哉且振釋放以來其于感恩欲報無地惟思竭力以訓諸生歲充科貢庶幾上體聖朝作養之心少答涓埃之效立志如此豈期一旦又蒙提取辭去學校不得少伸其志哉振聞鹽車之驥遇伯樂則泫然流涕樊籠之鶴遇浮邱則戛然長

嗚因伯樂浮邱之善相馬相鶴因竊有感而泣且鳴焉庶幾解鹽車之厄脫樊籠之囚也使果不逢伯樂浮邱則已如逢寧惜泫然流涕戛然長鳴乎振固非驥鶴比至如大人將非伯樂浮丘之謂也乎伏惟大人念振因本學無公解佃居官房出乎不得已釋放之恩覃如雨露昭若日星不可一日而暫忘憐振區區脆弱之質似難備乎戎行萬一有以矜憐之予進之復賜啓聞於殿下倘沐再垂恩宥是不徒一介書生之幸實千載斯文之幸也幸惟有以憐之振再拜

分湖賦 據莫旦吳江志

釣鰲生朝發蹤乎東海夕將抵乎西都將葉燮沈彤吳江縣志作歸過茫洋之大澤勢滔涵乎太虛以爲洞庭耶則蜃樓不見翬飛乎黃鶴蜃葉紹袁湖隱外史作屬葉沈志幷同近山不見翠列乎蒼梧乎屈運隆吳江縣志作於外史葉沈志幷同以爲彭蠡耶則瀉不見銀河九天之瀑布而幛不見屏風九叠之匡廬幛外史葉沈志作障屈作張于

是東覽三泖西瞻具區然後知其爲三吳之巨浸沈志脫爲字名所謂分湖者歟葉沈志作厥名謂之分湖是時也日落蒼灣煙澹平蕪恍東山之月出遇鄰舟之老漁停桂棹而揖余言曰外史葉沈志脫言字吾將告子以分湖之所以得名所以外史葉沈志均脫衍子以分湖之大義子亦樂而聞之乎是湖也兩界中分南北無虧其南也則千綆之無盡其北也則百弓之有餘故南其半爲嘉禾之境北其半爲松陵之墟湖之得名其以是歟故老相傳信而不誣外史葉志此八字缺原其始則蓋具區之溢出則外史葉沈志均脫而旁匯乎此瀦乎外史葉沈志作於然亦安知其不濫觴於崑崙之頂於葉沈志作乎泄瀚海而來尾閭者耶乃若微波不興一碧萬頃如靑銅之淨拭淨葉沈志作爭似白練之平鋪颶風倏起長鯨怒呼拔銀山之千尺捲驚濤之雪如使觀者不覺心戰而胆慄使葉沈志均脫頃刻碎行人之轆轤其產則辛夷杜若菡萏珊瑚大貝之寶明月之珠春水桃花之鱖秋風蒓菜之鱸菜葉志作葉白頰奪淮西之風味

紫蟹破吳下之膏腴破外史屈葉沈志作剖又有魚鱗之屋水晶之居其源莫測其奧莫窺搆波神之窟宅作馮夷之幽都月白風淸似或聽廣樂鈞天於縹緲雲消雨霽恍若見金支翠旂之有、無既無渡波之仙子既無外史葉沈志作或有渡外史屈沈志作淩葉作墜豈無騎鯉之仲夫玉宇生涼則足以稱純陽飛劍之渡綠雲曉漲曉屈志作繞則足以供漢陰抱甕之蓻散落霞錦光於蕩瀁濯殘陽紅纈於扶疎昔杜少陵空有渼陂之樂曾不及此一覩外史葉志作曾未至此一泛沈志作曾未至此一覩李翰林空有郎官之泛曾不及此一窺故凡遊乎此者自有以得其樂又何必渡黃陵而遊赤壁隔滄海而望翠蓬與玄壺也哉外史葉沈志節去翠與玄三字雖然此特其槩耳若夫地靈人傑同德相符則有陸龜蒙之苗裔陶弘景之後徒後葉沈志作從天游子學貫乎載籍貫外史葉沈志作周載葉志作六六一翁道究乎精粗雲樵先生之磊落采芝逸士之淸臞是數公者莫不韜光於草澤混迹於樵漁披羊裘於風雨悉綸竿之卷舒一棊不肯却淝水之戰一箭不肯射聊城之書仰高名於辭漢之嚴子慕清風於去越之陶朱（四句外史葉志均缺）悉能（二字外史葉志奪）葆清光於治世處高名而不汚（名外史屈葉沈志作明）吾嘗品其人南州高士之列（外史葉沈志作彼其人蓋南州高士之列）孰云誕而爲迂（云外史葉沈志作爲）若是則今之分湖不獨有異芳奇物之產神仙具靈之宅（具外史沈志作巨）抑且爲浙間人物之淵藪（間外史作西葉沈志作閩淵葉志作洲）東吳學海之歸墟也語畢老漁鼓枻波間倏別而去飛玉龍之一聲捲驚濤於別浦（於葉志作之）折風水於太湖八百之西灣（百屈志作里）不覺七十二峯翠鸞之掀舞紛落葉以相觴（觴外史屈志作觸）灑篷窗之急雨起而視之則時夜將半（葉沈志脫則字）雞三唱（屈志作鳴）更四點（此二句外史葉沈志均作斗闌干三字）月已墮海西丈五突於是叱湘妃捧硯命洛神展素授長杠大筆於青天蘸蟾窟九秋之清露想老漁所述之前言而遂寫爲分湖之賦（而外史葉沈志脫）

柳棄疾云是篇與謝常一葉浮萍賦文無異詞或者疑其眞贋余謂

子昌與彥銘同遊楊維禎之門世稱陶謝子昌先歿彥銘獨享高壽至永樂初猶在觀其一葉浮萍賦序明言年邁而彼木石先生方以不棄簪裾自命疑非眞石隱者流意者季子金多竟買相如之賦而丘遲才退遂剽向秀之書乎未可知也淸代學人如杭世駿恆盜其死友全祖望著述而李慈銘身後遺文亦多爲門徒掩取古今人又何遽不相及哉　又案分湖自陶文幹遂居陸大猷卜宅以來喬木故家首推兩姓賦云陸龜蒙之苗裔陶弘景之後徒語甚明瞭下四句卽以陶陸分叙天游爲陸祖廣釆芝爲陸祖恭而六一雲樵必陶氏之雋無疑惜其名號不見他書無從考證耳去病案雲樵亦名見虞堪鼓枻稿

張　璹字季璉號南村綺川人世以貲雄于鄉輕財好學搆素心堂日吟詠其中三吳名士多從之游州縣徵辟皆不就有陶庵集今未見

遊石湖詩序

余性嗜閑曠素被不良行之疾故足跡未嘗能及遠論交取友惟郡邑之士平生相知最深者倒指不能盈十焉暇日相與尙羊山水閒過所得意竟日夜忘返數年來或顯或處散居四方而余亦荐更憂患索居已久形容枯槁文思荒落自念無復曩時情悰長沙易君久成詩禮舊家交道甚廣近自海上來客東村莫氏傾蓋如舊與余相應和於寂寞之濱不見未嘗不思思則未嘗不見也莊周云逃空虛者聞人足音跫然而喜矣況如易君也哉今年秋八月既望予內人之兄吳興施彥紳來訪是日久成復見過乃相與泛舟西陂時天旱水涸陂中藕花尤盛開葉長及尋出倚沙際如翠蓋酒數行命撤去船屋衆賓皆露坐遂由綺川出石湖泊舟中流扣舷浩歌清風徐來月色如畫毫髮可數踯湖諸峯獻秀几席殆非人間之境夜二鼓尊缶告乏命兩童掉小舫索酒

復飲談譃閒作歡醉待旦始歸家兄伯衡指坐客曰明日日下昃時諸君當再會於此皆應曰諾及期小雨陰雲蔽空不能如約又明日復會于莫氏壽樸堂余謂前昔之遊乃一時之邂逅昨暮之不能如約者蓋有意於樂也有意於樂則其志荒矣噫坡翁謫仙死後三百年無此樂自坡翁至今亦將三百年其樂豈僅見於斯乎余但知樂其所可樂而不知人之樂亦有與余同乎否也夫以四海之廣百年之久豈無有能樂者然余不能知也非余不能知也所樂或不同也苟能同其樂皆余之徒也余之徒無入而不樂焉非賤貴貧富戚喜寵辱所能閒也無入而不樂者非有道之士不能也有道之士無入而不自得所遇皆可樂也所遇皆可樂而非有意於樂也有意於樂不可得而樂矣客曰唯易君賦詩以記其遊之可樂也客咸和焉時同遊又有予舅氏河東薛彥英莫氏子韓彥紳之子造予從子謙洎余凡八人余即甘陵張璹季

璉也今年爲洪武壬申越三日序

何　源初名德源字幼澄同里人洪武二十八年乙亥充貢丙子舉于鄉
會試副榜授德州學正擢知本州正統初以江西右布政使致仕
自號東吳遺老有澄菴集今未見

慧日懺院碑記

松陵爲姑蘇支邑自昔以庶富稱方天下治安民居樂於爲善每擇勝地以建僧坊俾桑門上首爲國祝釐皆能起人之敬信而感發其良心有若同川慧日懺院亦其一也蓋茲院之建肇宋淳祐辛丑里人馬元吉捨地結菴而慧日禪師開山蔵事敎逮於今亦久矣歲月流邁刼灰幾更無所考其興墜顛末皇明洪武初南琛寶公來此隱居芸窗竹軒瀟灑絕俗遂爲方外勝境矧與少師姚公有同門之好往來必館於斯由是懺院之名尤見於談者永樂紀元南琛領薦擢郡之僧綱視別業

已爲陳迹俾其高弟禋上人居之禋旣謝世主者乏人棟宇日就傾圮向所謂方外勝境復蔽於荒榛烟草之中覽者與歎顧力未能正統壬戌里有善士李道傳章道宏冷道恭范文東乃相謂曰世俗承先所貽猶賴後之人繼述况釋氏以法相承以義相聚苟非尸敎得賢奚暇集衆緣而成勝果比年吾鄉法喜寺鞠爲草莽賴靜中寧上人重開佛界盍請斯人以主敎席必能起廢無難僉謀旣同齎香申懇靜中亦慨然曰昔人之業將興皆緣法有在幸諸檀越發是宏願敢不服勤而效綿力於是布衣疏食率先其徒首捐己貲爲四衆勸伐材陶甓徵工就功時與事諧羣情舒暢建佛殿以妥靈闢法堂而演道大士有殿伽藍有祠肖像於中虔奉祀事凡庖湢禪房無不完美始於正統丙寅之秋落成於明年丁卯之春輪奐翬飛光采奪目此則靜中之戒行素孚遠邇向慕而吾鄉好善者多於斯可見其徒道際徒孫智瓛智泉曾孫法淳

宣力贊襄勿憚勞勩足以保成功而垂後允也因求文勒諸貞石余思早歲獲交南琛時至此中清玩暮年歸老覩茲勝緣規制猶存無替疇昔益重余之所感矣雖聞釋氏所云一切有爲法如夢幻泡影此以世相無常者而言耳若夫人心固有之善亘古今不易曷嘗因外物而有所遷耶斯舉也微諸君莫能致靜中之賢微靜中無以成諸君之美方將祈佛力以迪鴻禧覺羣迷而歸善道豈徒誇美一時而已哉爰筆爲記後必有契余言而興起者尚能嗣而葺之

史仲彬字文質號清遠黃溪人洪武三十一年戊寅舉明經授翰林院侍書建文二年改徐王府賓輔仍兼原官三年副工部尚書嚴震直督餉山東四年春進翰林院侍讀學士直文淵閣六月燕兵入金川門侍帝出亡周旋危難者三十年終爲仇家所訐瘐死獄中弘光朝追諡忠獻有致身錄一卷今存

雁蕩展旗峰歌

展旗展旗旗何始兮天地大義惟所指兮

迴風操

南風徒薰兮無以解離人之慍兮南風徒時兮無以阜離人之思兮一思古人兮愧我生兮再思古人兮勞我心兮山嵷嶐兮望所思兮將何窮兮水澒洞兮望所思兮將何從兮

白雲歌

白雲飄飄翺翔太清感月而化無象無生下涵水土并入虛明翩翩荷盤玉露垂英言採以遠百釀成醇上獻至尊悅性怡情醉擁天人嬉然萬齡黃道周撰傳云戊子正月朔帝在白龍山仲彬拜手稽首進酒颾言曰此彬所釀白龍春酒也彬在山八月後日循白龍池畔收採珠露于荷盤以意釀之成酒久窨至今用介萬壽遂歌云云

悲歌

既上覆兮爲天胡不覆兮反而顚恨盤古兮無故開天爲趨避兮兹卦彼趨此避兮人風愈下嘆羲皇兮無端畫卦遏亂略兮用兵紛戰鬭兮亂略滋興惱軒皇兮多事造兵哀民生兮治土據土而爭兮民生益苦笑神禹兮勞心平土百年以前兮天下無我視我如無兮有何不可百年以後兮我又還無何必勞勞兮苟祿是圖優游兮惟我之故還休兮我又爲如遊將飛舉兮與天爲徒抗大聲兮謁司命而上書願收殺運兮徧救無辜自今長治而無亂兮返我君于故都

袁　順守巽之號筠莊別號杞山陶莊人永樂初以黃子澄黨獄亡命至吳江北門作絕命詞自卽投于水賴吳貫三伯昂等援起之得不死寄籍焉

絕命辭

北風蕭蕭兮秋水綠木落松陵兮野老哭周武豈不仁兮恥食其粟生

無益於時兮死又奚贖吾將遵彭咸之遺則兮葬於江魚之腹

卷一 完

同邑 柳棄疾 鄭瑛 校錄

卷二

邑後學　陳去病　纂輯

明五八

吳　節字伯度一字維則自號松陵生永樂五年丁亥舉秀才授中軍都督府教授

故宮遺錄序

故宮遺錄者廬陵蕭洵之所撰也革命之初任工部郎中奉命隨大臣至北平毀元舊都因得徧閱經歷凡門闕樓臺殿宇之美麗深邃闌檻瑣窗屏障金碧之流輝園苑奇花異卉峯石之羅列高下曲折以至廣寒秘密之所莫不詳具該載一何盛哉近古以來未之有也觀此編者如身入千門萬戶登金馬歷玉階高明華麗雖天上之清都海上之蓬瀛猶不足以喻其境也洵因宰湖之長興將鏤諸梓而不果遂流傳于

是邦予因館于呂山友人高叔禎氏出以示予因假而錄之以遺好奇之士云洪武丙子花朝日松陵生吳節伯度序

吳　驥字材良號蒙庵同里人洪熙元年乙巳舉明經仕至新豐教諭有同里先哲志蒙庵集歸田稿今惟先哲志存餘未見

同里先哲志序

吳江有地名富土後人以其名太侈因析富字之田加土上改名同里今爲同里鎭民淳俗厚貿（一作懋）易最盛宋元以來尤多名家盛族迨聖朝更化地接神皐春育海涵羣生咸遂故儒紳士夫彬彬輩出而功業（一作烈）聲光爲時所尙或出而仕則能布德施仁民受其惠或處而隱則能守志勵操貽範後人以及釋老之徒高風逸韻超然物表亦豈讓於通都大邑之士也哉余自童稚時諸老已多徂謝先君子每稱其人之善爲訓比長游鄉校僅見其間數人皆以斯文之事見許聽言觀行亦

足以啓迪良心既而登仕版踰三十春官僚過從聞見雖廣求其嘉言善行可愛可慕如吾鄉諸老抑何尠耶今幸致仕而歸將尋舊盟而不可得杜門養痾行跡迨絕向之所謂僅見者其骨皆朽益有感於余懷嗟夫先哲有善而不知非知也知之而弗傳非義也是皆吾輩之責豈容自恕而泯沒耶然尤患乎文獻不足無以考其言行之詳但述吾之所知分爲四類紀其姓名而書出處之大略以傳於後吾鄉晚進能於此而求之必有所觀感而興起矣天順元年丁丑春二月既望里人吳驥自序

吳江社學記

三代盛時自國學至於家塾無往而非施教之地自元子至於凡民無往而非受教之人自八歲至於十五無往而非敷教之時則其成德達材爲當世用固有其本矣我聖朝稽古定制凡在郡邑既建儒學以儲

俊秀而於鄉里又各設社學以育童蒙此其良法美意豈異乎三代之時耶吳江爲蘇望邑密邇上都治化宜先表見而前令怠於設施故社學未遑議及成化改元御史天台陳公選奉命督學南畿巡行我邑睹茲未備乃命邑宰安陽韓侯槃圖之得隙地一區於縣治左詢諸父老咸曰昔元至正間知州趙伯安嘗建州學於此今舉是役不亦可乎侯乃屬幕賓王君耿董其事卽舊址拓焉中建講堂五楹東西齋舍各三楹繚以周垣峙以綽楔廣十四尋有二尺袤八常工既訖來徵余文以記之余惟人生有性敎之在初特患處之無其地倡之無其人耳今司憲者能倡之司牧者能承之則吾民之獲游於斯者可謂幸矣自今以往尙當講明先儒之格言蹈迪往哲之懿範將見禮義聿興人才輩出未必非今日建學立敎之所致也

杏林淸隱記

松陵之平望潘君子和精於醫其先世之傳緒也久其隱功之及人也遠人感其德者比美晉之董仙由是扁其所居之室曰杏林清隱往年莆田二守朱公尤德之嘗託丹青寫圖持贈儒紳士夫歌頌纚作遂以杏林名其卷示不忘所自也子和仙遊斯卷亦就毁今其孫孟文號守恆者克紹家聲醫名愈振慨前人之手澤輯遺墨以重新圖畫詩章光彩煥發吳中才士復咏歌之於是見孟文之善繼述雖一事之微亦拳拳而勿敢忘焉

陳　宣字子昭盛澤人宣德四年已酉舉人玉山教授終國子監學錄工詩善畫以盛湖八景得名

仲月溪先生重脩譜序

東魯古衣冠弦誦之地其氏族之盛道德之隆莫大于古先聖賢之裔明發仲君屬籍泗水先賢嫡派也其家于吳也礽礽然豈非盛德大業

留遺子若孫綿衍于無窮者哉讀厥祖闇師公序知益菴公歷世變匿從臨安爰家於吳有弟曰白菴履菴皆依倚播遷中有天可往無地能居方其南也皆止于維揚及乘輿指浙益公又與白公從而履公不以家累隨久之遂爲揚民焉當是時南北既分干戈未息四世遇甲遯焉聞問闇公喟然曰曾析箸之幾何而睽隔如易世數傳而後孰有知天親所係源流所自哉爰序其支圖以俾後世迨乎明發又閱七世矣踵而修之自淳熙迄今春秋二百餘一侶一修得毋渙愴于是而欲後世知所源流者歟

史　晟字原弼號谿隱自號覺非叟仲彬子

書先君致身錄後

此先君事主之顚末也先君性忠孝一飯不敢忘君從亡一節爲仇家訟凡一十有七竟以此死先君終不爲悔死之前三日不肖往獄中先

君曰我死矣即不望若遠行倘師來時得謹事衣食周給我瞑目也致身錄十八條存之以志一生之槪戒子孫毋輕視人雖今皇帝寬仁長厚此節事自不可知慮有赤族之禍子孫言及此者以不孝論時宣德二年丁未正月初七日也閱三日竟死明年不肖訟寃於按臺眞仇於死但先君所不忘於師者自後絕無音耗至九年甲寅四月兒媳患產凡四日家人惶惑無措適老僕密言前道人在外晟急迎之入方稽首於地而耳聞微聞已產男矣師悲先君之亡旋喜產男之慶命名曰文隨轉語曰我文也而不終將無疑邪適一宋史在案更名曰鑑師精於祿命詳鑑子平曰是兒當貴晟曰不求貴識字成家足矣師曰即不貴當以文名世留五日晟具衣十件幷行糧爲會稽之遊程濟從迄今十又一年不知所之時正統戊午五月望不肖男晟謹識

徐有貞初名珵字元玉蘆墟人父以醫僑居郡中宣德八年癸丑吳

縣籍進士以奪門功封武功伯後爲石亨等所譖發雲南金齒安置赦還放浪山水間以詞翰著聲有天全翁集一百卷

蘇郡儒學興脩記

蘇爲郡甲天下而其儒學之規制亦甲乎天下是蓋有泰伯至德之化子游文學之風安定師法之傳在焉不徒財賦之彊衣冠之盛也學之建自宋越元至我明幾五百載其間廢而復興毀而復脩惟牧守之賢是賴其人在郡志可考已然近自正統景泰之際國家多故學寖以敝爰歷數政皆嘗有意興脩而弗遂成化初元今巡撫都憲瓊臺邢公之爲守也因荒圖豐革故圖新曾不期月百爲具諸於是教授南昌程君蘭司訓餘干張君壽山陰李君璞騄君巽協議以請於公公曰是吾志也乃相舊規有仍有改而一新之若大成殿若戟門靈星門若尊經閣若明倫堂則皆仍而新之者也若先賢祠若會膳堂若四齋暨直廬若

射圃若泮池之橋則皆改而新之者也經始於丙戌之夏落成於丁亥之秋凡在學者訢抃胥慶會邢公旣陞而巴渝賈公來繼其政謂斯文盛事不可無記之者因率學職諸君來以爲請予郡人也而有子在學於學之興脩亦同其慶焉乃進諸生而語之曰夫學之作興在乎君長化導在乎師儒而進脩之功則在諸生之自勉焉爾凡爲學者所以學爲聖與賢也學乎聖與賢者蓋將希至乎聖與賢也希至乎聖與賢者而可苟哉其必也繇乎詩書六藝之文以通乎唐虞三代之道處焉進脩焉而爲之德業出焉施設焉而爲之政事堂堂焉表表焉以立乎天下若陸敬輿之於唐范希文之於宋庶幾哉始而希賢終而希聖不惟其言惟其行不惟其名惟其實窮惟斯達惟斯憂樂惟斯成乎已也惟斯成乎物也惟斯使世之論者謂吾蘇也郡甲天下之郡學甲天下之學人才甲天下之人才偉哉其有文獻之足徵也斯於作興化導之意

爲無負矣成化四年三月吉旦

蘇州府學科第題名記

皇帝嗣大歷服之三年命監察御史臣選提督南畿之學政錫之璽書以行臣選既至乃敕知蘇州府事前御史臣𡸁圖之曰明主之於學政意亦至矣惟是興王根本之地治教所先人才所出實宜加盛於天下璽書所諭教條謹已宣布惟中吳自有國百年來歷科所第之士雖名天府蒐采中朝熙績方岳者於今爲盛然而題名之碑其猶未備非闕典歟爰考洪武初科以下至於今茲凡蘇之士之登賢科者得若干人竝以年第先後次序其姓名而勒之石立於府庠明倫堂之中左臣選臣𡸁謂臣有貞宜爲之記夫科第之題名所以爲榮乎士亦所以勸乎士也天子題之於國學所以爲天下之士之榮之勸也部使者與守臣題之於郡學所以爲一方之士之榮之勸也然有爲榮勸乎一時者有

爲榮勸乎百世者則繫乎其人焉若漢之董仲舒公孫弘皆以賢良舉者也一則正誼明道一則曲學阿世唐之裴度皇甫鎛皆以進士舉者也一則忠以弼其君一則奸以蠱其君宋之司馬光王安石亦皆以進士舉者也一則以義治其國一則以利亂其國方夫舉也各當其時揚王廷顯天下其爲榮蓋等矣矧乎曲方正奸娟忠利奪義時君惑之時人黨之且將以彼加此其爲勸亦未必知所適從也至於世之既殊事之既異公是公非既有定論所在則其人之臧否誠僞乃始判然一以流芳一以遺臭一以傳美一以取譏一則爲科第之光一則爲科第之玷以此視彼奚啻薰蕕鳳鴞玉與石之相遠哉是故榮勸乎一時者不足貴榮勸乎百世者乃可貴耳雖然榮與勸皆在人者也非在已者也君子亦求其在已者而已於是乎記成化四年五月吉日

蘇州府學鄉貢題名記

初御史臣選之至奉宣璽書布敎條已卽與郡守臣奭協圖所以興學勸士者既集國初以來甲科之士之名而記之矣或以不及鄉貢爲言於是又取乙科之士之名將續之記乃復屬筆於臣有貞臣有貞嘗竊論之夫進士之稱昉見周制蓋才德之盛升於王朝者也然惟以實論士未嘗以名設科科之設自隋始唐宋因之以至本朝其制雖有損益而每加重焉蓋兼明經宏詞對策諸科而爲之有鄉試有會試有殿試鄉試眎古之里選會試眎省考殿試眎制舉自鄉過省乃分甲乙之科甲升大廷謂之進士乙列斆官或入胄監以需後舉謂之舉人在古皆進士也而分之曰甲曰乙繇是世之待之或以上焉或以下焉士之得之或以盈焉或以歉焉何也夫科名有甲乙一時稱謂然而豈萬世論哉皐伊孔孟何有科第故未有科第以前不必論自有科第以來士亦多矣若濂溪周子若共城邵子命世大儒豈皆出於科第邪其不由科

第者不必論自其由科第者言之昌黎韓子文師百世者也而其科名乃與張童子一列考亭朱子道師百世者也而其科名乃在王佐膀第五甲彼童子固不足齒佐之學術世亦無聞以是觀之何者爲甲何者爲乙然則論士者可以科第甲乙爲上下耶士之自處可以科第甲乙爲盈歉耶彼以爲上下盈歉者皆非矣儒先君子蓋嘗以爲非科目得豪傑乃豪傑由科目以出耳凡今之士以是爲出身之途可也以是爲立身之道未可也夫惟不以一時之名爲名而以萬世之名爲名者其庶幾乎所謂豪傑之士哉是故叔孫氏之論三不朽惟立德立功立言而已孟軻氏之論大丈夫惟居廣居立正位行大道而已臣有貞於論科第亦云成化九年五月吉旦

雲巖雅集記

天全翁自永昌歸吳三載于茲矣閉門却掃非湖山之遊不出出則孤

篷短棹飄然往脩然還而未嘗有同遊同樂者甲申秋九月上日自在居士自玉峯來始相約爲登高之集約所登曰山之近而佳者則武丘之雲巖乎約所集曰凡吾詩社中人皆可也然不必期翌旦至者卽與及旦而鹿冠道人自東原至愛雲道人自牆東至醒菴未菴兩文學至自綠水園翁乃與之載酒肴出閶門追及居士於畫舫而長沙幕賓繼至遂卽舫中張宴爲水嬉望山而進日卓午乃至而吾七人皆古衣冠步入山門笑詠以登巖緇野褐盱眙相視仰而導之自麓及巔凡臺殿亭館之有名者必造焉旣乃遵鶴澗過松菴循劍池躋雲閣列席而飲用司馬公眞率會例酒至自斟杯行無算於時黃花方盛開采英浮白薦以紫萸綠橘而山珍海錯間之每酒行三五巡則一瀹以茗故雖酣不醉醉而不亂間起而延佇巖阿憑軒以眺邇而千章之松萬竿之竹雲作之色風作之聲海濤怒鼓天籟和鳴目眩耳聾應接不暇遠而陽

華諸山自乾而離陣列車連衡絕乎莽蒼之野具區之浸自坤而巽匯乎三江極乎雲海之涯坱圠混茫與天無際使人神爽飛越將與造化上下同流而無間者因相與尋勾吳之遺跡弔闔閭之玄宮慕太伯之至德企延陵之高風嗟霸圖之易泯而知有道者之無窮也居士乃倡爲四韻之詩鹿冠繼之兩文學繼之愛雲長沙又繼之而翁則旅酬而遍和之惟古以菊節登高必以詩酒爲樂事然能兼之者鮮矣孟參軍之於龍山有酒無詩陶徵士之於栗里有詩無酒老杜之於藍田小杜之於齊山有詩有酒而無屬和之什且彼晉唐中季人亂日滋其皆不能無憂而我輩幸當太平之世以時遊衍而兼有詩酒賡酬之樂然則斯集之雅蓋前此所未有也於是爲志居士爲玉峯夏仲昭鹿冠爲京兆杜用嘉愛雲爲吳興施堯卿醒菴未菴皆陳氏仲孟賢季孟英長沙爲彭城劉廣洋而翁則東海徐有貞云

重建范文正公祠記

宋有天下三百載視漢唐疆域之廣不及而人才之盛過之此宋之所以爲宋者也蓋自太祖而後十有五君君德莫盛於仁宗前後輔政之臣幾百數十人人才亦莫盛於仁宗之朝就仁宗朝之人才論之蓋莫盛於范文正公公之爲人剛大淸純天資忠孝而爲學得聖賢之心庶乎所謂極高明而道中庸者故其爲臣表裏一誠始終一正而文武經緯備焉公事仁宗自秘閣登諫垣出入侍從守郡帥邊多所陟歷而不得久處於朝及參大政方將拯時復古權倖間之曾不期月而去凡所建明旋亦更革公之所存十不施其四五然而勳業德望之盛視彼久於其位者猶倍蓰焉使其久且盡施則宋之爲宋當不止於是矣於乎直道之難行也有君如仁宗有臣如文正公其猶如此此有志於世者所深惜也公同時名臣莫如韓魏公富鄭公魏公於公每事推重而鄭

公因事感歎至擬公於聖異時大儒莫如朱文公文公謂公傑出之才爲天下第一流而吳澂氏謂公爲百代殊絕人物之數公者豈無所見而言哉是以後之君子聞風而起者未嘗不稱公之爲盛也凡公所嘗過化之地皆有祠而吳中公之故鄉文正書院故義莊也其祀事自宋元國朝列於常典春秋享之而其祠宇因故歲寒堂爲之屢毁屢葺規制未宏乃者今大司寇萬安劉公顯孜以都憲奉璽書巡撫南圻而臨是邦因謁公祠顧瞻興懷爰諮所司撤舊爲新闢而宏焉協議以贊其成者前知府黃巖林侯一鶚今知府璠臺邢侯克寬承命以董其工者吳邑主簿南昌李榮也於是公之世孫主奉從規來以記請有貞聞之君子之於道也其有所立必有所宗求乎今而不足則尙友古人所謂世異而道同也今都憲公之巡撫於斯也猶文正之經制於陝右河東也兩郡守之繼守於斯也亦猶文正之爲治於蘇潤饒越也事文正之

事心文正之心是亦文正而已矣然則三君子之於公豈非所謂世異而道同者歟有貞於公幸爲鄉之後學固嘗寤寐公而思企及者其能自已乎哉遂執筆爲記附名於三君子之後以庶幾夫高山景行之意云

桂軒史隱君墓表

吳江之穆溪有隱君子曰桂軒史君以行義聞浙東西蓋久矣至是以疾卒其子鑑縗絰拜予門以請曰嗚呼鑑之先人志希乎古人行出乎今人而隱約以終其身不獲上壽以沒名不在太史氏不肖孤無能顯揚乎先人迺惟是懼謹已狀其行實敢以告於下執事執事其愍而表之庶幾得托以不朽者是先人雖沒猶存也余愧乎其言而可之按狀史之先本檇李人自君之曾大父東軒府君居仁館於溪之黃氏迺始來徙東軒生清遠府君彬清遠生溪隱府君晟溪隱娶於黃而生君君

諱珩字廷貴好樹桂以桂環居故自號桂軒而人亦以稱之世以力本業致埒封長鄉賦而雅行修謹不爲武斷豪斂邑中稱積善家必及史氏君早失恃鞠於大母而大父尤愛之其凝重初若不慧者淡隱深以爲憂淸遠獨曰此吾保家之孫也甫弱冠卽代父祖事時北都始建海內斂供億而吳會爲劇甚使者旁午操切煩憯公徵私索至紛不可辦民不堪命長不堪事君獨優爲之寧朘己弗剝民守令賴之集事使恆長鄉賦非其好也卒辭之比部謝郎中之來使也聞君名召之問民間利病君條對井井謝器之因勸之學君繇是益自激厲進修潛服孔孟書雖不爲章句習舉子業而於指趣無弗通者又好司馬公資治鑑朱子綱目揚確古今上下數千載事纚纚繹繹若引繩貫珠舉鏡照物於先哲格言法語味之不翅雋永至如世之浮文豔詞未嘗出於其口入諸其耳也雅好禮持身理物動中矩度作祠堂置祭田具祭器爲敎戒

刻石睬子孫每祀其先必宿齋戒躬執鼎俎薦獻畢則舉家長少會餕
族酬如儀其於族屬尤厚或闕乏不待乞假而周之有兩姊皆孀居守
志君共養之終其身兩孤甥撫敎之皆成人闢家塾以淑其子姓及里
之來學者賓客至禮之恐後而於儒碩尤所歆重雖在遠必修敬焉惟
不信異端奇衺之說師尼巫覡絕跡於其門初其母氏之卒也葬比祖
姑兆域及父卒將遷以合葬所親以堪輿家言不利後人苦止君君曰
吾聞夫禮未聞夫術使吾母而不得祔乎吾父吾何以爲人子哉卒祔
之其年裁踰五十卽以家政付其子常靜居宜晚樓不輕下梯與俗人
接見語不及人間事居久之遘疾醫不卽奏功家人潛使巫禱焉君聞
之怒曰命也安事禱而曹不知我不爲非禮祀耶奈何亂我家法止之
而卒成化三年六月庚子也其明年九月庚申葬溪南小旬圍之原以
淩儒人祔淩其元配也賢而蚤卒繼朱氏其子二長鑑淩出也才行克

肖次鐸庶出朱以無子子之孫永錫永齡君爲人頎而髯風儀楚楚玉
出塵表見者異焉平生履方衷實不爲世俗誇毗態不爲呫囁語齪齪
行蓋其好義若好利自少至老爲之不衰而人之稱之亦不衰此其詳
予聞之予姻家沈啓南啓南聞之史氏塾儒張子靜烏乎若君者其可
謂志行不凡者矣於是乎表而系之以詞辭曰

湜湜穆溪松陵之陽派彼震澤匯于三江爰有君子居溪之涘我求其
人珩也史氏卓卓其行斷斷其言旣不詭正亦不懷諼不憍以揚而悖
以守而無呰窳而無曳訴匪身是謀惟後是詒鄉有善士而其以之迺
徵迺書表於阡石來者尙德車過斯式

簡默堂說

武邱之佛惠蘭若有比邱弘簡號曰默堂而請予爲說其義予應之曰
若學佛者佛出西土我東土人不學佛言何以爲若說佛義然而若必

欲我說也是若强問我不得不强答也若佛之學蓋曰空寂而已夫空則無物寂則無聲無物則無作爲無聲則無言語無作爲故簡無言語故默若所云簡默者意其在是乎然簡默之近空寂而非空寂也簡有迹空無迹默有意寂無意由有迹入無迹由有意入無意無迹無意果有所云簡默乎果無所云簡默乎於是弘簡躍喜合什起謝曰妙哉言也實開我心予曰否是若所强問我所强答者也非我所學而知者也我所學而知者可以告我徒不可以告若不告無以我爲外若也耶

卷二一完

女兒縣祥校錄

卷三

邑後學　陳去病　纂輯

明八人

莫　震字廷威一作霆威子文九世孫正統四年己未進士仕至延平府同知有家禮節要一卷石湖志四卷嘉魚志三卷霆威日記六卷由庵錄一作集十九卷詩文集二十二卷今未見

石湖敘情會詩序

古之人嘆浮生之易過惜歲月之難留必宴飲以序其歡娛歌咏以適其情性獻酬俯仰之間有更唱迭和之意焉若王羲之之會蘭亭白樂天之會香山夫豈好為逸樂哉蓋難遇者時也易踈者情也因其時以敘其情自有所樂此達人君子之志而世之汩沒塵埃奔走勢利與夫遊佚荒醉之徒不足以語此然則能以詩酒交歡而不失其正如古人

者幾何人哉予歸石湖擇親友之賢而有禮者相與結爲敘情之會每月會於一家所陳者山肴野蔌所談者詩書仁義而聲色之娛奢靡之奉不用也所謂會數而禮勤物薄而情厚者歟因取陶靖節靜寄東軒春醪獨撫之句分韻賦詩詩成衆謂不可以無序余惟君子之樂豈苟焉者哉非其時與非其人皆不足以爲樂也今也遭逢聖天子在上四海雍熙而八人者又皆志同道合得以敘情於優游無事之中豈不可樂樂而形諸詩樂之至也然君子不可以徒樂繼自今以往會而又會徐議舉行藍田鄉約之典以成吾鄉風俗之美不亦可乎皆應曰諾遂書以爲序八人者成遁庵元鎭張淸隱彥安沈彛軒粲吳愁庵紳許南里浩張西溪濴張坦庵溥其一震也皆石湖人成化十九年歲在癸卯季冬吉旦歸田七十五翁莫震書

水竹居圖跋

水竹居在蘇城中勝國時曹仲和先生隱居之所也遭時多故復遷居松陵之平望鎮面鶯湖而居仍扁水竹自號溪南居士當時士夫於先生歆豔而有言者江陰高士倪雲林爲之圖泰定進士俞仙居爲之記其餘知名若都昌知縣俞立庵輩詞清墨秀森然珠玉滿卷何其佳哉時張士誠據兩浙士之欲苟於富貴者無不爲用而先生獨超然高遁雖聘之不出則其所養可知矣迨有元革命眞人開天內外一統始以當道者薦出爲吳江校官位不稱德而沒時論惜之今六世孫孚珍藏此卷於百年之後出以示觀求余言爲識嗟夫吾蘇當勝國時習俗以奢靡相高豪門右族甲第相望若沈葛之徒馳名天下其崇臺嶢榭珍木異石所以侈春妍而藏鼓舞者比比而是下視水竹爲何物者哉今皆迹滅響沈莽爲煙草過者爲之浩歎而曹氏之居所謂水竹者百年如一日名賢墨迹且有賢子孫世守之其故何也吾於是有感於水竹

之義焉源深者流長本固者末茂曹氏德善之徵其有類於是乎繼自今益培其本益濬其源使流愈長而末愈茂吾有望於子焉子其勉之

古塘義塾記

家塾黨庠術序與國學皆三代之制所謂家塾者非家自置塾也塾乃門側之堂之名合二十五家爲閭內致仕之有道德者爲師以教其子弟焉朝夕於斯藏焉修焉遊焉息焉非仕則不離乎塾也此所以人材盛而風俗美歟後世惟州縣有學而又拘乎額數社學則有名無實所以俊秀負願學之心者無從而入焉而多貲之家可以合二十五家爲塾矣如鄙吝何有餘則飾亭館置歌舞甚則莊嚴二氏之廬以覬非望之福孰肯拔一毛以利人哉吾鄉有姚芳氏其字景春家吳江之蒲圩爲人謹厚有禮好讀書士論偉之嘗病鄉閭無講學地因即所居之近古塘之西刱學舍一區中爲堂翼以兩廂敞以外門而庫庾庖湢與夫

器用之需罔不具完延士之賢者以主師席凡鄉閭子弟自童蒙以上悉聽來學而免其束修割私田八十畝入塾充費又慮學徒之病涉也特建橋以濟之扁曰古塘義塾乃求吾文爲記以垂永久予惟古之家塾有教無養今姚氏之塾可謂有養矣而未知所以教者何如古者三物教民以六藝置六德六行之後夫子教人以志道據德依仁居游藝之先則其本末兼該内外交養可見矣今之教與學者如能卽是而求之德行以立其本文藝以備其用使士有恆心家無殊俗達則著爲功業窮則安於道義如此其卽三代家塾之意歟雖然義者制事之宜人心之天理也塾以義名豈直美觀已哉必也始終此心始終此舉一身行之而使子孫繼之則義風所被不獨漸漬於一家而且潤澤於一鄉後人聞之將必有興起者矣是爲記成化十八年壬寅秋八月既望賜進士奉議大夫福建延平府同知邑人莫震書

友桂史君誄

維成化三年丁亥夏六月庚子之辰桂軒史君廷貴卒于家其冢子鑑哀其行之弗昭于世也乞予文以昭之予謂古之鄉先生卒門人得以私謚若文中節孝貞曜恭甫之類是已嗚呼君賢而有德隱而弗彰於法宜有誄也遂誄之而弗辭其詞曰

粤史之先實出姬周太史大夫曰佚曰鰌由本達支自源徂流漢隋唐宋或公或侯一門三相六老更尤嘉禾啓祚爰究厥自暨徙松陵則居仁始彬兮力田晟兮好施膏沃光燁用生賢嗣賢嗣曰珩士林蜚聲匱外裕中歛華含英玉韞于璞蘭茁其萌髫兮失恃詩禮過庭克幹父蠱允協鄉評事官如家訟平稅清不忮不求民用以寧既壯乃學志不少縱經史百氏深維莊誦孝友之篤然諾之重和不苟同介不違衆家饒于貲克儉以勤長幼千指疎不間親富而好禮江洲之陳愼終追遠睦

族孝親拯災恤貧舉喪助婚屏絕異端道義以敦若斯人者確乎特立匪今之美伊古之匹不求聞達嘉遁貞吉必矩必規不泛不激樂哉我丘守而勿失葺宇依林搆軒架石奇卉春芳佳木夏蔚溫恭獨樂榮啓自適仁者必壽天豈我欺胡未耳順而遂華胥彭殤修短誰其是尸智愚同盡吁兮其悲道有詘信物有生死履信思順反終原始不亡者存理則在是交交黃鳥爰集于枳天喪哲人我懷增欷於乎哀哉尊名壹惠可稽往昔生無顯爵私諡豈溢睠此貞德忍淪以歿爰作誄文以表幽宅於乎哀哉穆溪之濱小旬之坡靈萃秀種永托岩阿視我誄文傷如之何錫爾祚胤千秋不磨嗚呼休哉

陸　琦字文璧七都人善古文正統九年甲子領鄉薦未仕卒

祭三忠廟文

維正統四年歲次己未十一月二十四日邑庠生陸琦等敢昭告于吳

太宰伍公唐睢陽令張公宋鄂王岳公嗚呼大丈夫氣配道義故其視死如歸其臨艱險則猶利器遇盤錯而不摧生雖異世跡其行也亘古今而不泯豈不使亂臣賊子聞節槩而心灰勾吳之旣衰賴伍公而謀政奈遭讒于奸嚭遂□死于屬鏤之下而無悶至唐□兒之擾攘時有張公起兵而討賊何睢陽計窮力竭誓而堪悲迨夫宋室南遷而岳公也力能恢復誰知檜賊賣國遽哭杜石而崩穨烏乎其斃于譖也非公之忠不堅踰金石然□於死也何當時昏辟惑姦宄之深謀叶 其陷於艱危者豈公之心不肯以力戰然於力竭也雖百計而莫爲跡三公之殊而其忠則無二故宜表三公之像鎭東吳千載而揚輝念吾邑之前修旣有仰於盛德則吾輩之後進孰不於此而宏恢激我松江流滔滔汩汩朝宗而不已奮我松陵士蹌蹌濟濟雲興而無隤惟時乃雍熙覩公之跡諒不必蹈然于報國也念公之心猶爲可追今貌像之旣新烈

冠裳而凝暉潔牲醴以告成釃淸酒而盈甒冀神靈之如在願來歆來格佇虹亭而徘徊尙享

吳　本字雲岡有增輯松陵志今不傳

增輯松陵志序

松陵志余家藏之久矣數年之間余亦究心焉欲求他本一校竟不可得其原本所類古跡土産人物異聞具少余取圖經及郡志諸書凡繫松陵者則采摭增入用廣其書以便觀覽集既成又苦無繕寫者余於窗間復摩挲三月始獲脫藁嗚呼松陵風景人物自吳越春秋迨今不知幾百年矣余今所錄使後人一覽而得之亦將有繫於政哉第未審此書傳去吾子孫彰湮爲何如耶故臨風三歎而敘其卷末以識歲月云時正統七年龍集壬戌律值夷則既望雲岡吳本謹書

袁　顥字孟常號菊泉自號分湖散人順子贅蘆墟良醫徐孟彰女

遂家焉有周易奧義春秋傳主德篇袁氏家訓袁氏脈經袁家鍼經痘疹全書痘疹論內經辨疑運氣圖說惠幼良方今惟主德篇家訓存餘未見

家難篇示兒子禎祥禧

予家世居嘉興之陶莊元末家頗饒吾父杞山先生豪俠好義尚氣節人有急投之不論寒暑早暮輒傾身赴之尤邃于經學易詩書三禮春秋三傳咸有論說與同邑楊任胡士高莊毅莊衍等訂禮義之社各置一籍日書其所行之事每月輪會坐不序齒各較其行義之多寡難易以爲先後故人皆勇于爲善而奔義若赴時姚公善知蘇州府聞吾父名厚幣聘焉往報之講易甚洽遂稱知已欲疏名於朝懇訴不願仕之故得寢姚與王叔英友善語曰若先生者不可不令王公一見也遂作柬達王而躬自勸行遂遊金陵諸公卿見者無不人人推重未幾靖難

師渡江定金陵人有獻叔英著作并交遊往來文字而吾父始掛名郤籍矣時黃子澄在姑蘇密謀匡復往來于予家甚數蘇州衞許千戶知子澄與吾父及楊任等往來遂駕舟密至吾家而吾父適先期遠出連夜至新城鎮扣楊任之門入臥所械之并擒其子禮益俱赴京戮之赤其族同時累讉者吾邑凡七十餘家而吾兄謫戍北平挈嫂及幼侄同往財產籍沒而祖宗數百年之業盪然矣

吾父初出奔時先寄吾母于舅家慟哭而訣吾母曰倘有追者我必自盡不受辱于吏人之手也父曰吾此行必潛踪滅跡不以累汝行至吳江北門作絕命詞云北風蕭蕭兮秋水綠木落松陵兮野老哭周武豈不仁兮恥食其粟生無益于時兮死又奚贖吾將遵彭咸之遺則兮葬于江魚之腹行吟數四自投于湖有居民吳貫三者援而出之問其狀告以顛末吳泫然曰義士也盍至吾家少憩乎曰吾萬金之產一朝盡

矣豈敢累公固請以歸見其弟貴五語之故且曰人生世間惟綱常爲
重渠殫忠竭義天地鬼神猶將佑之吾破家相容可也弟曰何論破家
雖殺身其何悔吾父感其義留其家者三月吳氏兄弟業銀工師江西
分宜郭美美言黃子澄死有一子逃難在鄉今冒田姓吾父聞之且驚
且喜卽謀之吳隨郭而西果得之民間泣告之曰此豈汝安居之地耶
遂挾之奔湖廣之咸寧與之相攜若一家然永樂十一年正月初二日
太宗文皇帝勅諭三法司齊黃遠親未拿者悉宥之有來告者勿論由
是吾父始與相別而歸攜吾母同住吳江以訓蒙爲業踰年予始生吾
母以哭泣太多體羸無乳時蘆墟徐孟彰妻育一女而夭遂鞠予于其
家冒姓徐氏洪熙元年四月有復還田土之令吾父始返陶莊予始復
袁姓徐無子不聽予歸留予爲壻而予遂入籍吳江充二十九都二副
扇一册里長今六十餘年矣

永樂初年令嚴而法重陶莊祖房拆毁無餘獨鎮房數十楹猶有存者
其田則具在及有復還之命監司府縣皆憐忠義受禍之酷嚴追復業
無敢隱匿者吾父既歸故鄉請鄉里知識公同會議富而有力者聽還
一半即以其半償其佃費有強不順者或還十之二三亦弗校貧而藉
此爲業者皆令勿還故原田四十餘頃所復止十分之一吾父臨終盡
以畀予予見族中皆貧難不能自立隨其親疏而分授之予家自高祖
以來皆單傳吾父生吾兄弟二人長兄既遠戍予生理不乏遂不受遺
產而分惠族人今陶莊諸姪孫相往來者於汝輩口無五服之外親支
唯汝兄弟三人單弱如此

吳孝子尋親記

吾父素負氣節嘗言天壤間惟綱常爲重不幸遭王叔英之變吾兄遣
戍北平吾父間關逃難抵吳江北門將投於水有吳伯昂者出而援之

詢以故父以實告且泣曰吾家萬金貲產一朝蕩盡今不可以累君伯昂固邀抵舍告其從祖貴五貴五毅然曰此忠義之士殺身以救之可也遂得逃生今伯昂生子廷用長予五歲當伯昂捐館時止十齡其母陸氏選入內廷宣德間隨淮靖王分封廣東韶州改封江西饒州廷用與予相友善每會必思其母輒慷慨流涕越數年棄家而訪其母別予於汾湖之濱予壯其志贈以長歌送至姑蘇附廣船而西時四月八日也予念廷用孝思醇篤哭泣過多恐以憂毀致病不能終事有長洲僧蘊空者精通內典達生死之理聽其言煩惱頓空舊嘗語予欲訪六祖遺跡於韶州予特過訪勸其同行蘊空允諾遂同舟而往舟中設觀音像一軸廷用朝夕禮拜求見其母誠心懇惻哀音可掬將至廣偶患痢一日百餘起昏憒中猶諄諄呼娘不置賴此僧謹守護視得無恙及抵韶而陸已移江西矣遂與僧別從陸路往饒州奔馳沙磧間兩足俱腫

自脛及指分分皆裂不復能進乃臥野寺廊間有道人自言姓焦解囊取藥傅之隨傅隨愈明日兩足完好如初一日行過嶺有黑蛇從草間嚙其足即昏憒倒地復見前道人至以藥塗之即于嚙處抽出黑涎尺許而愈然足尙疼不能隨衆行也宿一孤村有婦人出留之意甚殷勤爲具湯沐方登榻而婦人求薦寢廷用曰吾半死枯藤豈有春意力拒之出門而路雪深一尺矣徬徨風雪中勉至前途憩一孤廟中飢寒殆絕忽見焦道人冒雪而來撫之曰爲母忘軀若是乎眞鐵漢也出餅餌啖頓忘飢寒天明尋路而行旣至饒向王府叩訪則母果在也啓本求見不允屢啓屢不允乃就府東賃一室而居中書思親二大字傍帖云萬里尋親歷百艱而無悔一朝見母誓九死以何辭江右士大夫憐而與交贈詩文以慰之廷用素善銀工業極精府中諸內史見而悅之屬造器飾遂有爲之地者廷用復具啓以進中有云危嶺草深幸脫命于

毒蛇之口寒更雪擁幾失身于嫠婦之門王問其故左右以實對王大賢之遂允其請入見於養贍所其母已病篤不知人矣廷用退而焚香籲天刲股作糜以進陸啖之而甦於是母子相與抱頭而泣共訴二十餘年生離夢想之苦王聞而益賢之召賜金帛命扶母出至旅舍三日而沒廷用負櫬歸葬既歸之後口不言尋母之苦以爲子職所當然無用表暴爲者故雖至戚亦不知其詳而特述於予以予既係世好又當日與於出門之謀無嫌剖露也今其季子洪已登進士第矣天之報施善人寧有量哉予私記其事以示我子孫其慕而法之可也成化十三年歲次丁酉二月望吳人袁顥撰

梅　倫字彥常尙湖人正統十三年戊辰進士仕至湖廣右參議有

餘庵集十二卷今未見

重修長橋記

太湖擅三州之勝吳江爲百川之宗其縣城則臨江湖之匯焉泝江而
南僅里許曰江南市廛櫛比當郵驛要衝往來所必由者也然則跨江
截湖如履平陸俾人人免風濤之險者孰不有賴於長橋耶予嘗考之
矣漢唐以來橋未始建宋慶曆八年大理寺丞知縣事李問縣尉王庭
堅始架木爲之甚便於民名曰利往南（當作兩）圮有匯澤底定二亭中立
亭曰垂虹而世併以名橋其洞庭踞湖諸峯環抱拱挹與天光水色交
映若青芙蓉森列白銀盤內眞湖中之絕景也元泰定元年木腐橋敝
州判張顯祖重建易木以石南北鎮以四石狻猊壯觀特甚迨至我朝
洪武壬午縣令蔣奎復加甃甓民尤便之迄今七十餘年橋因狂瀾衝
激石剝洞欹成化辛卯都知監右少監福公承上命鎮浙東道經吳江
慨然興懷卽捐白金百兩乃與前郡侯賈公奭議曰長橋勢將圮及此
時而新之則事半而功倍侯方欲進言適致政方伯宋公彰來會亦曰

橋梁王政之一事良不可緩侯深然之尋命縣令王公廸任其事令精白一心首倡寮屬捐俸以助方築隄堰水鳩工鑿石而少監如浙賈侯亦以内艱去費甚繁而未就歲壬辰今郡侯邱公𧶽行縣興廢舉墜德政一新謂令曰橋不可久隳其亟成之令復規畫其鄉邦好事者出金助役從者如歸時則有若奉敕巡撫南畿都憲畢公亨綱維庶政監察御史鄭公銘振揚風紀咸與旬宣激厲令由是提調益弗懈巧者殫技勇者效力乃撤其舊易以靑石危欄穹洞煥然可觀長一千三百尺有奇爲橼六十有二仍其舊也二亭廢已久垂虹亭歸然獨存復於亭之後築基壘石翃屋數楹以爲賓旅憩息之所則董役義官申俊龐諒出貲以成之也歲癸巳六月橋始完令走書徵予文記其事於石予惟橋之新也非為遊觀之美實有利民之功自非仁人君子孰肯存心於是哉洪惟聖明幅員之廣星軺日騎往來憧憧輿粱徒杠何地不達矧斯

橋爲東吳（一作南）名勝尤所當務者乎宜乎內外諸臣協心同德不費於公成此美事誠可謂有功於斯民者矣其視以乘輿濟於溱洧者相去何遠哉若曰橋之修否非政之所先因循歲月以待其敝則其所費不貲而民之病涉將有不勝其患者嗟夫是橋也南通閩越北接常潤豈惟一邑之人便之而四方之人無不便焉豈惟今日之民仰之而後世之民無不仰焉歐陽子有曰作者未始不欲其久存而繼者常至於殆廢後之爲政者尙體斯言而葺之未必不與天地相爲悠久云

吳　鎭字揚稽平望人薦舉儒士充纂修書籍總裁

重建殊勝寺記

佛氏以慈愛爲心以形象設敎慈愛爲心故人悅而樂從形象設敎故人覩而自化此普天率土咸向慕而信之也去吳江縣治南五十里有墟曰平望宋治平年間僧初創精舍延納緇流政和年間奏賜今額厥

後沿革之故可見者有里人進士孫銳之記具存茲不錄元氏以來舊有殿宇卑陋偪窄不足以動人敬信之心國朝正統改元初山之老宿源翁浹海有聿新之志寫其衣鉢授其法嗣吳山用中式公俾經營之用中遂退席而歸謀於衆曰凡大江南諸名刹莫不創於前代至今爲盛上自王公大臣洎百執事下逮黎庶靡不向風禪林法窟祕宇靈宮廢者起缺者完巍峩雄壯緇侶所集往往蒙休而我殊勝叢林當閩浙大籓南北衝要之地香炮燈光相續不絕而規模低狹廊廡荒涼自非吾黨不憚寒暑戮力盡心其何能與衆頡頏哉於是告諸豪宗右族幷割己之所有復募衆緣越二年乃徙舊殿宇於東裝圓通勝境一所遂擇材召匠諏日庀工仍於舊基重加甃石首建大殿高以尺計者七十有五廣袤稱之可謂遠囂煩而近亢爽者也正統丁巳落成中奉靈山一會後塑大士三身後肖阿羅漢諸天神環侍其傍若夫危檐廣霤崇

階邃宇金碧丹堊則絢爛盈目矣東西廊廡則吾徒謙遜堂任其事方丈則吾徒芳古林佐佑之與凡庖湢庫庾皆井井可觀由是日與諸上善人發宏願以修淨行上以尊崇睿算下以扶樹教基爲後世無窮之計爰識重建之由俾某敘其歲月用詔來者庶幾有考云景泰五年甲戌正月

汝　訥字行敏號周菴黎里人景泰四年癸酉舉人南安府知府有學鳴集十五卷北游稿二卷南安志俱未見

重修羅漢講寺記

昔我太祖高皇帝以文教武功混一海宇深維國家創業垂統之艱所以辨口口防微漸無所不用其極維是金仙氏之敎謂爲西域所崇假之以導迷可省中國兵故猶存之不廢至於天下宮院則又歸併有詔創立有禁意亦深遠矣自非神州赤縣雄藩大郡奉敕興作則不敢創

爲若乃因舊而葺則有之羅漢講寺之在松陵者故名普同院肇於東晉咸熙元年今寺額則賜於宋淳熙元年非創也寺去邑之東南四十五里其地在黎川面湖環流東距淞江南會秀水西北則受太湖之波淳泓而含蓄之亦吳中一勝區也洪武初僧伏虎林以歸併例始大其基歷才宏與澄興文晟七師遞主寺事而後大殿山門方丈完美積歲既深不能無摧圮之歎住山千江月師以興廢爲己任率其徒徧告於富人長者得若干錢又自解其衣盂之資得若干錢修其向之所有榱桷板檻之腐壞者則易之山藻之赤白不鮮者則新之蓋瓦級磚之損缺者則剔而整之外塑羅漢爲像五百增東西廡爲間三十齋廚禮臺與夫苾蒭之廬無不備具且加華美焉其始於成化丙申訖工於丁酉邇予之官南京便道歸省一往遊焉觀其規模宏麗大有異於昔雖檀越之功而月師經營區畫其用心亦勞矣哉師因告予曰公之先君竹

隱翁及季父順菴翁嘗以膏腴之田五十畝施爲香燭之儲迄今五十餘年矣二翁之澤加於茲亦既博且遠豈但他檀越之助而已哉願公一言記之庶爲不朽之傳嗚呼此非創立有干於國紀又足以見月師之得人是可記也蓋凡天下之事無小大無遠近得其人則遠且大必興非其人則雖近且小必廢何獨一寺哉月師之興所廢可謂光於虎林以下七師矣況其徒惠天澤者賢而同志恪守宗風然則茲寺之興永永勿壞者不有望於斯乎庸書爲之記據黎里志參汝家譜

沈昌言字宗禹雙楊人天順六年壬午歲貢生河南新鄭敎諭

震澤嘉泰橋記

吳江治城西南有震澤又名笠澤土壤阜腴湍流淵激東達吳淞西連苕霅爛溪出其前具區鍾于後誠一嘉會也禹貢所謂震澤底定者于茲矣古爲驛道李唐時湖州刺史于頔築塘以利行者後人因其名曰

頔塘民居百餘家支流界其中由塘之北而注于具區舊有橋以濟不通碑誌無存□□□□□癸丑圮于洪水天寒水沍病涉者衆時邑令四明金公由進士而來茲涖政見而嘆曰□□□□□□□□□分內事也其可緩乎亟出公帑之蓄儲以爲倡訪里人之才幹邁衆樂施勿靳者□□□□□□□□□事而完之孟庸毅然領命乃鳩工伐石捲甃虹□材鉅工殷悉出已貲略無吝色□□□□□□□東西延袤百尺其闊以六之一工垂既且謀于衆曰不建亭于上不足以壯觀而□□令□□□□□建屋三間以覆橋使行者得憩息焉砌街左右以屬橋登無汙而趨無躓憑闌四望□□□□□□□□□山層巒叠嶂吞吐雲霞北則具區萬頃澄波巨濤滔浴天日急流奏其下冷然有□□□□□□□□□則往來無滯人民昔之病涉者茲則徒負無虞規模壯麗視昔有加肇工于弘治□□□□□□□□□甲寅九月六日

孟庸以成績告于邑令喜而仍額之曰嘉泰蓋祈橋成之後無□□□

□□□□□□□聖天子至治之澤焉將書其事于石以垂不朽屬記于

余余惟春秋之法常事□□□□□□□□□□□剏橋以濟人而爲

善之最者乎且衆之仁孟庸之仁而惠其惠者又起而曰□□□□□

□□□□□喜□時和年豐而已哉蓋知孟庸素樂善世凡橋之圮者新

之途之欹者平之隄之□者□之□□□□□□□□之中者固多殆膺嘉

泰之福于一身而優遊于耋耄之鄉自天申之又將□□□□□□□

□□□久而弗替也故記之以爲將來勸弘治十一年戊午季秋菊節

前吉日 震澤鎭志通泰橋舊名嘉泰初建無考明弘治七年里人孟庸等重建沈昌言記

卷三 完

同邑 柳秉疾 鄭瑛 校錄

卷四　邑後學　陳去病　纂輯

明一人

莫　旦字景周號鱸鄉震子博學工詩文成化元年乙酉領鄉薦卒業太學作一統賢關二賦名動京師授新昌訓導九年遷南京國子監學正乞歸年至八十餘卒有學業須知四卷松陵志二十卷吳江志二十二卷吳江續志三卷石湖志嘉魚志新昌志貞孝錄鱸鄉集今唯吳江志存餘未見

松陵志序

古者有版有圖版則戶口之數圖則四方阨塞要害之所關也藏諸盟府非職方者無由得見他如方輿志山海經寰宇記等作又皆略而未詳簡而未備故天下郡邑皆得修志書以詳其所有之事焉吳江古松

陵鎭也爲州爲邑餘數百年而志猶闕非所以裨益世教而昭示將來也舊有圖經一編莫詳創始而紀載弗經我朝洪武永樂中雖有修者惜乎舊無刻本而傳寫舛訛人亦罕能遍觀盡識歲甲戌秋嘗奉文修纂意其迫于期限之嚴未能詳備覽者病之旦生斯長斯忝育庠序因不自揣於暇日編而輯之重立例目參以郡志詢諸故老述諸見聞損益補訂越一載始克成編爲卷二十爲類二十有七類各有序名曰松陵志於是質諸掌教陳廷用先生先生爲之許可以爲有功世教宜梓以行之而貳尹季公仕進輩捐俸樂助謂旦宜有序嗚呼旦寡聞陋識荒辭淺學豈敢以是而邀譽哉重以松陵父母之邦而志書政化之首故拳拳爲之計者如此然未免管窺蠡測掛一漏萬適足貽譏於多聞而取議於廣見也然而較諸前志似覺粗備雖未足擬於古之版圖諸作其於檢閱之資庶或有助一二續而筆之尙有望於後之君子天順

元年丁丑春三月既望邑人莫旦景周書

吳江志序

昔大明一統志之纂也朝廷先期遣使采天下事實吳江縣奉文集耆儒開局於聖壽寺時旦與今致仕何訓導昇俱爲邑庠生爲掌敎陳先生賓所命往總其事稿成上郡郡又類進于朝時景泰甲戌也後旦二人私相與議曰奉文纂修者乃天下之書其法當略至其一邑之中亦自有書其紀宜詳今略者就緒而詳者可遂已乎況吳江爲南畿重地迭爲州縣餘五百年而志書未聞有板行者其疆域山川風俗人才戶口田賦學校科名牧守政治與夫城池坊市官宇橋梁及詩文著述之類忍使其日就泯滅乎泯滅無聞後人興慨非吾輩責乎何君曰然於是訪得舊圖經一册紀載皆國朝以前事而簡略無文既又得洪武戊午與永樂戊戌奉文修纂者凡二册而傳寫舛訛視前益略然亦爲之

喜曰得此三者書不患其不成也未幾何君以舉業不暇辭去旦獨不
渝初志謬加筆削合而成書凡十卷時嘉禾士人懷悅見之遂爲捐貲
鋟梓以傳焉天順丁丑也已而家居在任聞之以書來曰古人著書多
在暮年如孔子年六十餘方定六經汝爲此書何行之驟也旦始悔之
遂停其板成化乙酉忝科名待次數年因暇再加編輯重立例目參以
郡志諸書於凡殘碑斷碣無不搜剔遺編故紙無不檢閱鮐背鯢齒無
不訪問手錄心思至忘寢食於是聞者致譏見者竊笑以爲迂謬旦亦
自笑其愚者屢矣日積月累總成二十二卷比前加詳會提學陳御史
選行文立鄉賢祠時王尹廸詢謀於衆得前輩之學行卓異者十五人
爲之立祠且以入志方欲梓行而王以遷去不果繼而丘守彛取以參
修郡志未成而丘去官稿亦隨失丙申忝教新昌重錄成書而馮尹衡
得之銳意欲刊馮亦以事去官又不果乙巳以內艱解官而還女壻趙

員外寬書來且曰吾邑新尹孫侯顯陝之華州人早歲登高科有治材其來志書之獲遇也必矣幸留意焉且因掇拾舊稿益以新聞新見再纂成書已而侯至即捐俸梓行而邑人好義者咸樂相焉謂旦宜有序因竊歎曰嗟乎天下之事爲不爲者人也而遇不遇者時也雖曰遇之有時然亦不貲於成之之速焉始旦之爲是書也少年氣鋭每有不遇時之歎屢起屢仆展轉三十五年始有遇於吾侯使吳江千百年之事一旦顯然傳之不朽夫豈偶然者哉寬可謂知人而侯可謂達於政體者矣然則前日之所以不遇者蓋天使有待於今日也不然安得若是之粗備哉至此而家君前日之言始驗然遇則遇矣竊念德不加修學無寸進安知後之視今不猶今之視昔乎續而筆之倘有望於後之君子弘治元年戊申春正月既望莫旦序

顧氏族譜敘

吳江有同里鎮舊名富土後人以其名太侈乃析富字之田加於土上故曰同里居人數百家務于耕弋樵釣亦有以儒爲業仕至顯官者是以人無怠荒而俗多淳厚今大姓顧氏世居焉顧之族蕃衍連甍接棟煙火彌望而鷄犬相聞有號盤窩翁年幾八十以厚德雅望見重於鄉評二子寬宏同居友愛至白首無閒言子孫幾三百指而贅壻陳氏亦與焉莫不歡然有恩燦然有文皆盤窩翁修積所致而亦寬宏相與維持之力也余忝交遊幾四十年常與往來入其門則果木方列垣屋堅樸登其堂則左圖右史琴瑟在御謁其祠則昭穆有序而祭享以時以至田園也鱗如陂池也鏤如僮僕也忻忻如藹然義家氣象余不覺慨然而歎夫崛起于富貴者多矣然不一再傳而遂颯然衰歇者何哉同氣之鬩牆也子弟之不學也婦人之爭長競短也甚至瘠人肥己強淩弱而衆暴寡也譬如全鼎之羹而鼠糞汚之牛山之木而斧斤伐之如

之此而欲昌其家而久其傳也豈不難哉所以先儒有言曰讀書起家本勤儉治家之本循理保家之本和順齊家之本顧氏皆有焉問四者孰難亦惟曰和順難耳蓋讀書勤儉循理皆由于我而和順則由于人我欲和順而人不我從則將如之何哉今唯顧氏不惟和順于族而又及於外氏豈不尤爲難得者哉靜思其故雖其家教有素亦豈非天欲昌其家故生此賢子孫以成其和順也哉始盤窩翁以爲家必有譜猶國必有史也乃本其先世所遺之宗圖纂成大册余嘗序之未幾而燬于回祿今寬宏與其子綱輩商之再加纂集自其始祖諱仁者以來凡九世不徒志其名諱行第德業履歷之詳而生卒年壽與夫匹配子女纖悉靡遺外至士林詩文無不備載余又慨歎今人之譜其族者亦有矣而視其族如途人者比比焉往往棄其祖而遠攀古人以爲祖擯其族而妄指顯人以爲族以此重其家而誇其衆是誠何心哉如此則譜

爲徒作矣若顧氏者先睦族而後及譜可不謂賢於人矣乎蓋雖不敢擬之張公藝自今以往苟能益勖初心不易所守使子孫繼繼繩繩於不替安知異日不與張公藝並稱乎安知九重之上不有旌表如北齊隋唐者乎如此則顧氏之族當與富士同其悠久而流風餘韻焯焯其有光矣寬字惟仁號感梅宏字惟德號愚閒皆踰七望八之年嘗與學宮鄉飲之列綱以下皆讀書知古今喜文詞遊於庠序者將有望於得祿矣俱爲士農之所推重爲是譜也仍屬予以爲序云時正德四年龍集己巳九月既望歸田老人鱸鄉莫旦書於香影堂

書三高三忠祠記後

旦按吳江有三高三忠兩祠三高者范蠡張翰陸龜蒙三忠者伍員張巡岳飛也三高始於宋之慶曆間歷代因之登祀典至國初知州孔克中以爲人人如三高之見幾則爲國者孰與共政故立三忠以配之庶

幾使人聞三高之風而貪夫可廉聞三忠之風而懦夫可立也然揆之于理有不能無可議者焉夫祀所以報功酬德而美化善俗也非所當祭而祭之名曰淫祀淫祀當去若張陸二君者乃吾地之先賢一則棄官而歸一則避詔而隱清風雅操天下同高之吳人祀之固宜而范蠡者相勾踐進兵滅吳是吳讎也胡爲而祀之譬如人盜我千金而我以千金報之此何理耶元儒謝應芳嘗上書言之欲黜范蠡而進泰伯配以仲雍季札列張陸於從祀亦非至當論也蓋三讓至德本郡已有常祭矣奚容復有所祀乎至於伍員者自楚奔吳復父兄讎赤心事主遭讒見殺可謂忠孝兩盡況既殺而投之於江先儒以爲卽今之吳松江也雖本郡已有常祭於此不妨爲行祠以繫民思彼張岳二君忠則忠矣于吳何預若論其忠而祠之則歷代之藎忠何止是乎此蓋當時創始者未之思也昔狄梁公毀江淮淫祀千有餘所惟存夏禹伍員二廟

伊川尤以存伍員廟未是蓋員可血食于吳而不可血食于楚也以是言之則吳人不當祠張岳亦甚明矣此兩祠者于禮頗繆於風化俱未有關所當改正今以郡志及圖經考之邑有王份字文孺者隆興間爲大治令以清謹仁恕知名一日登西塞山誦張志和漁父詞乃嘆曰神仙乃有此樂即棄官而歸結屋於雪灘以臞庵自號嘗割其居址之半建儒學又割其半建三高祠如此豈非高士即以此人易之季鷹居中魯望居左文孺居右仍於牌位書曰晉大司馬東曹掾張公唐高士贈右補闕陸公宋知大治縣臞庵王公如此則三高之名稱矣又以郡志考之宋元符中有向子韶者以參軍爲吳江尹後死金難謚忠毅政和中有陳瓘者以司諫降主吳江簿數排章蔡謚忠肅載史册于吳皆有甘棠遺愛之思今宜撤張岳之像進以二公員居中韶居左瓘居右亦於牌位書曰吳行人伍公宋知吳江縣忠毅向公宋主吳江簿忠肅陳

公如此則三忠之名又稱矣將見登兩祠而瞻拜者皆知某也泥塗軒冕明哲保身其淸風峻節如神仙中人邈不可扳足以使人忘名利心某也竭忠報國殺身成仁其忠肝義胆如秋霜烈日凜不可犯足以使人生忠義心夫名利之心忘而貪位固祿溺而不止者有所愧忠義之心生而忘君背父流而不返者有所懲奔競恬退忠孝叛逆之風相爲消長是大有補于風化也若不正其繆戾新其改作則人皆曰某爲仇敵某爲他產曷爲而祀之然則君父之讎可共天乎非其鬼可祭乎于風化乎何補

吳孝子傳

孝子名璋字廷用姓吳氏蘇之吳江人今京闈鄉貢進士洪之父也年十歲而孤母陸氏以節自守永樂癸卯命選天下孀婦之貞者給事內廷而陸以例行宣德丙午隨淮靖王分封廣東改封江西饒州孝子棄

家往來二藩間屢啓本求見不允與人言輒流涕乃以思親二字顏其所居之室士大夫皆爲詩若文以慰之時母子不相知者二十年矣孝子哀痛不已誓欲求見乃於正統丁卯冒死啓本情甚懇切王憐而許之遂侍入養贍所見爲陸已病篤不能言孝子徬徨計無所出乃退而焚香籲天刲股作糜以進陸啖之遂甦于是母子相勞苦抱持以泣王聞而召之賜白金五兩綵緞一端獎諭而遣之方欲綵衣東還效朱壽昌故事以盡天倫之樂而陸以舊疾卒於旅舍孝子銜哀茹悲千里舁櫬歸葬先塋之兆哀慕終身云君子曰昔朱壽昌之求母也不過求之民間而其母亦壽康且有伉儷之願子女之養壽昌縱不往求無害也非若吳孝子之母既寡而又鬻之於官正所謂窮人無所歸者其二十年之久數千里之隔憂愁無聊之思何如哉使無子以求焉不刲股以療焉幾何不死爲他鄉烏鳶螻蟻之食乎今幸而得見其子於垂死之

餘而又得以歸葬先塋之兆吾知含笑入地而無憾矣孝子之孝不尤爲可稱矣乎使生於朱子之時得不與壽昌並傳乎是以篤生賢子發身科第以昌大其門閭天之報施豈偶然哉則夫爲之立傳以傳非過也宜也

史正志傳

史正志字志道號陽菴懷則五世孫也所居思賢鄉屬嘉興與吳江境相界有別舍於黃家溪又築萬卷堂於蘇之帶城橋往來其間年十七値宋高宗南渡駐蹕睡龍灣獻建都禦虜用人三策稱旨嘉奬載之副車首署太學乾道初擢進士及第第二歷官發運使建康留守嘗使金金主重之有豁達中精敏之稱終禮部尚書謚忠恪所著有建康志淸暉閣詩菊譜俱載宋史及文獻通考史家譜據松陵志

勅封安人吳母夏氏墓誌銘

予友吳君禹疇相繼喪其二親未及葬而又喪其繼室安人夏氏余往弔焉禹疇泣曰家門積釁遘此大故痛苦摧裂奈何奈何今卜弘治庚戌閏九月壬午奉葬考妣於梅里郕虛字圩之原已求張司寇陳太常銘墓矣惟吾繼室以塋域之隘而難於祔也另作新塋於祖塋之右亦同是日安厝君素知我者乞賜一言以賁其幽則存沒之幸也予諾之乃遣其子邑庠生山斬焉衰絰杖踵門泣拜以請不容辭乃按狀敘而銘之安人諱進慧姓夏氏先世饒州人高祖希政元末爲湖廣行省都事曾祖時敏爲湘陰教諭遂爲湘陰人祖原吉累官少保兼太子少傅戶部尚書贈特進光祿大夫太師謚忠靖追封三代皆如其官父瑄南京太常寺少卿掌尚寶司事母李氏都指揮使瑩之女封恭人安人生於天順辛巳二月三十日賦性仁淑精女紅且聰敏過人今南京吏部郎中崇文其兄也少時讀書安人每聽之即能成誦而又孝友出於天

性父母甚鍾愛之禹疇名洪吳江人以進士發身任南京刑部主事喪其偶王氏其尊甫全孝翁聞安人之賢遂爲禹疇娶爲繼室年方十九時禹疇已有二男一女長即請銘者次嚴安人皆撫教如已出致其子女亦尊事之如所生且能綜理家事安於澹泊每誦厥祖之功業爲禹疇勸人皆賢之成化辛丑禹疇三載考最欽給勅命其二親及王與安人俱得受封如制鄉人榮之未幾侍禹疇歸省孝事舅姑舅姑爲之喜慰已而禹疇陞貴州按察司副使尋丁內外艱而安人亦以疾不起即葬之年三月丁卯也年甫三十人皆惜之生男一女一俱幼銘曰淑於爲女良於爲婦慈於爲母雖不永年內外稱賢恩命自天琢詞墓石以昭潛德以慰其存沒

題顧處士盤窩記

吳江古澤國也由江而東不半舍許泉甘土肥居民聚而成墟者同里

鎭也鎭之少南市喧稍寂幽居悄然如山林者盤窩也葛巾野服而無塵容俗態者盤窩主人也案說文曰窩穴居也今也堂焉室焉齋焉閣焉榭焉而謂之窩者何也蓋以其少而壯壯而老於此盤旋而不去故借此以爲名也是亦李之盤谷邵之安樂窩也一日有客過主人而告之曰天下有道則見無道則隱方今穆穆在上明明在下功成治定禮備樂和而子顧隱於盤窩而甘爲沮溺者流何也主人笑而不答曰非若所知也且夫今之人盤旋於富厚者瘠人肥己而不知止也盤旋於名利者媚竈乞墦而不知止也盤旋於權位者鐘鳴漏盡而不知退且休也斯三者滔滔皆是也苟不有一二盤旋高隱者出乎其間何以崇退讓而息躁競也何以尙廉恥而厚風俗也此盤窩之所以名也客唯唯而退且乃操筆爲之記

石湖鄕賢祠記

石湖鄉賢祠祀石湖之鄉賢也始漁陽史君俊之爲吳縣也一日觀民風出郊至湖上見穹碑立草莽中上有石湖二大字御寶燦然詢之乃知宋孝宗賜范文穆成大之宸翰也有亭曰御書廢亦久矣君慨然太息出俸作新之一仍其舊既落成而君遷秩去今任邱酈君璠以來繼其職暇日登亭四顧以爲山水當前景物如畫殆與西湖略同惜不及西湖之有鄉賢祠而今文穆亦鄉賢也豈不可即是而祠之耶於是考之郡志詢之故老自文穆以來士之出於石湖者得二十一人或以科第發身或以材諝薦舉或以高潔見重而其道德功言皆足師表百世而無間然者也遂準式爲主序其時世先後書其爵諡姓名即御書碑後而奉安之題曰石湖鄉賢祠於是醫學正科盛侑來詣且曰侑與君皆鄉賢子孫也不可以無紀且竊惟石湖爲吾蘇勝景當吳縣吳江二縣之交山川清淑鍾而爲人者豈止二十有一而已哉然二十一人者

遠或數十世近或百餘年其骨已朽何以得後人之尊崇企慕如此然後知大丈夫之爲人生不徒生死不徒死所爲道德功言師表百世皆足以美教化而厚風俗也不然彼丁謂亦嘗居石湖而眞宗亦有宸翰之賜以世則在諸賢之先以爵則位諸賢之上今乃不獲與諸賢之列者何哉後人陟降瞻仰可以悠然思惕然懼而思齊內省之心自不能不感發而懲創矣

名宦祠贊

卓哉偉人生各異世德師聖賢才兼經濟躔宦遊於吾鄉皆於民而有惠至今棠陰尙存遺思弗替肅肅祠堂濟濟冠佩世有牧羊自狼守倉自𥂕者能不惕然自訟而驚汗浹背邪

鄉賢祠贊

三江五湖鍾奇毓秀挺生人豪泰山北斗功名事業道德文章古今暉

映日月爭光泮水有祠寒鴉古木歲薦蘋蘩淸風肅肅

大明一統賦

昔者宋社既屋胡元乃興政乖敎弛谷穢風腥延及季世四方不庭干戈擾攘盜賊縱橫彌勒鼓亂妖言煽驚或托香軍爲號或假前宋爲名或稱白蓮或號紅巾楚有陳而吳有張亳有韓而蜀有珍大豪小猾僭主假君蛾屯蟻聚鴟張獍鳴是猶衣垢敝而蝨叢肉腐敗而多蠅嗟哉元元困於爭戰威重命輕令嚴膽顫血流漂杵屍積鑽箭鬼神夜哭彗孛晝見海溢山崩天鳴地震蓋九十年矣誠天地古今之大變也於是天生眞主奮跡田里兆應瑞雲符乘王氣虎嘯而風龍興而雨將相協心弔伐斯擧左黃鉞而右白旄前兵車而後甲士六丁五神之呵護九宮八門之形勢策全器良天時地利攻殺擊刺兮雷轟而電掣坐作進退兮山搖而海沸東征西怨若大旱之望雲霓簞食壺漿若赤子之思

慈母故其起濠穎戰滁和拔采石定京都殪強漢殲僞吳平浰寇降魚梟取兩廣收八閩江南壤地盡入版圖然後肆伐中原席捲列郡下魯擊秦攻汴克晉兵震幽燕元軍北遁僅一戎衣不血寸刃疆域至是而混一天人以之而協應遂乃勉徇輿情金陵定鼎尊居九重君臨萬姓

大明建號以開天洪武紀元而表正於是討雲南以除餘孽征番邦以拓邊境四夷來王萬方平定所以鴻圖大業傳萬世而無疆聖德神功冠百王而莫並此聖祖得天下之正所以成一統之盛也猗歟休哉眞人曰予嘗誦九邱八索訂經史驗圖籍究治亂之源求興廢之跡惟唐虞兮三代國天下兮千百各子其民兮爲君共宗天王兮述職猶萬水兮朝東海衆星之拱北極熙然太和是謂混一然禹跡雖廣而閩粵未通周服雖大而遼廣未入厥後蒼姬訖籙亂從而出大小相吞強弱爲敵於是析爲十二併爲六七秦兮無道隋兮滅德兩晉東西六朝南北

三國偏安五代角立其間惟漢嘗一統而侵於匈奴移於莽賊唐亦一統而離爲列鎭改爲周國宋雖一統而銀夏盤踞遼金割裂得縱者失横有南者無北所以光霽之時常少而晦暝之時常多混一之世每疎而分裂之世常密譬如月滿則虧日中則昃是皆本乎天運蓋不由乎人力自古一統其難如此今先生之一統其信然邪名浮於實邪眞人之言未終不虛生勃然改容曰惡是何言也先輩謂人胸中無幾箇國子監做不得大儒又謂人不讀萬卷書不行地萬里看不得杜詩蓋言人必足跡廣而見聞多然後可以言遠大而超等夷也子不見夫井底之蛙乎兀兀窮年惡知天地之大又不見燭前之蛾乎營營終夜焉知日月之明子爲此言蓋由學問不得其傳授足跡未嘗出戶庭無怪乎出言之不謹燭理之未精吾今語子以一統之所以爲大以開子之聾盲眞人曰願安承敎不虛生曰茫茫九州棼棼八極上應天文下歷禹

跡大梁玄枵兮冀靑星紀鶉尾兮揚州降婁壽星兮徐兗析木娵訾兮幽幷大火實沈兮梁豫鶉首鶉火兮雍營於是四方之所延袤道里之所紀極霜露之所霑被日月之所出沒寸天尺地皆入版籍此天下一統之分野也分野旣明疆域乃奠順天應天兩京幾甸鳳陽承天龍飛豹變餘則蘇松常鎭徽池廬平揚淮和廣滁徐慶寧保和眞順廣永隆名南京以東是爲浙江分東西嘉湖及杭金衢嚴處寧紹台溫浙南濱海是爲福建福邵興漳汀泉延建南京西南則江西境昌饒康建撫袁臨信贛吉九江南安及瑞由江更西湖廣一方則武昌爲首漢德荊襄長黃岳廣辰永衡常承天起聖郴靖鄖陽轉而東南則爲廣東廣州爲首潮肇韶雄高雷廉惠瓊居海中廣之又西桂柳潯寧梧田樂慶思太鎭明泗利奉向都龍江陵廣西之西貴州雲南則銅黎思鎭石曾寧安大雲臨景楚廣澂沅軍民有府數莫可殫貴州西北則四川地保馬重

成順燮及敘此九藩者南方也由南以北踰淮涉洪則河懷南汝彰衛
開封是河南爲天下之中京師東南海岱蒼蒼曰濟曰兗東青登萊則
是山東爲鄒魯之地山東西北大同宣府太原平陽遼汾澤潞是山西
倚於京左京之西南西嶽巍然則西臨漢鳳慶鞏平延是陝西鄰於四
川此四藩者北方也其餘州百縣千鄉萬里億幅員之廣不可紀極此
天下一統之郡縣也高山廣水后土是載神封作鎭以爲限界故麒麟
獅子兮擁鍾山於天中龍虎鳳凰兮拱天壽於雲外祝萬歲兮太平望
諸陵兮朝拜山則天台天目日觀月精玉笋玉溜金庭金城大邳大別
太白太行崐崙匡廬賀蘭白登麻姑天姥兮虎邱雁蕩首陽少陽兮內
方西傾武夷蒙羽兮岷嶓王屋八公三竺兮九嶷四明予獨尊夫五嶽
五鎭之山兮何高大而神靈饗祀典於無窮兮出雲雨而化生吾欲效
夫尼父之登臨兮小天下於雙睛水則五湖五溪三泖三湘七澤七渡

七河七江伊洛瀍澗兮涇渭漢沔灉沮汶泗兮沱潛衡漳大野鼓澤兮雷夏菏澤滹沱鴨綠兮巫峽滄浪弱水流沙兮滇池錢塘黑水混同兮高郵吳淞予獨尊夫四海四瀆之水兮何源遠而流長浮天地而浴日月兮泄尾閭而濫觴吾乘長風而破巨浪兮蓋有似乎遊聖門而望洋其他叠嶂層峯千流萬派或崇或卑或小或大國志所書禹貢所載莫得其詳姑述其槩此天下一統之山河也天潢衍派玉葉流芳錫圭儋爵建國封王則秦晉周楚齊魯韓唐遼岷代肅慶谷安湘潭伊瀋郢附以靖江載之祖訓休突烈光繇繇奕奕代有哲王惟我興國聖啓龍翔鄭衛吳越蜀趙荊襄淮郟益德榮吉滕莊徽崇秀許汝壽岐黃朝輝雍浙衡涇及梁曰裕曰景其來未央王子王孫兮益蕃益昌郡邑分封兮甲第輝煌彼將軍兮中尉又遞世兮延長是皆一本百幹萬蕊千枝原衍澤流靈鍾慶滋彌布九有不數螽斯當與天地相爲終始日月並其

光輝此天下一統之藩府也藩府之外遠不可悉自粤門以南胡門以
北東盡東海西踰西域則有天方日本琉球朝鮮占城眞臘亦力于闐
渤泥撒馬交阯細蘭大秦大食西洋西天一弗敵兮勿斯里三佛齊兮
蘇吉丹更有沙華國兮古麻剌𡾟琶囉兮忽魯謨榜葛剌兮兀良哈吉
慈尼兮默德那木蘭皮兮滿剌伽默加臘兮茶𡾟沙瑣里碟里藍無里
新羅暹羅𡾟斯羅蘇祿蘇門兮哈烈哈密勿拔曆拔兮瓜哇阿哇麻逸
麻嘉兮打網打板三苗三噢兮百𠌃百花獞猺玀犵突厥烏桓匈奴鮮
卑契丹先零觜慎火篩回紇吐蕃限以三衛控以九邊畏威懷德強殖
弱降梯航重譯玉帛來王此天下一統之外夷也國之大事莫先於祀
惟祖宗兮在天先報本之誠意內奉先兮有殿外太廟兮有制盈室崇
深昭穆次敘礿禘嘗烝萬古不替赫上帝兮皇祇判高厚兮覆載每歲
孟春郊社並舉酌圜邱方澤之儀為上棟下壇之禮父天母地兮同尊

祖功宗德兮同配天子穆穆臣工濟濟薦以玉帛泛以醴齊從祀則日
月星辰風雲雷雨社稷山川嶽鎮瀆海聖帝明王神祇太歲旗纛先農
城隍月將五祀十廟至於川嶽英靈陰陽神鬼藩國賢王累朝英主道
統眞儒理學賢士名臣名宦忠臣孝子循吏高士文人烈女等而上之
則自生民以來未有盛於孔子此天下一統之祀典也萃渙之道旣明
輔理之司攸定百司庶府設官分政大小相承體統不紊故公侯兮爵
崇駙伯兮榮並公孤寅亮宗人衍慶五府兵權六部政柄法司愼刑太
學儲俊詹事輔儲科道諫諍太常之祭祀必嚴通政之出納惟允尙寶
符臺翰林史筆光祿宴饗太僕馬政中書筆翰錦衣親軍行人皇華鴻
臚朝聘内監嚴密京兆承宣上林藩育兵馬巡警欽天授時太醫調劑
進士題黃甲之名賓客匡靑宮之正殿閣閤門清光日近兩京攸同表
裏輝映外則藩臬十三郡縣千百都司運司儒學武學留守襲封陰陽

醫術軍民府兮指揮司遞運所兮水馬驛至於衛所等局監苑塲司閘壩倉庫關井宮祠王府職制土官羈縻此天下一統之官制也若夫天語聖言載道論德縹帙牙籤手謄梓刻緯地經天汗牛盈室乃木天禁地之儲寶壽邦永命之脈書黜異端用備鑑擇茲不登書恐誤後學至如資世通訓祖訓條章聖政之紀述大誥之昭揚文集浩瀚律令精詳日歷纂玉堂之秘寶訓發金匱之藏禮制頒行於司府集禮詔及於遐邦解論語之蘊奧正書傳之舛訛孝慈錄兮仁至義盡昭鑑錄兮遠慮長謨思親有詩教民有榜方竹有記白馬有歌雄文大製誠與典謨相表裏協雅頌之中和此天下一統之詩書也物產既蕃貢賦斯定秋兮有糧夏兮有稅萬囷貯儲千艘轉運採山之利既博煑海之功尤盛市廛有征鑪冶有額閑廄畜牧水陸鈞弋機杼所成蠶桑所出庫藏所儲坑壙所入國用所需民生所急此天下一統之貢賦也上行下效謂之

風衆心安定謂之俗六經同誦兮六軍同令五敎同敷兮五刑同治車同軌而書同文屋同式而衣同製家同塾而黨同庠國同學而術同序文章同體兮行移同式丁力同役兮土田同稅作息同樂兮語言同晉節令同曆兮日用同器朝覲貢舉兮同期賞罰封拜兮同制揖讓拜跪兮同儀冠婚喪祭兮同禮僧道巫祀兮同禁水火金木兮土穀同利律度量衡符璽券契兮同於立信金石絲竹匏土革木兮同於宣滯慶弔餞迎兮同於寓情宴饗餽贈兮同於將意所以國無異政家不殊風閭無廢職野無惰農此天下一統之風俗也都邑之宏侈宮禁之森嚴經陰緯陽象地法天垂萬世之統緒表四海之觀瞻控海連淮江南佳麗鬱鍾阜兮龍蟠雄石城兮虎踞浩長江兮天塹靄上林兮春韡是南京爲萬方之都會左環滄海右擁太行南襟河濟北枕居庸瓊島春雲兮薊門烟樹太液晴波兮玉泉垂虹是京師爲萬世之家邦至於阻

淮帶江連河引泗鍾離漢名塗山禹會國家興王實鍾王氣如周岐豳類漢豐沛是謂中都根本攸繫若夫洞諸門兮禁城歸萬雉兮神京金門玉陛山河拱抱龍門鳳閣霄漢光明更有景運隆宗月華日精六宮嚴謹七所紆縈親蠶有館兮繅絲有室緝熙有殿兮觀心有亭外則百室庶府棊布而星列千門萬戶霧湧而雲蒸此天下一統之基業也夫人之見聞有限物理無極故肩背不可以反顧鬚髮不可以縷析況天下一統之大如此豈常人所能淺近而窺測哉姑述其萬一而已眞人曰然搆宮室者必資公輸之巧定律呂者必賴師曠之聰故舜有五人而致治武有十亂而成功今天下所以成一統之盛者雖曰眞主挺生歷數在躬然所以左右而輔翼者必有一代之英雄不虛生曰誠哉是言夫子不見夫天降時雨山川出雲又不見夫朝陽生矣高岡鳳鳴所以國家將興賢才彙征理則然也況夫我聖祖天錫勇智不階寸土龍

飛淮泗英雄萬國不期而會當時肱股心膂於其間者豈可以數計哉
則有若中山武寧岐陽武靖開平忠武寧河武順東甌襄武黔寧昭靖
堂堂六王功全德盛餘則胡越盛名吳江智力趙梁氣勇俞貌材識武
襄僉都督副之效勞蔡公忠壯東海之戰歿黔國巢國兩全忠赤郢國
靖海並著勳策高陽耿公死節不屈皆能佐一人以成功配六王而廟
食其他攻城掠地撫順摧強出奇宣力徇義死忠五爵分封廟祀有光
澤流子孫與國同休武功如是此天下一統之所由定也又有若犂眉
公之譚謀帷幄龍門子之文章金石開司寇之經綸詹承旨之材識曾
侍郎之議禮劉秋卿之定律蹇蹇六臣名垂竹帛至於尊居四輔貴擢
三公丞相秉鈞侯伯分封開黃扉兮參知政事輔靑宮兮贊善大夫兵
寢刑措禮備樂和居民敷典執法分符其他戚里姻聯藩封輔導或任
都邑或掌學校夷邦奉使邱園高蹈報國死忠事親全孝存沒光榮古

今輝耀文德如是此天下一統之所由治也夫武以戡亂禍文以綏太平一代治功相須以成良由我聖祖剛健中正寬大英明配以聖后端一靜貞儲君有象賢之器羣臣皆屏翰之英堯仁天覆舜德地承巍巍不與蕩蕩無名所可見者惟功業文章卓乎煥然之可稱觀其得國遠過於唐宋行師名正於湯武申明五常世皆復古建官革宰相之專列爵罷子男之數去神祇之濫封改先師之像塑祭先王以御名待亡國以賓禮家法正而兵令嚴寺人安而戚里妥至如訂先王之禮樂復前代之衣冠正韻書之偏音除封禪之異端紀年號而不改賓符讖而不譚無徽名尊號之稱頌無離宮別院之遊觀德政不陳於大臣公侯不封以文職親軍不隸於五府藩王不伍於百辟舊章不亂於聰明恤典不分於存歿兵不出於無名姓不冒於繆錫避諱止於不偏陳言許以直入威重典於豪強隆師道於勳戚是豈無自而然哉蓋其體道謙沖

立心恭默於昭不顯之天建用惟皇之極法文王之卑服遵大禹之菲食本原之地純乎天德所以功名萬古德冠百王非三代以後之君所能及也太宗奮興燕邸爲京洪熙宣德仁薰義蒸於穆睿皇丕顯重明正統天順乾覆坤承今我皇上握赤符王火德承乾運撫璿極臯夔左輔稷契右弼都俞吁咈贊襄密勿總萬幾以圖治登羣賢而效職孝隆至養允惟三后之尊儲建元良茂衍萬年之歷但見分野加詳郡縣加闢山河加壯藩封加益外夷加化官制加立祀典加崇貢賦加溢風俗加美基業加飾此成化萬億斯年之初生斯世者何以報照臨之帝力眞人乃凜然而驚肅然而起北面望闕稽首再拜而言曰嗚呼盛哉先生之言博矣大矣至矣盡矣筆而成書可以爲史垂之後世可以觀累朝之盛治矣

卷四　完

女兒緜祥校錄

松陵文集　百尺樓叢書

卷五

邑後學　陳去病　纂輯

明一人

莫旦見前

蘇州賦

昔左太冲作三都賦吳都其一也搆思十年洛陽爲之紙貴至令煌燿簡册膾炙人口豈後人所能續貂其萬一哉然世異時殊陵遷谷變自漢至今已千餘載仰惟聖朝混一海宇而吳爲南畿重地改蘇州府其風俗人才之美禮樂文物之懿又有非前代所能及焉則夫嗣太冲之響以鳴國家之盛自有不能已於言也嗟夫一事不知儒者所恥況蘇爲吾父母之邦生斯長斯而可謂不知其人與事可乎因不揣蕪陋僭作蘇州賦雖文采不及太冲而事皆實錄覽者幸無誚焉

鱸鄉子端居陋室沈潛古學白雲掩門淸風動幕出步空庭斜日未落有客入謁禮恭言恪曰先生志伊學顏比管擬樂筆端造化胸中邱壑蘇州之事願叩先覺鱸鄉子曰承君有問愧余謭學𦆯絲牛毛姑舉其略蘇于禹貢地畫揚州仰觀分野星紀女牛吳越分野牛女之次星紀之度也之荆兮曰蠻吳兮爲勾泰伯奔荆蠻義而從之者千餘家號曰勾吳國於有周霸於春秋泰伯五世武王克商封其後爲二曰虞曰吳十九世至壽夢而吳益興始通中國又三世至闔閭破楚伐越子夫差仍伐越以報怨郡縣於秦漢始皇幷天下以吳越地爲會稽郡治於吳領縣三十六孫皓分吳郡爲會稽郡重州於隋唐叶投隋平陳改蘇州唐同光二年升中吳軍宋元兮平江政和三年升平江府至元十八年升平江路我朝兮蘇州拱京師以直隸吳元年改蘇州府直隸中書省今南京據江浙之上游擅田土之膏腴洪武初年七縣田土共六萬七千四百九十頃零饒戶口之富稠洪武九年七縣戶口計五十萬九千五百四十三戶三百一十六萬四百六十三口文物萃東南之佳麗詩書衍鄒魯之源流實江南之大郡信天下之無咎以言夫屬邑之名稱兮則常熟據海隅之形勝常熟去府城北八十里編戶五百四十二里長洲帶

茂苑之繁雄長洲縣附郭編戶六百三十九里吳江名著乎松陵吳江縣去府城南四十里編戶五百五十里崑山秀鍾乎玉峯崑山縣去府城東七十里編戶四百四十四里嘉定處練川之上嘉定縣去府城東一百四十里編戶七百三十里崇明居大海之中崇明縣去府城東三百一十四里編戶一百一十里惟吳縣爲最望兮依郡治以爲雄吳縣附郭編戶四百四十里其山則隔凡兮洞屋洞庭東西兩山在太湖中有林屋洞洞口有隔凡二字由此潛行地中上聞浪聲卓筆兮天平天平山在吳縣西二十里有卓筆峯飛來臥龍諸峯最爲秀麗一郡之鎭也范文正公忠烈廟在其下虎邱兮虎踞虎邱山在府城西九里泉石奇詭應接不暇闔閭葬此有白虎踞焉黿頭兮黿形黿頭山在太湖中其形如黿眼足皆具如下水狀產青石徽宗朝朱勔采進故東南有花石綱石鼓兮靈巖靈巖山在吳縣西南二十五里有吳王離宮越獻西施於此有石鼓大三十圍鳴則兵起下瞰具區川原華麗鐵杖兮支硎支硎山在吳縣西南二十五里相傳支遁居此有鐵柱杖鐵燈籠之屬夫椒兮越敗夫椒山在太湖中公九年夫差敗越於此遂入越姑蘇兮吳平姑蘇山在吳縣西四十里夫差造姑蘇臺於此吳君臣荒淫卒以亡國五隝兮箕踞橫山有五隝曰芳桂飛泉修竹丹霞桃花其山四面皆橫若箕踞之狀兩雷兮杳冥太湖中有大雷山小雷山遠不相見見卽有風雨天女兮石公天女墩在崑山縣東南十八里相傳天子之女葬此茅葦中一路如有人行者不生草墩中有金龍舟每聞風

雨聲有惡少欲發之爲毒蟲飛火所逐石公山在太湖中山根有石如老翁獨立在水中旱不露水不沒焉金鐸兮銅阬二山皆在太湖中相傳吳王藏金鐸於此其岩漏琮琤之聲匯而爲池禹期通兮諸侯會禹期山在太湖中相傳禹導吳江湖以洩具區會諸侯於此穹窿移兮狀元生穹窿山在吳縣西南六十里昔有諺云穹窿石移狀元來歸渻熙初一夕風雨大石自東徙西所過草皆偃是科黃由果及第胥兮以子胥顯吳王殺伍子胥浮屍於江吳人憐之立祠江上號曰胥山虞兮以虞仲名虞仲即仲雍奔吳至此號虞山今常熟海隅山是也有乾元宮景物絕勝師兮墜星師子山在吳縣西南十五里今名岩嶠山其形如師子有大石號墜星華兮神鉦華山在長洲縣西北五十里有石鼓曰神鉦隆安中鳴有孫恩之亂有天池橫浸山腹陽山黃山兮有戰場之迹陽山在吳縣西北三十里越敗吳于此禽夫差　黃山在吳縣西南十五里陷王世充破劉元進坑其衆於黃亭澗即此寶山錦山兮有御書之榮寶山在嘉定縣東南八十里永樂十年築爲海舶往來之望有御製碑文　錦峯山在吳縣西二十五里宋理宗以尚書鄭起潛墓所在書錦峯二字以名山莫不蜿蜒磅礴崒嵂崚嶒雲烟舒卷陰陽晦明其前岩後岫疊嶂層巒不可得而盡其名也水則大海無際潮汐衝撞嘉定常熟崑山地皆濱海謂之海洋渺無涯際三江浩瀚松江婁江東江禹貢三江既入即此五湖汪洋即太湖也禹貢謂之震澤爾雅謂之具區國語謂之五湖廣三萬六千頃跨蘇常嘉湖四府界

東南水亂也混混青龍青龍江在嘉定西南潝潝梅梁梅梁湖在太湖中吳時沈梅梁於此石湖兮宸翰石湖在盤門外十里宋孝宗有御書劍池兮金精叶將劍池在虎邱吳王既葬金精上揚化爲白虎荷花兮有蕩在盤門西十餘里凡八白畝每花時游玩爛然錦雲鄉也流杯兮有隍吳王上巳汎舟處香水兮有溪在府城西二十里俗傳西施浴處錦帆兮有涇叶姜在城中吳王張錦帆游處溪兮越來越來溪在橫山下越伐吳吳從此入井兮吳王在靈岩山有大石泓吳王避暑處銷夏灣兮無暑在洞庭西山吳王避暑處烟蘿塞望水樹涵空眞仙境也煉丹井兮有光在常熟相傳漢張道裕修煉處湻熙中浚井得石碱啓之化紅鴿飛去清頭清水兮有漾清頭漾清水漾漾俱在吳江白鶴白蜆兮叶江白鶴江在嘉定白蜆江在吳江飲馬池兮在吳縣治平寺前投龍潭在西洞庭釣雪灘兮在吳江長橋側走狗塘在府城西吳王田獵處青魚涇兮在吳江白馬澗在府城西支道林養馬處白雲泉兮在天平山石壁間有泉如線明月灣叶汪在太湖中吳王玩月處汾兮居吳浙之半汾湖在吳江半屬嘉興故名蔆兮兆風雨之祥蔆湖在吳江有青白龜子板人欲取之則有風雨覺之無蹤澹臺以賢人顯澹臺湖在長洲史記謂澹臺滅明家于此後陷爲湖鶯脰由仙子彰鶯脰湖在吳江張志和升仙處莫不滔滔汩汩浩浩茫茫宜汲宜灌可桴可杭其小河

支港迴湍急瀨不可得而盡其詳也若夫水村山郭沃壤平原洲渚相聞阡陌相連柴門流水茅店青帘樵歌牧唱農舍釣船雲帆浪楫蟹斷魚笭鳥飛屏外人行畫邊漁郎聲峭蓮女兒妍所謂水雲之鄉稼漁之區（叶圈）者與至於治雄三寢（府治卽春申君之子假君殿也有三門門有三朝朝有三寢如古諸侯之制）城連萬雉（郡城周圍四十五里伍子胥所築凡六門今仍其舊）列巷通衢（巷凡一百四十九處諺云蘇州街雨過穿繡鞋言潔淨也）華區錦肆坊市棊列（白樂天詩云七堰八門六十坊今郡志所載凡四百二十九坊各縣不與）橋梁櫛比（白樂天詩云紅闌三百九十橋今郡城內外凡四百餘橋各縣不與）梵宮蓮宇（寺一百四十八處宮觀三十六處）高門甲第（故家舊族不能枚擧然皆不若范氏之舊也所謂歲寒堂君子樹至今尙存有義田所以長久也世之不義而富貴者可以鑒矣）貨財所居珍異所聚歌臺舞榭春船夜市（白樂天詩云處處樓臺歌管杜荀鶴詩云夜市賣菱藕春船載羅綺）遠土鉅商它方流妓千金一笑萬錢一箸所謂海內繁華江南佳麗者與其俗則斷髮變而峨冠文身化而長裾（荊蠻之俗斷髮文身裸以爲飾）男耕女織山樵水漁家家禮樂人人詩書舞兮白紵歌兮吳趨（吳昔淸婉其聲爲淸樂有吳趨曲吳

人歌其土風也又有白紵舞白鳧舞通志云白紵有歌亦有舞白鳧有歌亦有舞蓋吳地出紵又江鄉水國多鳧鷖故與其所見以寓意火盆爆竹兮殘歲樂爆竹他郡所同而吳獨盛古以歲朝而吳以二十五夜爆竹之夕又各於門首然薪滿盆云樓船簫鼓兮莫春嬉俗好游放當春和景明鶯花爛漫之際用樓船載簫鼓具酒肴以游上方石湖諸處惟上巳日最盛綺川子弟傾城而出茶賽博戲無貧富早集云冬春米兮臘祀竈臘月春米爲一歲計不蛀而味美臘月二十四夜具牲醴以祀竈謂竈神朝天言事故前期禱之也照田蠶兮打灰堆臘月二十五日夜然火炬於長竿之杪鳴鑼鼓以祈絲穀謂之照田蠶除夜將曉持杖擊灰積以致利市至於華棟宇豐庖廚侈昏喪競游娛恃常產奉淫祀多奢少儉習所然與其古迹兮則樓有齊雲觀風齊雲樓在府治後子城上觀風樓在府治西門城上白樂天皆有詩勝景也堂有木蘭白檜木蘭堂在郡治西園陸龜蒙有詩白檜堂在郡治中以白樂天所植檜樹而名館聞潮兮應讖古有諺云潮過夷亭出狀元夷亭在崑山雖近海自古無潮紹興中潮忽大至知縣葉子強作問潮館於水濱甲辰科縣人衛涇及第本朝正統成化間潮又至已而施槃吳寬前後應讖徑采香兮多媚采香徑在香山下昔吳王使美人采香於此坎鑄錢兮何愚鑄錢坎在府城西三十里漢吳王濞謀反鑄錢處墩分金兮重義分金墩在府城西南三十五里相傳管鮑分金處地名橫金館娃宮之繁雄在靈巖山吳王離宮也有西施洞玩花池響屧廊諸迹

姑蘇臺之佳麗越獻柟楣於吳王遂作臺於姑蘇山上三年聚材五年乃成高見百里越滅吳焚之今姑蘇山無遺迹橫山西
北麓俗稱茶磨山拜郊臺者形勢平衍下臨石湖周益公以為郎姑蘇前後兩臺也黃堂兮名遠卽春申之子假君殿也後太守
居之以數失火塗以雌黃因名黃堂今天下郡治皆稱黃堂昉此垂虹兮勝著垂虹亭在吳江長橋上橋長二百許丈環七十
二洪左江右湖吳下絕景也鷄陂兮酒城吳王養鷄陂在婁門外釀酒城在吳江朱村巫墳兮干隧商巫咸墳
在葑門外干隧在萬安山西越禽夫差於此筠谷兮盤野宋待制榮嶷所居號筠谷有御書盤野在吳江學旁少師黃由之
別墅寧宗賜名義莊兮范文正公儲粟以贍族人今存角里洞庭有角里村角里先生所居卽楓橋兮花洲在寒
山寺前唐張繼有詩百花洲在姑蘇山上鱸鄉兮鱸鄉亭在吳江鶴市鶴市在閶門外吳王葬女曾舞鶴於此萬人隨觀入墓門
塞之他如灣兮死亭死亭灣在閶門外朱買臣妻恥而自縊處廊兮響屧響屧廊在館娃宮中吳王以楩梓藉地西
施行則有聲城兮養魚吳王養魚城在吳江朱村闌兮門鴨陸龜蒙居震澤養鴨一闌善門李邕有賦言公之
巷孔子弟子子游所居在常熟蔡經之宅蔡經仙人宅在胥門麻姑曾至生公講堂在虎邱寺唐詩云生公說法鬼
神驚太公石室在常熟之虞山相傳太公避紂處石湖別墅參政范成大所居有孝宗御書甫里別業陸龜
蒙所居金谷兮有園吳越王錢氏之業後為宋光祿所得號樂圃府學前桊園是也銀房兮有窟洞庭丙洞中有

銀房蛟龍之窟也皆挾秀探奇留芳剩迹可以臨眺可以憩息更有錦颿吳王以錦帆汎舟注見前柟榴越勾踐得神木一雙大二十圍長五十尋因作柟榴嬰以白璧鏤以黃金使大夫種獻於吳吳遂起姑蘇臺卒墮敵人之計金龍玉簡太湖中有投龍潭相傳吳越王投金龍玉簡於此簡以銀裝長九寸有篆文嘉定中有得之者爭銀與訟索沒入官石鏡金鼎長沙山有石如鏡湖中舟行人物皆見之吳王汎舟沈金鼎於太湖中鶴瓢鸞琖元末寧真觀李道士有一瓢其形肖鶴刳爲飲器高季迪有賦郡人杜用嘉有一飲器其形肖鸞匏屬也照心之鏡貞元中有漁人於太湖口舉網得一鏡照見筋骨藏府歷歷可怖因即棄鏡於水鎭國之碗大歷中洛陽劉貫詞游吳爲龍子寄書酬以一碗有胡客見之大喜以重寶購之曰此罽賓國鎭國琬也其國大穰既失之兵荒並起聞龍子所竊其君以國中半賦召贖鴻稽之鈎闔閭令國中作金鈎有貪王重賞者殺其二子以血釁金遂成二鈎名吳鴻扈稽以獻王每呼二子之名則鈎自飛干莫之劍吳人干將作劍不成其妻莫邪投冶鑪中遂成二劍獻於吳王今匠門外有干將墓耕者見青蛇繞足以刀斷之乃折劍一段欲持歸尋亦失之洗衣之石子游宅旁有洗衣石周四尺後爲太守蕭正德取去傳瑨之硯宋功臣王超有一硯甚奇古初傳晏元獻次傳富鄭公三傳馮文簡四傳朱聖子五傳滕子際皆登二府因號傳瑨硯銅椁銅溝闔閭葬虎邱銅椁三重傾水銀爲池黃金珠玉爲鳧雁夫差作海靈館有銅溝玉柱玉檻洞庭丙洞中有金庭玉柱海靈館有玉檻銀尊珠襦闔閭葬女有金鼎玉杯銀尊珠襦之屬殉葬

鐘乳鵝管林屋洞中有此吳鐸秦石吳王藏金鐸於洞庭山下大歷中有人於山下得九石鐸因作九壇天平之西有

秦臺山有大石巉崒刻秦臺二字相傳始皇游會稽曾至項槍張箭蘇州甲仗庫有鐵槍其款識云項王將鍾離昧者乃淳熙

中浚井時所得萬壽寺正殿梁上有三箭相傳天兵至吳張士誠窮蹙乃射三箭以紓悶處士腹稿長洲白蓮寺有陸龜蒙祠堂像有

設皆當時物後有醉人碎其像則滿腹皆先生詩文親稿也有宋宸翰蘇州宋朝宸翰甚多眞宗賜丁謂送行詩一首徽宗爲黃

篆書陸緣堂孝宗爲韓世忠書中興佐命定國元勳之碑又爲范成大書石湖又賜孟忠厚靜寄堂萬卷堂清心亭扁寧宗爲趙師𢍰書聚奎

玉輝宗表與閣諸扁又爲徐本中書歲寒堂又爲黃由書成齋盤野理宗爲鄭起潛書錦峯又爲魏了翁書鶴山書院額景獻太子爲衞涇書

後樂堂不能盡述神鉦不聲靈岩洞庭俱有石鼓謂之神鉦鳴則兵起瑞石騰燄宣和中郡學立石一株中夜有光發

石上數官作瑞石放光頌聞之朝泝流觀音唐乾符中有沈香觀音像汎太湖而來小湖寺僧迎得之有草繞足投之湖中生千

葉蓮花兆夢羅漢宣和中遊知白爲學錄得石本羅漢十八遣人致之墳庵前一日行者劉晉因夢十餘僧持學錄書來求挂塔

以白主僧僧難之來者一人題詩門左曰松羅深處有神天不記其他語明旦語此夢未覺而石本羅漢至知白足成一章云是皆希

世之奇迹而人所罕見者也物產則五穀爲首播種以時穲稏再熟穲稏

稻熟將堂登望江亭詩云經秋田熟稻生孫是年稻再熟舜歌四歧舜歌麥名紹興元年長洲有四歧麥翠浪千里黃

雲萬區萬囷儲粟千艘轉輸洪武初七縣秋糧二百七十四萬六千九百九十石麥六萬三千五百石上供玉食天下所需諺云蘇湖熟天下足八蠶繭繭三眠遲遲吳都賦云鄉貢八蠶之綿繅絲剖錦利金價珠洪武初稅絲二十萬四千三百二兩零紗羅綾紵五采陸離蟠龍綉紋貢於宸居有織染局歲貢御用段匹其數無查絹一萬四千一百五十七匹木棉三梭芓布腰機或麻或葛可裳可衣至于鼠鬚之筆黿頭之硯黿山出佳石有色白而溫潤者有胎斑而光澤者製而爲硯不減端溪蠟牋畫牋精緻著名綵線綉線玲瓏巧石出洞庭西山者名太湖石形勢嵌空成自然峯岫奇巧可玩宜和中朱勔貢一枚以千人舁進封爲盤固侯役夫各賜銀碗勔進節度使官其四僕皆金帶又出崑山者尤貴白者如玉可愛光潔白墡出陽山膩滑精細土人當白石脂用燈名玉棚燈毬巧麗有玉棚萬眼羅之名春初謂之燈市范石湖詩云吳臺今古繁華地偏愛元宵燈影蛾席貴紵緣去聲草席出虎邱細厚光澤以紵絲緣邊藤枕蒲鞵以藤爲枕以蒲爲鞋有極細巧者花毬出松江而蘇州盛有秧薦以秧爲薦甚清去濕氣此田家之風味也鱔骨絲纖象牙羽扇碑勒韓歐產佳石可作碑字織羲獻諸家字體隨意書之付機工起樣織成紵絲或卷或軸青地黃字體勢不毫髮差佳製也樓船安居水鄉以舟楫爲便其樓出入不下於居處之安也春檠小宴賀禮用春檠滿貯珍羞可當他處之小宴其他川儲

陸產類各不同木則松兮君子范文正公義宅有古松號君子樹檜兮白公白樂天刺蘇時手植檜樹民號白公檜虎邱古杉相傳晉王珉所植形甚怪師巖眠松天平師子岩下有眠松自地崛起盤根錯節宛若虬龍正中一幹聳然如蓋延袤二畝許旁有臥雲堂文正公讀書處也山茶連理海雲庵在穹窿山有山茶兩樹枝枝連理盤雪中綠葉森森花開如火壽樸盤龍吳江之綺川有樸樹一株大十圍詭枝譎幹如龍翔蛟躍蛇蟠蚓結之非遠而望之婆娑團欒如寶蓋坐其下如廣廈三間雖夏無暑元左丞周伯溫題曰壽樸堂詹孟舉書扁方孝孺諸公皆有詩文口先世之舊物也芍藥合歡吳下有合歡芍藥宋時齊雲樓前有芍藥壇每花時太守必宴客號芍藥會芙蓉露叢木蘭堂東有芙蓉堂韓詩云新開寒露叢牡丹勝雲宋藍師稷家有牡丹三千本號勝雲紅又朱勔家有萬本以采繒爲幕飾金爲牌記其名勔敗籍其家花牌一枚估直三古桂凌霜叶冲周虎家有古桂數千本號凌霜三瑞顯孝宋孝子姚淳祖墓有甘露芝瑞麥之異東坡作三瑞詩七檜如星叶松廣山致道觀有梁時七星檜果有韓墩之梨韓梨出常熟韓墩價頗貴凡梨削皮切片不移時色必變惟此梨雖終日不變味尤更佳洞庭之橘橘出洞庭東西兩山名品不一惟綠橘早紅塘南最佳禹貢厥包橘柚錫貢即此吳江之茨一名鷄頭出吳江者靑殼不紫蓋種之穤者也他處罕有頂山之栗出常熟頂山比常栗小而甘軟香味超勝號蹲香囊土人以采囊貯之餽送海杏如拳太湖有海杏大如拳今吳下所產猶有似小兒拳者枇杷無核吳下枇杷

初接則核小再接則無核矣　藕兮花白吳縣黃山蕩出藕花白者甘脆嚼之無渣唐時曾貢檎兮腮赤林檎一名花紅未熟時好事者以枝頭向陽處翦紙爲花鳥貼其上待熟去紙則花紋煥然入盤飣可愛蓮兮千葉華山之天池曾開千葉蓮花瓜兮五色梁時有五色瓜充貢柑入手而尤香眞柑金柑俱出洞庭如金丸顆顆香味超勝東坡有三日手猶香之句梅帶霜而旋摘吳下有一種臘梅初霜實尙青味脆而香菱餛飩兮瀫玉菱有如餛飩者味甘脆飣一碟不過數枚而已柿方蒂兮味蜜常熟有方蔕柿殊木合條味美可治疾蔬則秋末晚菘菘性凌寒不凋有松之操故名春初早韭立春便有韭芽有以三四十錢買一斤者芥兮薹心芥菜暮春時長薹心味甚辛辣菰兮茭手菰即張翰所思者俗名茭白生菜如小兒臂名茭手味美蕈兮可葅蕈即蘭也山中凡雨過便生或生于枯木者名木耳蓴兮醒酒蓴爲菜之名品出吳江味甘滑最宜羹蓴楊誠齋詩一杯淡煮宜醒酒鱗蟲水族林棲野走則有江鱸湖蟹吳江出四腮鱸魚巨口細鱗潔白鬆軟在諸魚之上蟹出吳江之汾湖特肥大有及斤一枚者名紫鬚蟹陸放翁詩云團臍磊落吳江蟹河鈍石首河鈍魚味極佳俗稱西施乳者尤珍美但不熟則毒人　石首魚自海上來腦中有小石故名味極佳諺云楝子花開石首來篋中被絮擁三臺言典賣冬衣以買魚也蛤蜊鼇蝤蛤蜊自海中來以口有紫紋者佳　鼇蝤小蟹宜鹽醃膾殘土鮒吳王行食膾棄其餘江中盡化爲魚故名膾殘吳人今呵鱵魚土鮒魚名附土而行故名白兮時裒銀兮

春後白魚出太湖者佳吳人以芒種後十五日謂之入時白魚於是盛出謂之時裏白銀魚出太湖而吳江最盛張子野詩云春後銀魚
霜下鱸遠人曾到合思吳薦盤縮項鯿魚項縮宋景文詩云膾縷薦盤鯿項縮鱗水鹹口針口魚長三寸口有細骨如針
金嘉謨,詩云穿將紵絲去綉出水紋來黃板嫂兮玉箸兒了頭娘兮花新婦晉阜皆吳下魚名也鰣
鰳鯧鯊皆海中魚名厥味尤妙叶繆乃有朱蛇白龜慶曆中季元過吳江岸旁見小朱蛇爲羣童所困售
而放之明年再過吳江有少年邀元至其家酬金百斤乃龍也咸平中崑山有漁人張晉得一白龜大如錢其色玉瑩朱眸電尾宮書粲然郡
守陳著年奉表以聞神魚義狗宋吳子英得朱鯉愛其色養之池中一年長丈餘生角有翅栽子英飛去今吳下有神魚祠晉華隆
養一快犬自隨後隆爲大蛇所繞犬咋蛇死隆乃蘇花虬負舟禹治水至太湖有二花蛇負舟而行禹無畏白虎踞墓
闔閭葬虎邱三日有白虎踞墓始皇求闔閭劍虎復蹲焉赤雀銜書吳王閑居有赤雀銜書至殿前文雉吐綬吳有文雉
五色口吐綠綬長數尺出鼓鷺雙夫差時有雙鷺飛出鼓中而去集石鶴偶崑山有南翔寺初掘地得巨石常有雙鶴
飛集其上看其所從來必有人施財甚驗久之鶴去不返僧爲號哭犀犬穴地晉懷瑤家忽聞地中有犬聲掘之得二犬子長老云
此名犀犬得之者富昌羣燕銜土宋郭泰玄刺青州多仁政葬日有燕數千銜土于冢上蛩兮夏鳴至正丙子五月
十三日吳人高季迪夜至聞蟋蟀之聲乃作聞蛩賦有云乘火令之中衰應金氣而先至推象類而占之若有兆夫兵沴未幾元亡鶯

分湖門吳江有鶯脰湖相傳有二鶯門於此趙時遠詩云鶯去湖存事渺茫綠鴨能言陸龜蒙居震澤養鴨一闌有內使挾彈斃其尤者龜蒙自舍中出曰此鴨善人言將獻之朝奈何斃之使者驚酬以金龜蒙還之曰吾戲耳故東坡有詩云只因養得能言鴨驚破王孫金彈丸黃雀膗候黃雀出吳江秋末冬初西風起則千百成羣自江外來弋人羅之味甚腴玄鶴來庭正統戊辰周巡撫忱駐節鶴山書院值誕日有鶴飛集於庭因建來鶴樓以紀瑞明年遂升尚書蓋公有惠於吳吳人傳頌不能忘也黃蛇幻斧叶否唐太宗第十四子李明始封曹王貶蘇州刺史卒祠於吳江祠下有大石盆黃蛇蟠其上揭視得大鉼大斧各一食味則釀柑醪冰宋安定郡王以黃柑釀酒名洞庭春色東坡爲作賦臘月取冰藏之至夏月用謂之冰醪范石湖云二十年來沿海大家始藏冰悉以冰養魚遂不敗按此則南渡以前吳下無藏冰之家與炰鱉膾鯉蜜蟹擁劍隋大業六年貢此二味金齏玉膾鱸魚爲羹雜以箭筍魚白如玉筍黃如金煬帝曰金齏玉膾東南之佳味也蒓羹魚炙蓴羹即張翰所思者專諸作魚炙因以刺吳王僚鯉腴鰕子鯉魚鯗大業六年貢每一瓶用魚五百頭海蝦之子淘取壓成挺子謂之蝦腐每一挺用蝦百斤大業中貢四十挺自蜜蟹以下皆煬帝窮奢極欲以致喪亡今皆不忍爲矣糖糰春繭花糕角黍皆吳下節物五酘之酒香冽清瑩白樂天有謝李蘇州寄五酘酒詩四橋之水吳江第四橋下水謂之甘泉唐陸羽茶經品爲第六泉渚山之茶陸龜蒙嗜茶置園顧渚山下歲收其租顧村之乳吳縣顧塔村出乳餅再佳鮓兮荷包吳江出魚

鮓以荷葉包之白樂天詩云就荷葉上包魚鮓麵兮棊子打薄餅切如棊子形晒乾可致遠臨用以蝦汁五味煮而食之鮸乾
傳浸井之方大業中貢鮸魚乾膾四十瓶浸一瓶可滿徑尺盤十其法以魚縷切烈日中晒乾貯以瓷瓶封固欲用浸井底一日
出而製造鹽齏爲御冬之旨吳下比屋皆然其人則吳越春秋元和郡記吳專類補
圖經續志虞陸所述隋虞世基唐陸廣微范盧所著宋范成大本朝盧熊大書特書班班悉
備吾亦安能枚舉之哉姑述其尤之一二忠義則朱良之擊賊死難朱良
尉海鹽建炎四年擊金人死之贈銀青王介之斥姦貶官以進士累官中書舍人力攻韓侂冑史彌遠之罪累遭貶斥卒
諡忠節孫察之罵賊就焚以朝散郎使金守節不屈金人焚之罵不絕口而死王玠之守節沈淵紹興
初孔彥周薦玠爲幕職及彥周有異志玠不從彥周沈玠於龍眼磯與妻子俱死鄉人悲之立廟於城上或不忍鴆君而自
斃張禕仕晉爲郎中爲恭帝所親信劉裕封樂酒令禕鴆帝禕不從自飲而死或不肯附賊而苟全張嵊仕梁爲吳
興太守舉義擊侯景城陷不屈景將舍之曰速死爲幸與子弟十餘人皆遇害諡忠貞或臨難而寄意於哀詞滕茂
實以工部侍郎使金金人欲之仕不屈自爲哀詞授其友人守節而死諡忠節立祠或既死而圖形於淩煙張鎰爲平
章爲朱泚所害圖形淩煙閣循吏則陸胤之受封赤烏中以功封都亭侯韓崇之增秩爲汝南太守守

職清甚妻恐哭泣上聞加俸秩賜譏以旌之沈豐之仁政爲零陵太守多降仁政紫芝生甘露徐栩之清德爲小黃縣令蝗入守長沙常食乾飯不發烟火或留葬而立祠魏信陵爲望江令有仁政既死民爲留葬立祠祭之或賜錢以追卹陸徽歷遷益州太守化行如神死之日家無餘財詔賜錢十萬米二百斛贈輔國將軍謚曰簡儒林則皇侃之明三禮梁武帝加散騎常侍陸慶之通五經爲太學博士楊邦弼之師友師事宋儒王蘋仕至中書舍人震澤鎮學有祠陳長方之弟兄亦師王蘋仕至江陰軍教授弟少方孝宗朝爲東宮講官號二陳著易則兪隱士兪炎號石澗宋季隱居不仕著諸家易說褒仁則莫知軍莫子文以進士知廣德軍不附權勢理宗賜敕以仁褒之或稱考亭名士黃士毅朱子門人或號樂圃先生朱長文嘉祐中進士仕至樞密編修有重名府學祠之孝友則姚淳之感靈芝其先墓有芝草瑞麥東坡有詩以爲孝感李蘊之降甘露親喪廬墓樹有甘露張昭乾之喪親哀毀陳人昭弟乾俱孝親喪哭泣嘔血日食麥屑粥家貧不能葬布衣蔬食十餘年舉孝廉不就陸趙璧之代兄按捕貞觀初兄以匿盧崇道按捕當重法趙璧自言匿崇道者我也御史怪之上狀太宗兩宥之官至太子洗馬龔明之號木灼頂其先塋之木數萬族人斬而分之明之不能制每伐一木仆地輒號慟響震林谷一莖不取自買松補種之祖母病灼香於頂以禱天聞腦中有爆裂聲嫣皓之祝瘡嘗吐其母灸瘡發膿何夜祝天求佑母又[illegible]嫺

家醉歸嘔吐皓恐食毒伏地嘗吐或鑿川而負土顧翊少失父事母孝嘗鑿川導水爲養丁公著喪父自負土築墳或割心而封股陸十七割心救父曹椿封股救父皆旌表門閭高行則二王二陸王伯起居震澤學文於曾南豐受經於王介甫高隱不仕遺子蘋從伊川游其姪孫誼亦高尚秦檜嘗國因擬罷相詞以刺之檜怒貶象州有春秋類書幷文集行世陸續漢永平中楚王英謀反拷掠無異詞一日對食悲泣獄吏問故曰母來不得見爾吏大驚以爲泄漏獄情續曰不然母切肉未嘗不方斷葱以寸爲度此藥是母調和是以知耳事聞赦之爲會稽戶曹陸續年六歲懷橘遺母袁術奇之漢末孫權以爲鬱林守官滿無裝舟輕不可越海取石爲重今石尚存號鬱林石三何三陳何點與梁武帝有舊引入華林園詩酒交歡拜侍中與弟允拜光祿大夫點捋帝鬚曰乃欲臣老子耶俱不就與弟求三人俱隱會稽世號點爲大山允爲小山求爲東山是謂何氏三高陳徵師吳草廬博通經史子惟寅惟允皆有文名家有綠水園高季迪蜚皆爲賦詩龍邱萇之清志王莽時隱居不仕人稱其清過伯夷志慕原憲梁伯鸞之賃舂叶春漢平陵人家貧尚節咏詩彈琴自娛爲人賃舂妻孟光舉案齊眉皐伯通敬之文天祥之在野鄭思肖宋亡不忘君父坐臥未嘗向北終身不娶依僧寺以居精墨蘭革命後畫蘭不畫土人問其故曰一塊土被他人搶去更安得土人謂肖爲在野之文天祥文天祥在位之鄭思肖陶淵明之後昆陶峴靖節後有高節之或牽牛而芻顧初有行誼人有牛食其禾初牽牛繫木下刈芻食之牛主愧服或被裘而薪吳有五月被裘而采薪者見路有遺金不取延陵季子異之問其姓名不答

列女則兩后四賢漢高帝薄姬文帝之母吳人光武追尊爲高皇后配食地祇孫堅吳夫人權之母也追尊爲武烈皇后殿中丞陳質妻丞相丁謂之妹博士之奇之母也謂欲官二甥妹固辭俾自以學術進謂竦然稱歎後二子相繼登科鄭里稱爲賢母吏部郎中鄭絳妻錢氏事姑孝謹寵安尹盧廷瑞妻周氏撫夫前妻二子如己出阮妙聰早寡事姑孝教子讀書任河間府通判旌表門閭三才七烈韓蘭英有文詞宋孝武時獻中興賦被賞入宮爲女博士吳仁璧女能詩知元象父被繫泣曰文星失位大人其弗免乎父果遇害姑蘇女子沈清友能爲詩如云晚天移棹泊垂虹閒倚篷窗問釣翁爲底鱸魚低價賣年來朝士怕秋風先罷以爲得風人之體呂榮者許升妻也升遇盜被害榮斷盜頭以祭升黃巾賊欲汚之不從而死張氏女爲孫權所迫飲藥而死張弼妻徐氏建炎中罵賊死之吳永年妻何氏建炎初遇金兵被執投河死張氏年十七夫坐事當斬監斬惜其姿容誘之怒罵而死李富妻黃氏至正初被賊掠去投海死張氏周氏至正間俱罵賊死勇士則萬人莫當春秋時吳公子慶忌以勇聞萬人莫當又有專諸亦以勇聞卽子胥所薦以刺王僚者神童則九齡奏捷李茂實九歲背誦九經宰執聚聽盧瑞夫十歲全誦六經四書淳熙十六年登童子科呂伯奮弟仲堪叔獻俱登科仙則姚火莫雷姚光善火術吳王積薪焚之薪盡坐灰中振衣而起手一卷書吳王不能讀莫月鼎湖州人出家於蘇州玄妙觀爲道士宋理宗命禱雨飲醉食犬肉大喝拍地雷雨隨至元世祖召見欲聞雷卽取胡桃擲地雷應聲而發震撼殿廷其它靈異俱見宋太史濂所立傳方伎則張艸范楪張旭善草書常大醉揮灑變化無窮謂之草聖范嚋善楪著神妙莫測有賊負

罪而逃捕者卽疇占之俾於北方樹林中得焉賊欲害疇持刀扣門給以卜疇隔門謂曰欲卜可擲手中刀賊駭而去等而上之

則王封表表太伯至壽夢十九世吳始大而稱王自後諸樊曰餘祭曰僚曰餘昧曰闔閭曰夫差皆稱吳王漢高帝兄子劉濞封吳王反誅孫權建安中魏封吳王魏太祖晉彪封吳王晉敬王晏封吳王晉康帝岳封吳王燕慕容垂封吳王齊明帝鸞以吳王廢封吳王梁宣帝亅蕭岑封吳王後魏大武帝子可博眞封吳王後魏南安王余封吳王唐汪華大業末起兵號吳王唐杜伏威封吳王高祖子李元軌元璹皆封吳王唐太宗子李恪封吳王恪生琨琨生祇並嗣吳王李禜李宙皆封吳王楊行密封吳王錢鏐封吳王南唐李璟璟子煜煜子從善皆封吳王宋太宗子趙元傑封吳王神宗子趙佖封吳王高宗后父吳近追封吳王後魏長孫陵以有功封吳郡王東魏孝靜帝拓跋善見梁封吳郡王陳後主子藩封吳郡王公爵偉偉孔門弟子言偃宋封吳公後周尉遲綱追封吳國公唐馮盎封吳國公唐尉遲恭以功封吳國公唐宗室孝逸曰會曰保皆封吳國公宋武行德封吳國公宋太子太師侯童封吳國公宋仁宗妃父苗繼宗封吳國公徽宗子樞植皆封吳國公藝祖七世孫據封吳國公宋尚書左丞林希封吳國公唐尚書陸扆封吳郡公宋尚書左丞陸佃封吳郡開國公宋狀元衛涇封吳郡開國公侯伯鏘鏘孔門弟子言偃唐封吳侯漢鄧汎封吳侯吳孫策孫紹孫英孫基孫登皆封吳侯宋學士魏憲封吳郡開國侯宋學士范成大封吳郡開國侯胡元質王楚皆封吳郡侯庾冰封吳縣侯太伯奔荊蠻自號勾吳荊蠻義之立爲吳太伯傳仲雍季簡叔達周章皆君吳武王封爲吳伯自後傳十三世皆嗣吳伯十四世壽夢始稱王子男濟濟宋范之柔封崑山縣開國子黃由封長洲縣開

國子唐陸長源封吳郡開國男唐陸元朗顧少連陸彖物張鎰皆封吳縣開國男宋鄭作肅麋辟皆封吳縣開國男唐歸崇敬鄭起潛王景齊
皆封長洲縣開國男宋范之柔衛涇鄭準鄭竦皆封崑山縣開國男**五宰相之勳名**陸遜字伯言吳赤烏中為丞相陸凱吳孫皓
時為右丞相陸贄字敬輿唐德宗朝為中書門下同平章事號內相嘉興人時屬吳郡曾懷字欽道宋淳熙初拜右相范純仁相哲宗見後注
之謂不與五人丁列見後注**七狀元之聲譽**宋淳熙八年黃由長洲人刑部尚書贈少師十一年衛涇崑山人資政殿學士
贈太師諡文節是年武舉林琮淳祐四年特奏魏汝賢吳江人嘉熙二年劉必成崑山人湖南安撫使咸淳元年阮登炳吳縣人朝請郎慶元
二年武舉周虎常熟人和州防禦使諡忠惠廟號忠烈**十老之號耆英**元豐間吳郡有耆英會凡十老人上議軍開國子盧
革年八十二騎都尉黃挺年八十二集賢修撰廣平郡開國侯程師孟年七十八七十護國清豐縣開國子閭邱孝終年七十三彭城縣開國子徐
思閔年七十二騎都尉崇大年年七十一龍圖學士清河郡開國侯張詵年七十十人皆致仕各有詩來黃序之不減洛中之盛事也**四**
賢之稱忠義宋孝宗朝李衡為侍御史以論張說不行致仕歸時給事中莫濟不書勅直學士周必大不草制諫官王希呂與衡
相繼論奏不起四人同時去國今崑山有四賢堂并四賢堂并四賢詩**莫不前輝後映鱗次櫛比雖族誅**
剡藤不能以盡載禿盡毛穎不得而悉舉是以孝子忠臣文儒武將唐
景之對也吳太守麋豹出行問功曹唐景風俗所尚景曰處家無不孝之子立朝無不忠之臣文為儒宗武為將帥時人以為名言

吳中之秀士夫淵藪鄭穀之言也諫議鄭穀言陛下南渡當擢吳中之秀以爲用況平江常潤湖杭明越爲
吳中士夫淵藪風俗澄清道教隆治隋志之術也隋書地理志云其君子尙禮庸庶淳龐故風俗澄清而道
敎隆治亦其風氣所尙也天上天堂地下蘇杭天下之通諺也杭爲東南都會南宋駐蹕之所諺猶先蘇
後杭蘇之繁盛可知蘇之山川土物風俗人材其大略如此客始而驚終而疑粲
然而笑曰其然豈其然乎蘇在夏商以前邈爲荒涼之墟旣曰荊蠻又
云東夷其人材風物未可與中國並馳也今先生所稱如此豈天地儲
精山川孕秀固自有時歟鱸鄉子曰有之有之魯無君子斯焉取斯子
之言是也昔者太公以六韜顯辟紂居東海之濱嘗熟近海有太公石室孫子以兵法聞孫子
名武著兵法十三篇見吳王闔閭試以宮中美人一百八十人分爲二隊以王寵姬二人爲隊長約束旣布卽三令五申之於是鼓之左婦人
大笑鼓之右復大笑孫子乃斬二隊長復鼓之婦人左右前後皆中規矩無敢出聲吳王乃以孫子爲將西破强楚北威齊晉顯名諸侯孫子
有力焉墓在府城東十室要離兮吳烈士墓在府城西四里巫咸兮商賢臣大戊時賢相書曰巫咸乂王家
是意墓在府城東門外三里者也遊吳而卒遂葬於此歟延陵季子之高節季札仲雍十九世孫父壽夢有四子札賢欲立

之遂逃去爲吳出聘諸侯名聞天下其卒也孔子書其葬處曰嗚呼此有吳延陵季子之墓昭明太子之選文蕭統梁高
祖之子仁孝好學有文選三十卷寓常熟有讀書臺遺跡四科有文學之目子游名偃姓言氏常熟人孔子高弟封吳公
四皓有角里之云角里先生姓周名術吳人太伯之後高帝時定太子今洞庭有角里村東園村黃公井并綺里遺迹按此
則四皓皆曾居吳范蠡之乘舟汎湖蠡字少伯爲越上將軍平吳後載西施遊於五湖號鴟夷子皮今吳江有三高祠蠡
其一也或謂蠡佐句踐滅吳是吳仇也吳人不當祀之虞仲之隱居放言卽仲雍與太伯同逃荊蠻墓在常熟僑則
戴禺兮高士山陰人居吳吳人共爲築室號吳中高士隱則梅福兮市門壽春人爲南昌尉漢成帝任王鳳福
上書極諫不聽乃棄妻子變姓名爲吳門市卒今蘇州有吳市門卽其隱處也盡孝全忠則伍公子胥廟在盤門內春
秋致祭廟有忠孝坊吳江垂虹亭亦有像先憂後樂則范公希文吳縣人仕至參知政事贈太師追封楚國公諡文正
四子純佑胥作監主簿純仁宰相純禮端明殿學士諡恭獻純粹龍圖學士配享於歲寒堂其文正書院則有同歲祭今吳下義田義宅皆存
子孫蕃盛記與蒓鱸則江東步兵張翰字季鷹號江東步兵爲晉大司馬東曹椽時齊王冏執權翰知其必敗因秋風
起乃思吳中蒓鱸遂棄官歸人謂其知幾性至孝居喪哀毀過禮且有清才美望善屬文詞人義新麗今亦祠於吳江三高不應徵辟
則江湖散人陸龜蒙字魯望號江湖散人隱居震澤甫里以高士召不起贈右補闕亦祠於三高著述則顧侍郎

顧野王字希馮仕陳爲黃門侍郎撰陳書玉篇輿地記符瑞圖分野撮要洞冥記元象表通史要略國史紀傳并文集行於世廟在吳江春秋致祭相業則范忠宣叶辛范純仁字堯夫文正公仲子哲宗時累官尚書僕射中書侍郎諡忠宣尹和靖兮名焞程門高弟仕至徽猷待制賜號和靖處士諡忠肅郡學祠之虎邱有和靖祠王通儒兮名蘋亦程門高弟仕至著作郎高宗稱爲通儒震澤有祠郡學亦祠之魏文靖之鶴山賜號魏了翁字華甫仕至資政殿大學士封臨邛侯贈太師秦國公有鶴山書院理宗御書今爲巡撫大臣所居常人不得入謁范文穆之石湖侈恩范成大字致能仕至參知政事號石湖居士孝宗大書以表之贈太師追封崇國公今石湖有御書亭更有朱鄧之爲太守朱買臣漢武帝時拜會稽太守治於吳鄧攸晉吳郡太守刑政清明去任百姓挽留韋白之爲刺史韋應物白居易俱爲蘇州刺史郡學有祠胡安定之教條胡瑗爲蘇州教授詳見小學書劉禹錫之政事字夢得爲蘇州刺史以政績最賜金紫服白居易推爲詩豪郡學有祠第五倫之清名會稽太守清貧守職有惠於民後坐法徵贓百姓數千人號呼上書獲免皮日休之詩句爲吳郡從事日與陸龜蒙倡和後爲翰林學士黃巢入長安乃隱於鹿門山作縣則陳了翁主吳江簿諡忠肅王禹偁之政聲知長洲守郡則文天祥張世傑之忠義凡此數公皆天下之士也蘇安得不踵生君子乎客曰是誠有之然皆爲臣者之事也況

丁謂爲三吳之恥丁謂字公言長洲人眞宗朝爲相封晉公與王欽若等交通時號五鬼嘗與寇準拂須被譏及爲相貶寇於雷州未幾謂亦貶雷州寇以烝羊迎於境上時人語曰傳與雷州寇司戶人生何處不相逢源流至論曰姑蘇之有丁謂三吳之恥也臨川之有王安石全楚之累也

朱勔爲花石綱之累朱勔吳縣人父沖微賤兩受徒刑既多貲交結權幸勔遂以花石得幸進貢不絕謂之花石綱凡園林亭館墳墓間有一花一木奇怪者輒用黃紙封識徑取之浙人畏之如虎凡花綱過處遇橋梁則撤之以粮船新者進花石而以舊者載粮粮運由此不繼禁衛至於乏食勔寵日盛父子俱建節鉞所居擬雙節堂晝徽宗御容使監司郡守朔望朝之徽宗嘗握其臂與語遂以黃帛纏之與人揖不舉此臂有園極廣植牡丹數千本以繒采爲幕飾金爲牌重三錢作九曲路春時縱人家婦女游賞有迷其道者輒以簪珥誘之後勔敗有黃發勾者被旨籍其家婦女盡驅之出入家無敢留者遂墟其圃牡丹皆折以爲薪勔伏誅竄其家於海島初勔葬父以二童男女殉葬至靖康末大饑郡人怨毒遂刼其墉而碎其父骨見僮奴骨具存衆哀之其稔惡遺臭不足齒也其亦有君主是邦者乎鱸鄉子曰昔有黃歇號春申君相楚都吳富貴無倫袗衣玉食畫棟朱閣門迎珠履三千其人考烈王二十年春申就封於吳行相事遂城吳故墟以爲都邑宮室極嚴當是時齊有孟嘗魏有信陵趙有平原楚有春申號四公子四公子皆好客趙使至有玳瑁簪刀劍室以夸於楚客春申食客三千人皆躡珠履以見之趙使大慚有姬傾國進王已娠生男嗣位王楚而

奪竊不旋踵赤族殞身趙人李園以妹獻春申君既有娠園使妹說春申曰王無子苟進妾於王是君之子爲王也乃以獻考烈王果生男立爲太子是爲幽王園殺春申以滅口而專楚政當元之季天下鼎沸有張士誠淮東崛起據有兩浙建都於此稱王改元攻城掠地錢糧充足魚鹽擅利士誠泰州人至正十三年作亂陷泰州及興化縣又陷高郵據之建都蘇州僭國號大周自稱誠王改元天祐又稱吳王斥李參軍名思齊從士誠至吳爲太尉參軍士誠之臣元朝也思齊實勸之既而士誠不濟貢思齊曰向爲賊不貢宜也今爲臣而不貢猶欲爲賊耶士誠怒抵案仆地而入思齊即棄官稱疾不出會稽楊維楨爲作骨鯁臣傳囚孫待制名撝曹州人往喻士誠被囚使降撝詬斥之士誠百計馴擾終不從遂遇害相士信士誠親弟爲平章將徐義徐義尹義呂珍及莫老虎張九六皆僞將醉宮嬪招賢士既據蘇州日與文人鄭天祐等詩酒爲樂無復遠圖十年之間可謂富貴天兵壓境如縛嬰孺至正二十六年中山武寧王將兵二十萬攻取浙西開平忠武王副之十一月由太湖直趨湖州士誠悉發境中兵及赤龍船親軍戰毘山戰舊館戰皁林烏鎮相繼而敗生禽其兵六萬十四日取吳江知州楊彝以城降士誠遣銳卒迎戰於尹山康鄭公持戟督戰銳卒盡覆乃進圍蘇城塞其六門刀劍林立金鼓雷震將士蟻降城中食盡至煮靴以充饑凡十閱月城陷時吳元年丁未九月也王封府庫縛士誠送京師籍其兵二十有五萬 總兵官淮中書省咨敬奉令旨余聞伐罪救民王者之師考之往古世代昭然軒轅氏征蚩尤成湯征葛伯文

王伐崇侯三聖人之起兵也非富天下本爲救民近覩有元之末主居
深宮臣操威福官以賄成罪以情免臺憲舉親而劾讎有司差貧而優
富廟堂不以爲憂方添冗官又改鈔法役徒十萬民湮塞黃河死者枕
藉於道哀苦聲聞於天致使愚民誤中妖術不解偈言之妄誕酷信彌
勒之眞有冀其治世以蘇其苦聚爲燒香之黨根據汝潁蔓延河洛妖
言既行兇謀遂逞焚蕩城郭殺戮士夫荼毒生靈無端萬狀元以天下
錢糧兵馬大勢而討之略無功效愈見猖獗終不能濟世安民是以有
志之士旁觀熟慮乘勢而起或假元氏爲名或託香軍爲號或以孤軍
獨立皆欲自爲由是天下土崩瓦解予本濠梁之民初列行伍漸至提
兵灼見妖言不能成事又度元運難與立功遂引兵渡江賴天地祖宗
之靈及將相之力一鼓而有江左再戰而定浙東陳氏稱號據我上游
爰興問罪之師彭蠡交兵元惡授首其父兄子弟面縛輿櫬而來者既
待以不死又封以爵將相皆置於朝班民庶各安於田里荊湘湖廣
盡入版圖雖德化未及而政令頗修惟茲姑蘇張士誠爲民則私販鹽
貨行劫於江湖兵興則首聚兇徒負固於海島其罪一也又恐海隅一
區難抗天下全勢詐降於元坑其參政趙璉囚其待制孫撝其罪二也
厥後掩襲浙西兵不滿萬數地不足千里僭號改元其罪三也初寇
我邊一戰生擒其親弟再犯浙省楊苗立擒其近郊首尾畏縮又乃詐
降於元其罪四也陽受元朝之名陰行假王之令挾制達丞相謀害楊
左丞其罪五也占據江浙錢糧十年不貢其罪六也知元綱已墜公然
害其丞相達失帖木兒南臺大夫普化帖木兒其罪七也恃其地險食
足誘我叛將掠我邊民其罪八也凡此八罪有甚於蚩尤葛伯崇侯
是雖黃帝湯文與之同世亦所不容理宜征討以靖天下以安斯民爰
命中書左丞相徐達總率馬步舟師分道並進攻取浙西諸處城池已

行戒飭軍將征討所到殲厥渠魁脅從罔治備有條章凡我逋逃臣民被陷軍士悔悟來歸咸宥其罪其爾張氏臣寮果能明哲識時或全城附順或棄刃投降名爵賞賜予所不吝凡爾百姓果能安業不動即我良民舊有田產房屋仍前爲主依額納糧以供軍儲餘無科取使汝等永保鄉里以全室家此興師之故也敢有千百相聚旅拒王師即當移兵勦滅遷徙宗族於五溪兩廣永離鄉土以禦邊戎凡予之言信如皦日咨爾臣庶毋或自疑敬此除遵敬外各行備榜曉諭通知須至榜者至今遺基廢院蛙池蚉砌徒使後人傷往事之淒涼而歎離離之禾黍今蘇州衞東空地即士誠之僞朝也又稱爲張王基二人者何如客曰一則如呂不韋不韋納有娠美姬於莊襄王而生始皇此則春申君似之一則如陳友諒友諒據湖廣僭稱皇帝僭國號漢改元大義至正二十二年與天兵戰敗於鄱陽湖此則張士誠似之鼠竊狗偷欺君罔上不足言也願聞其上者鱸鄉子曰昔壽夢之稱王也傳自諸樊以至闔閭壽夢仲雍十九世孫始稱王壽夢傳諸樊諸樊傳餘祭餘祭傳餘昧餘昧傳僚僚傳闔閭闔閭傳夫差爲越所滅將孫武相伍胥據山水建城池繕甲兵實倉庾破楚入郢威詟懾齊顯名諸侯號稱大吳伐越弗克重創而死夫差繼立恢復有志發徒截江命習戰事兵車千乘甲士萬騎帛散千屯粟支十歲連袵成雲揮汗作雨克勁

敵於夫椒雪檇李之前恥會黃池而爭長卒讓德而先與可謂能慷慨以立謀隱忍而成事者也二君者何如客曰斯亦霸者之事也輒不云乎以力假仁者霸齊桓晉文五霸之首也且不足稱於仲尼之門况闔閭父子乎願聞其上者鱸鄉子曰昔者神禹治水九州徧歷惟兹震澤疏導尤力四載是乘三過不入川后奉令波神受職泄三江而注海殺懷襄之蕩激會諸侯於期山執玉帛兮萬國太湖中有禹期山大明一統志云禹導吳江以泄具區會諸侯於此白居易詩云萬代分明見禹心五湖旁注太湖深龍舟坐會舉僚處常想滄波見古今然後登包山訪石室仙書藏洞庭包山有石室相傳禹治水平後藏五符於此闔閭使靈威丈人入山得之唐李公佐從太守元公錫入包山洞得古岳瀆經第八卷云禹理水獲淮河水神名無支祈者鎖淮陰龜山之足二說如此則大禹果曾入包山石室耶玄圭錫書曰禹錫玄圭告厥成功崩於會稽墳高三尺禹巡狩到會稽崩遂葬焉吳越春秋云柳槨桐棺墳高三尺土階三等今有廟在紹興會稽山下廟旁即其葬處上有窆石如筍高六七尺覆以亭石下即穴山下有菲飲泉咸若亭禹功池漢時皆屬吳地至今思其功者不必觀河洛而瞻梁山岾其紀者不必惡衣服而菲飲食也若是何

如客曰於赫禹功奠我九州於皇禹德與天地侔故舜曰萬世永賴又曰惟乃之休然說者猶以爲入聖域而未優然耶否耶願聞其上者鱸鄉子曰昔太伯之來奔也與仲雍兮偕行也國人尊之爲君也勾吳之所以名也其心則三以天下讓也民無德而稱也所以仲尼贊之爲至德也萬世仰之如日星也（朱子曰論其志則文王固高於武王而太伯所處又高於文王）至今游兮有鄉也（吳縣有三讓鄉常熟有太伯鄉三讓里）都兮有城也（太伯初適吳築城於平門外今無錫平門是也）藏兮有墓也（墓在常熟縣之梅里又云在吳縣北十里）廟兮有靈也（至德廟在閶門內漢永興二年太守麋豹建梁乾化四年吳越錢鏐移置今所宋元符中封至德侯議加王爵不果泰伯仲雍皆南面並坐延陵季子居東皮日休詩云一廟爭祠兩讓君是也本朝修建不面一今以泰伯居中仲雍坐東面西而季子則不設位不知何人之所改作也）春秋有祀也（舊以四月四日爲泰伯生日致祭今則春秋致祭）世系有承也（泰伯不娶無嗣仲雍立傳一十九世壽夢吳始大而稱王又六世夫差爲越所滅今郡人吳宗榮者存其家譜傳九十六世爲至德廟主奉）是其流風餘韻猶有所存也故風俗爲之丕變而禮讓爲之興行也若是何如客乃竦然而驚斂袵肅容起曰烏乎盛哉

乃有斯人乃有斯人蘇之繁盛有自來矣信如先生之所云矣抑又有請焉問非僕不能窮其辯答非先生不能罄其言然皆紙上之陳迹非今日之新聞也豈先生博於古而嗇於今詳於故而略於新耶鱸鄉子曰大哉言也我國家受天明命列聖挺生開基創業繼體守成重光重華丕顯丕承是以兩儀泰兮淸寧五星聚兮文明朝衣冠兮萬國混車書於八紘蘇爲鉅郡密邇神京德化之所漸被禮樂之所陶成百餘年間人材踵生子不見夫步蟾宮而歌鹿鳴題雁塔而登虎榜一代之人豪爲百世之瞻仰者乎又不見夫起龍蟠而脫豹隱膺鶚薦而奮鵬程藹門牆之桃李備藥籠之參苓者乎自洪武初至正統中薦舉人材職名俱見於後其間則有代父與刑成仁取義守死善道不知不悔如徐莫劉林四子者焉徐孝子植字元芳長洲人充郡庠生篤學有至性洪武初父犯大辟當刑孝子陳情上聞以身代死後人哀之扁其學舍之書樓曰至孝莫處士轅字巽仲吳江人洪武中父繫詔獄處士方年十一願代父死遂釋之後叔任侍郎坐黨禍處士逃難冒法禁竊其祖叔遺骸歸葬又保全孤姪如鄧

故事己卯改元赦歸再造其家痛念先母數年不御酒肉家遭回祿攸入火中抱母以出家貲不顧也臨卒口占三詩鄉人私謚曰貞孝先
生劉解元政字仲理長洲人己卯元年以春秋中京闈鄉試第一永樂元年不赴會試居貧守志卒於家鄉人重之私謚曰愍節先生林訓導
大同字逢吉常熟人通五經諸史洪武中薦授開封府學訓導致仕永樂初累檄不起安貧養志卒於家詩文俊邁有範軒集學者稱之曰範
軒先生著述論撰雅健春容日光玉潔筆陣詞鋒如高楊張徐數公者焉
是豈異代之人耶高太史啓字季迪長洲人元末隱居張士誠招之不起洪武初薦爲翰林編修預脩元史拜戸部侍郎不
就辭歸自號靑邱退史無書不讀尤深於羣史詩文自成一家有缶鳴爲藻等集坐事死載大明一統志楊僉事基字孟載長洲人洪武初薦
拜山東僉事與高季迪及吳興徐賁潯陽張羽爲詩友人稱高楊張徐四生爲吳下詩宗載一統志周主簿南老字正道長洲人元末爲吳縣
主簿有易學集說喪祭禮擧要學庸集解地理會要醫方集效拙逸稿姑蘇雜咏郡學祠之陶敎諭振字子昌吳江人好古博覽才思豪邁洪
武中擧明經爲本學訓導因坐事撰紫金山賦進呈應制作飛龍在天賦稱旨遂赦之陞安化敎諭有釣鼇集謝太史徽字汝懿長洲人性聰
敏博學有詩文名與高太史啓輩友善至正二十五年中鄉試洪武初擧明經除翰林院編修致仕申屠太史衡長洲人明春秋肆力於古文
自號樹屋傭洪武初艸論蜀書授翰林修撰載大明一統志張郎中適字子宜長洲人年十三赴鄉試時稱奇童元季不仕洪武初宋太史濂
薦修元史授水部郎中與高太史啓輩稱爲十才子有廿白集孫梲知府載大明一統志鄭郎中宏嘉定人洪武初擧授禮部郎中以疾告歸

郡人多從其學易永樂中爲湖廣福建考官有味易餘吟集載大明一統志人沈參議德長洲人博學工詩洪武中選入文華殿說書除江西參一

政載大明一統志曾侍讀日彰吳江人洪武中舉秀才爲黃陂知縣擢翰林侍讀永樂初奉使交阯從西平侯征進歿於軍中載大明一統志

梁典籍時字用行長洲人博學工詩文洪武中舉明經爲岷府紀善改翰林典籍預修永樂大典所著有噫餘集載大明一統志盧知府熊字

仲武崑山人質純氣和博學好古洪武中舉秀才除工部照磨以能書授中書舍人升兗州知府有蘇州志清溪等集載大明一統志金侍郎

問字公素吳縣人家貧力學善詩文永樂中舉楷書除司經局正字累官翰林侍讀學士禮部右侍郎載大明一統志盧中書備字爲己崑山

人永樂中薦授中書舍人詩文有理趣工書法隸書扁額尤佳張太史洪字宗海常熟人永樂中舉明經除教授升修撰預修兩朝實錄有四

書五經解義史記要語歸田稿載大明一統志王文靖汝玉長洲人洪武中薦授翰林五經博士轉左春坊贊善兼編修洪熙初贈太子賓客

謚文靖詩文有名書工眞行小楷弟汝嘉薦爲訓導預修永樂大典升五經博士與兄齊名俱載大明一統志劉詹事鉉字宗器長洲人由舉

人授中書舍人預修三朝實錄累升侍講學士祭酒少詹事卒爲人學行淳篤善詩文有假菴集載大明一統志徐閣老有貞初名理字元玉

吳縣人由進士授編修累官都御史兵部尚書華蓋殿大學士封武功伯詩文雄健尤工書法僖敏陳公之鎰陝有惠

名鎰字有戒吳縣人永樂壬辰進士累官太子太保左都御史致仕卒贈少保謚僖敏三鎮陝西軍民愛戴祠之於家副都吳公

之持憲有爲名訥字敏德常熟人宣德中以薦累官左副都御史剛介有爲憲度振舉致仕卒有小學集解文章辨體等書詳[illegible]

一統志滕司徒之賢譽名思勉長洲人洪武中累官戶部尚書國史稱其居鄉以賢士稱居官有大臣節子抗刻苦讀書亦
以文名楊宗伯之不欺名翥字仲舉吳縣人洪熙初薦授翰林檢討景泰中以禮部尙書致仕卒年八十五幼師楊東里讀
書至溫公不妄語爲誠之始卽知守此言既貴鄰人生子以所乘驢善鳴卽貸之鄰溜落其家夫人親以瓢酌水亦弗與較其厚德多類此載
大明一統志兩陳先生之性於忠孝陳僉事祚字永錫吳縣人永樂辛丑進士累官參議御史僉事爲人尙氣節彈
劾不避權勢累以直言遭貶斥而志不少挫所著有小學辨惑見大明一統志陳檢討繼字嗣初吳縣人洪熙初薦授翰林檢討致仕家貧躬
治蔬以養母母守節旌表詳載大明一統志張王二公之死於征夷張學士益字士謙吳縣人永樂乙未進士累官
侍讀學士正統己巳歿於王事爲人溫雅明敏博學強記爲詩文雄健有法見稱於時載大明一統志王司空永和崑山人好學能文永樂中
領鄉舉累官工部右侍郎凡事務存大體正統己巳歿於王事贈尙書載大明一統志鑷帛徵老臣於解綬秦亞卿約
崇明人工詩文負豪氣洪武初薦授禮部侍郎以母老告歸後賜鑷帛徵講治道皆有裨益於時見大明一統志宸翰寵近侍
於闈棊盛御醫啓東吳江人精醫善詩有氣節永樂中取爲御醫深有寵遇宣德五年在御藥局與醫判韓叔陽闈棊忽召至久之二
人方驚起叩頭待罪詔勿撤局凭几觀勝敗因御製樂局圍棊太平詞一闋以賜之朝野相傳以爲盛事字成一家則宋別
駕之獨步名克號南宮生長洲人洪武初爲鳳翔府同知幾嘗有口肆博學工詩文尤善眞草書自成一家人謂之曰宋克體竹

帚千竿則夏太常之清娛（名昶字仲昭崑山人先冒朱姓登永樂乙未進士累官太常寺卿致仕精墨竹爲世所稱）其他三元擢秀（解元八人會元四人狀元二人）六卿分職（尚書四人侍郎九人）國子師模（祭酒二人）青宮輔弼（太子太保二人太子少師一人少詹事一人太子賓客一人左春坊贊善一人諭德二人庶子二人）翰苑聲華（大學士一人學士一人侍讀學士二人修撰五人編脩五人典籍一人庶吉士二人）容臺政績（太常卿一人少卿二人博士一人）青瑣仙班（都給事中二人給事中八人）皇華使客（行人十二人）或風憲分執法（左右都御史五人副都御史三人監察御史二十三人）或郎署分蕬職（郎中二十四人員外郎二十一人主事二十八人）或鳳池分灑翰（中書舍人九人）或棘寺分讞獄（叶大理卿一人寺丞一人寺正一人寺副二人評事五人）或領藩臬（布政使十人按察使三人參政七人參議十一人副使十二人僉事十二人）或寄郡邑（知府十三人知州三人知縣二十二人已上姓名俱見科目錄）或爲隱逸（韓公望俞貞木丁巽學謝彥銘易久成蘇性初謝孔昭王止仲陳季昭張翰宸張季璉杜用嘉王仲光葛可久）或爲貞節（叶旌表節婦吳縣姚榮妻黃妙清在城陳巳久妻孫妙惠崑山嚴華妻陶氏吳縣張成二妻唐氏范忠妻淩氏）至於巡撫大臣慈祥守令則周文襄之經濟（名忱字恂如廬陵人初蘇州自永樂以來有司徵收無法徭役不均止憑糧里瞞官作弊民受其害逃亡者衆田地荒蕪宣德五年公以工部侍郎欽差巡撫其於蘇州七縣也置立水次倉場將每年坐派

該徵存留起運各處糙白粳糯糧米計算船脚使用幷逃絕無徵者立定加耗則例塡寫由帖給與人戶徑自赴倉交納糧里正爲催併官爲管督收完依數撥運所有餘剩幷積出附餘之米盤量見數收貯在倉以備賑濟其水馬站夫馬等役則於官民田內每畝出米二升照依由帖塡注收足給付嘗役之人買馬造船幷鋪陳工食草糧之用由是賦役均平官民兩便至今遵行又於各縣設立濟農倉蓄米數百萬石賑濟饑貧其他修學校造橋梁葺壇廟勸農桑良法美意不能盡述景泰三年以尚書致仕卒謚文襄況郡侯之德政名鍾字伯律南昌人宣德五年敕授蘇州知府鉏治豪強扶植良善威名四達奏除坍水賠糧田二千九百八十頃奏減重額田糧七十三萬一千餘石開發民寃爲丁者一千八百六十二人開河溉田免民賠糧七萬餘石逃民復業者三萬六千七十戶擒大盜等十餘人修建學宮壇廟驛館數百所當時百姓頌之曰工部侍郞周白地蘇州知府況靑天白地喻民間米多滿地皆白靑天謂其可戴也二公之後則有紹武陳僉都泰天順中將重額官田止納正糧輕則民田加重徵收民尤便之至今遺愛不忘棠陰晝靜周況二公去已五十年陳公去已三十年民至今思之不置飲食必祝語言必及稱之曰周大人況太守陳都堂三公與民之父母也惜不能立廟祭之耳若夫吾教之外尤有異聞部佐之出於坧者蒯某吳縣香山人永樂中由泥水匠仕至工部侍郎師傅之起於沙門姚廣孝長洲人初爲僧永樂初以靖難功授太子少師卒贈榮國公謚恭靖皆客之所目擊而耳聞者也又豈異代之人耶客曰淵乎懿哉先生之詞侈矣僕聆話言

亦可謂勝讀十年矣然譊譊頰舌付以空言何異簫韶好音之過耳桃
李芳華之嬲姸先生何不放萬丈之光芒倒三峽之詞源發爲文章以
闡蘇州之雄盛使天下之人皆齒嚼氷霜而眼染雲煙不亦可乎鱸鄉
子曰此吾志也然名微則不信年少則不傳吾俟夫南山豹變北海鵬
摶奮雲程於萬里覲龍顏於九天齒與德而並進名與實而兩全然後
仿吉甫美周室效封人祝多男披五經之腹筍邊百代之言泉展平生
之素志秉鉅筆之如椽作大明一統以頌神功聖德之蓋世鴻圖大業
之齊天回視蘇州不啻囿一物於陶甄客聞此言豁然大悅雖未免口
刺其夸而心已服其豪傑相與一揖而出門不覺喧林梢之殘月

卷五完

同邑柳棄疾鄭璞校錄

卷六　邑後學　陳去病　纂輯

明一人

史　鑑字明古號西村晟孫箸有禮疑禮纂左氏編吳江縣志史氏家乘王司馬年譜西村集西村雜言小雅堂日抄大明文約今惟西村集二十一卷存餘未見

吳江水利議

吳江之地土疏水緩左江右湖故水之爲患也特甚太湖東南巨浸即禹貢之震澤也其西北納荊溪宣歙蕪湖宜興溧陽溧水數郡之水西南合天目富陽分水湖州杭州諸山諸溪奔注之水瀦聚於湖汪洋浩瀚不可涯涘而松江承其下流（松江吳江古名也）即禹貢所書三江既入之一也逶迤曲折洄流狀逆行百餘里始入於海而吳江據江湖之會屹然

中流每遇霖雨積旬潦水漲溢渺然無際或風濤大作吞嚙衝激其害更甚於雨東風則江水西浸西風則湖水東汎俄頃數尺人力莫施故瀕江之人謂之賊水者此也議者徒欲開一渠濬一涇置一牐以爲治之之方是皆徇一偏之見而無救患之益也何則吳江水多田少溪渠與江湖相連水皆周流無不通者特有大與小急與緩之異爾假令南置一牐而北流者自若東開一渠而西溢者如故固不當與諸縣治法同也竊以爲今日措置之方其要有四一曰築隄防吳江之田皆居江湖之濱支流旁出動成蕩漾不可以名計苟不致力隄防以捍禦之則未見其可也國朝永樂中治水東南尚書夏忠靖公創於前通政使趙居繼任於後無不注意於隄防皆妙選官屬分任諸縣而二公則周爰相度而考課焉其法常於春初編集民夫每圩先築樣墩一爲式高廣各若干尺然後築隄如之其取土皆於附近之田又必督民以杵堅築

務令牢固隄既訖工令民箭泥塡灌取土之田必使充滿復於隄之內
外增廣其基名爲抵水蓋隄既高峻無基以培之則歲久必頹矣又課
民於抵水之上許其種藍而不許種豆蓋種藍則必增土久而日高種
豆則土隨根去久而日低矣此雖爲煩碎難行然亦可使民由之而不
知也厥後二公去任二三十年間豈無水患而不至於大害者良由隄
防猶存之力也然人亡法廢隄日就傾水患復作正統間尚書周文襄
公講求二公之法而損益之由是水患漸平民安其業近年以來法度
廢弛上恬下熙民無所恃每年府雖下縣縣雖下鄉率皆以僞應之所
任糧長耆老之屬不過頭會箕斂以賂姦吏爲虛文其於隄防略不加
省壞者十之七八欲求水不爲害也蓋亦難矣且自戊子而至丁卯其
間稔者纔二而旱乾者一水溢者七固由天災流行然亦隄防圮壞水
不能禦旱不能蓄有以致之自國初以來水之爲害未有甚於今日者

也今生民之困已極苟不加意而拯救之其不轉死於溝壑殆無幾矣爲今之計莫若上按三公已行之成規嚴爲之制於來春課民興作官屬躬親臨視務臻實效毋令吏胥得售其奸則隄防有成民免其害矣所可慮者斯民承積荒之後多苦無食當令取勘貧者驗口每日給糧就準作賑濟之數至秋還官則民皆樂於趨事而無所逃避斯亦講求荒政之一端也二曰審分泄吳江之地當太湖東南其在南者分衆流以入湖吳漊港直瀆港宋家港朱家港蠡思港黃沙港韭溪是也居其東者引湖水以入江花涇港七里橋柳胥港虹橋長橋三江橋三山橋定海橋萬頃橋仙槎橋甘泉橋白龍橋是也又自縣治至平望五十里間亦係湖水分洩之所今爲石塘雖便往來前輩嘗言其有害水道故鑿竇以通水流近年傾圮俗吏鄙夫不知大計輒堙而築之又湖水多渾易爲停積沿湖之人多種茭蘆歲久成田咸登糧額遂致水道日微

又花涇港長橋正當太湖東流入江要道至爲深闊而花涇港居民慮爲盜賊所侵苟利於己輒夤緣巡捕官爲之築堰長橋又爲豪家湮塞規爲田宅水遂不通爲患極大今則入湖者汎濫而南流入江者洄流而西浸矣日滋月長其害將更甚於今日伏惟深爲利民至計不惜小費不求近效不惑浮言一切疏濬仍爲之防不許踵襲前跡則水有所歸而無汎濫之患矣三曰務車救夫水之汎濫者既築隄以障之矣水之壅遏者又疏渠以導之矣而水之停積者若不竭力以車戽則何從而減之乎然民之貧乏者或無力而弗供豪獷者又恃頑而不服以致互相推委坐視陸沉在乎上之人爲之激勸而安集之耳往年水患初作上自長貳下至簿吏無不躬親督視奔走道路未嘗寧厥居故諺有救水如救火之喻此言當急不當緩也頑者治之貧者寬之由是人知警勸而法在必行自近年設立水利官後蓄洩事宜一切委之然地

既廣遠卒未能周居東則西不知在南則北罔恤欲求其無誤難矣夫軍國之需在賦稅賦稅之供在土田土田之出在豐稔豈可忽而不務者乎伏望著爲令典今後水潦凡任牧民之責者悉令分頭巡視督民而力救之務在水平而後返不可專委水利一官以誤大計如此則水患可禦而民有粒食之惠矣四曰專委任夫事功之成由委任委任之方貴專一伏覩永樂年間凡興築水利庶事皆責成糧長而官則自爲節度之蓋糧長之任責在農功賦稅而已其用心必專自邇年以來添設塘長又立耆老復革去塘長而立啚長又有屬官義官之委糧長耆老之總紛紛多制一國三公十羊九牧民無定志莫知所從且屬官望淺位卑民不知畏義官總糧總耆又皆貪猾之人招權納賄靡所不爲是皆無益於民適足爲聚斂之端張其兼併之勢又況保選耆老啚長皆由糧長則其人可知矣倚法爲奸病民尤甚伏望將所設諸色盡行

革去專令糧長圩長管之糧長管其都圩長管其圩縣之佐貳咸令分管地方往來巡視而正官總其綱考其殿最如此則法歸於一而民免侵漁之患矣幸甚

沈彤曰此議平易可行而地方民情利害切中此本地之人留心經濟所論今猶大半可行

王大司馬年譜序

司馬年譜何譜王公也何譜乎王公也公賢也譜公所以勸爲臣者也勸爲臣者何見公之行事則賢者企之不肖者勉之也公之行事奈何事君如彼其忠也謀國如彼其周也愛民如彼其仁也故上之信公如疑之於蓍龜也下之戴公如子之於父母也矧公之在雲南與南幾也當羣奄大病民之時公卿以及百執事之臣莫敢出氣斯固天命人心去就之幾也公獨挺身攻之惟力是視其危言正論不顧天子喜怒卒

能去其蟊賊轉危爲安銷戾爲和是則其言舉世所不能之言也其功曠古所無有之功也蓋能置死生榮辱於度外而惟忠乎社稷與生民也若公者斯有合乎孟軻氏之能格君心之非陸贄之不負所學者也使食祿者皆能以公之心爲心則何邪之不可去也何亂之不可理也何治之不可臻也故譜公所以勸爲臣者也曷爲譜乎年年以統時時以統月月以統日日以統事事以統言斯固史氏之法也以其類也其類之奈何以補史氏之闕文也史氏之闕文者何古者自王室于於侯國莫不有史其君臣之賢否國家之治亂政事之得失無不書也是以孔子之春秋有取乎魯史舊文也後世罷侯置守在史惟王朝有之然皆詳其內而略其外也紀其上而遺其下也謹其大而忽其小也史乎史乎吾未見其爲全書也至若公卿大夫拜免不常有朝居廟堂夕歸田里者惡在其爲史也然則年譜者固亦當時諸侯之史之遺也譜皆

然乎曰惡乎齊賢不肖異也歐陽子謂秦漢以來著書之士不可勝數而其書百不一存者此無他無其本也其本者何修身也人能修於身也得則施於事也當見於言也傳是譜也吾信其傳也

吳江張氏族譜序

先王以民生之衆世遠族殷慮其久而不能不渙也故爲大宗小宗之法以範維之自天子至於庶人其間雖有尊卑貴賤之不同而所以序昭穆辨親疏明長幼者莫不皆然也去聖愈遠宗法浸亡當時士大夫之有深識遠慮者倣爲譜牒雖不能頓復乎古然猶得以攷見其世系焉故隋唐以前命官立局以司其事四方之人有以家狀上者官爲攷定藏於秘閣副在有司選舉婚姻咸於是焉徵之然獨詳於望重而族顯者彼微且賤弗與焉嗚呼尊祖敬宗之心一也而世以顯晦歧之是豈公天下之論哉然則其所云云者不過爲利祿銜鬻之媒而已先王

之良法美意果何在哉五季以來官廢法壞世不復講宋興蘇氏歐陽氏者出創爲譜圖蘇氏則縱書所出疏其下以聯系之歐陽氏則倣史記表横上旁載今之言譜者大抵不出二家之說也吳江張氏邑之大族也其先居石里村子孫蕃衍有居石版渠者有居綺川者有居梅墩者有居越溪者世遠譜亡越溪之九世孫曰溥者重加修輯斷自一世祖某府君始其上不敢妄述者闕疑也旣成編以示某且徵言嗚呼譜未易言也當風頹俗媮之日溥能用心如此可謂知所重矣君子得不與之夫譜之明宗收族古人已言之矣不待余道特其間尙有可議者不容以不言是編雖法歐譜然歐譜之作隱然寓宗法其間故凡世嫡悉正書之上有以承其先下有以演其後其世次則旁書焉仍系其子孫使知其所自出各宗其宗此卽別子爲祖繼別爲宗之義也其爲法也井然而有條其爲序也秩然而不亂其爲說也昭然而無疑猶枝之

於幹也流之於源也此爲譜之大綱溥所當取法而攷正之可也其綱舉則其目張也斯道也非某一人之私言也實天下之公言也三代聖人之常法也故僭舉以納忠焉若夫苟爲諛言以悅夫溥者非某之所安也亦非溥之所望也

論郡政利弊書 上太守孟公浚

六月七日部民吳江史某謹齊沐再拜上書於郡侯大人尊先生閣下蓋聞有非常之人然後能行非常之事古今所同也伏惟閣下養至大至剛之氣挺出羣出類之才暫謝班行來司牧養下車之始固已奮發乎才猷輝煌乎事業昭晰乎聲名者矣而又不自滿假詢及芻蕘招之以禮待之以誠不以尊貴自居不以聰明自用求賢如不及納諫如轉圜蓋將集衆思以爲治收羣策以爲用也則所謂非常之人行非常之事豈不在茲乎若某者固非其人也而首荷選拔深懼無所建白大負

委托以傷閣下知人之明則沒身不足以塞責矣昔郭隗有言請自隗始某雖不敏願附斯義用敢罄竭涓埃繕寫成帙獻諸左右以爲山海高深之一助焉若其議論卑陋言語狂妄觸犯忌諱伏望特寬斧鉞之誅使得自引而退如是則四境之內千里之外有賢於某者皆曰史某人才之下如此閣下進退之禮如此將必摳衣而趨接踵而進咸以言爲獻則其所得固將百倍於斯矣

一曰優農民四民之中農爲最苦終日竟歲迄無寧休供賦稅應徭役凡國之大事莫不取給於此而彼遊手遊食之人又從而搰之侵牟聚斂其狀萬端故有公稅未輸而私室先罄者矣加以離城阻遠人皆畏法而彼豪猾之徒懷奸以凌之挾勢以驅之其能自直於其前者固鮮矣又何敢自直於上官之前乎苟非在上之人爲加優假之其亦顚連而無告矣優之之道固多端焉然莫大於先治其收糧之害也夫吳民

糧稅之重天下莫加焉而爲之長者盛氣以掊克之每糧一石有贈至四斗者斗斛之大又贏其一焉管糧官吏歲有常例之餽日有支用之供不惟不能惜其疾痛反助長以虐其民由是長愈肆而民愈困矣且夫一畝之田肥瘠損益歲收稻米不出二石而秋糧之重有至八斗以上者又有加耗一斗二升是則幾於一石矣今糧長又虐取其四五斗焉然則所存者無幾也況有水旱之災不爲放免者乎府縣雖行較勘斗斛之法其亦視爲文具何嘗以之量入惟至兌軍起運用以量出耳論者猶以爲糧長艱難此由縣官不知關防縱其侵用浪費以致此耳豈因少收之故哉雖有兌軍之贈亦不過每石贈米七八升耳況糧未必皆軍兌也故收糧之際娼優雜劇飲食衣服玩好百物畢集其所下至僮僕婢女亦皆爨酒藿肉袴帛履絲則其苛取吾民者可知矣或曰若子之言則糧長皆樂充矣何以恆有告脫者乎某應聲曰此特遠鄉

及弱而愚者不能有取於民耳彼在城而強且狡者曷嘗有之乎一聞
革役則闔門舉宗皇皇愁嘆以爲大慼賄賂權豪以相請託求丐里老
以復保充比比然也至於調收之法雖不能頓革其弊猶爲裁減其太
甚者蓋別區之長民不屬管故猶可撐拒之較之素所壓服之民大有
徑庭矣伏惟閤下舉行仁政之始當先去其賊民之大者其餘法制次
第講行使境內之民稍獲蘇息則龔黃召杜不得專美於前矣
二曰除盜長彼明火持仗踰牆穿壁者市野之盜也其巧文避法出彼
入此者官司之盜也市野之盜易知官司之盜難知何以言之攻刼之
狀顯然鑽鑿之迹具在故曰易知也案牘泯而不彰名目隱而不露故
曰難知也然爲盜有長凡掌文卷任差遣者皆其人也而官吏不與焉
特爲所餌而牽掣耳何則蓋官吏倏來倏去不過數年而彼掌任之人
莫不父子繼居兄弟列處親戚牽引族黨蔓延故能歷世引年久專其

利也請陳其略凡財之在民者其黨則巧立名色定爲收頭多收而少報美入而惡出不祈乎足而祈乎不足蓋足則可稽不足則隱匿埋沒妄作民欠以冀蠲免也財之在官者其黨則改易姓名點爲解戶那西而補東引前而蓋後稽其數目動踰萬千驗其關單則無一二往往妄告遭風詭云被盜以相掩匿故其徒皆視官藏爲己帑公廩爲私庾不懼不慚恬無顧忌莫不高門廣居美衣甘食挾娼縱博靡所不爲及乎事敗官府追徵又復僱覓刁潑之人代爲受杖而在上者方且倡變賣之說行姑息之政以完官爲能事以全生爲美名戕其頹廢之屋灑派於民片瓦尺椽驅令出財千百其數而經收裒斂之人又乘機掊克以一科十故一夫負欠闔縣罹殃信乎先正之言曰侈用則傷財傷財必至於害民也嗚呼爲此術者其亦不仁矣而盜之田宅器用固其所也子女玉帛固其有也舟輿僕馬固其奉也往者未已繼者效尤源源而

來有加無替而吾民方日夜浚其膏血瀝其髓腦以塡其溪壑之欲曾無厭足之時也爲民父母其可不動心恖念以拯救之乎今吳江有包攬者詭名呈縣縣申巡撫都御史幷水利僉事以低田爲名官買樁石謀之數年矣已得報行下計其費爲銀數萬兩率皆高擡虛估多給價錢至期石之大小樁之長短皆不如式奈何以萬計錢糧富此數十家也往年吳僉事曾有樁笆之舉一樁給銀五分專命富民屠成經理其後三分買木一木截爲三樁計其尅減則得五分之四也今樁笆蕩無存者曾不得其毫釐之用徒以裒富豪之財此則往事之明驗也今樁石之費又多於樁笆數十倍矣其可不爲國家深惜此乎夫決其壅滯以疏積水而注之海者此治水大法也今七郡之廣水之可導者甚多曾不聞有所設施而獨納彼盜言區區捍此數十圩之田其亦末矣伏望鑒已往之失嚴將來之禁痛革而力行之則吾民沈痼之疾庶乎其

有瘳也

三曰抑豪強舜誅四凶孔子誅少正卯聖人豈欲若是忍哉蓋凶人之肆善人之病也譬之稂莠不去而欲望嘉禾之實其可得乎故凡豪強之人皆善人之稂莠也昔尹翁歸之守扶風凡豪猾吏民縣各有籍每秋冬大課吏去其甚者懲一戒百以警勸之故其爲政不嚴而治閣下能踵而行之卽今之翁歸也至於田地爭鬬細故望一切責之有司不足以煩至治也

四曰均勞役夫城郭之與田野均爲王民也其於徭役不宜有偏在宣德年間中使綱運相繼舳艫相銜調集民夫動踰千百而田野之民在遠未能遽集又城郭之民彼時田少故周文襄公之巡撫南畿也酌爲中制令城郭之民專充夫役田野之民代其運糧其後景泰年間知府汪公復令田野之民爲夫而城郭之民既不運糧又不爲夫行之既久

戸無無田之家而田野之民僥倖其得計乃更竄名城郭之中故城郭之民之田之糧日增田野之民之田之糧日削以日削之民而運其日增之糧是豈大中至正之道也哉其間非無一二言之有司者往往不得其直而止蓋城郭之民狡田野之民愚城郭之民集而強官吏所假借也田野之民散而弱官吏所淩忽也爲民上者非光明正大孰得其平哉然此特指吳江一縣而言耳若夫六縣縣各不同非某之所能盡知也伏望精加考究城郭之民有田有糧者一體運糧無田無糧者照舊停免庶毋不公之患也

五曰會徵收國家之初正賦之外舟車傭直咸出於民初無餘米之說也其後周文襄公以爲糧長歛取無藝定爲加六之贈悉輸之官官自給放景泰七年僉都御史陳公以爲官田糧重民田糧輕而一體贈米則輕者固少而重者愈多矣敵定正米一斗以下爲一則其一斗以上

每斗爲一則糧輕則贈多糧重則贈少其夏稅絲麥桑麻馬草水馬貼役戶口食鹽鈔貫悉以餘米包辦天順元年冢宰李公以僉都御史總督糧儲以爲夏稅等項皆富民之所多也而令貧民一體贈米包辦未得其平乃著令夏稅絲麥桑麻馬草戶口食鹽鈔貫折米幷水馬貼役米悉令開寫其餘正糧斗則量爲損益一總塡入由單於其後總結曰已上平米若干以革糧長另徵多科之弊其用意精密立法詳盡最爲得中天順六年都御史劉公又定爲四則一斗以下爲一則一斗以上爲一則四斗以上爲一則五斗以上爲一則其餘諸法猶李公也成化十年都御史畢公以爲金花銀一兩折米四石時價米二石上下剩利太多將啓糧長侵牟之心貧民不霑其惠乃減爲三石以餘利一石尤爲起運之費減其贈米米價就平富無侵牟貧霑實惠如米價豐賤另行估計務在均平深得古人常平遺意有非錢穀俗吏所能知也

又以三斗一則有至三斗九升二合者而混於一斗以上計其贈米反有多於四斗以上者乃另立爲則通前爲五則成化十五年今冢宰王公以都御史巡撫慮斗則繁多里書易於作弊而細民目不知書何由知之乃著令不問官田民田糧輕糧重每田一畝贈米一斗二升其包辦諸色猶陳公也金花銀折米猶畢公也簡易可知不煩計算然議者猶有損貧民之說者謂包辦諸色也今當會計之秋伏望閣下法李公之精密用畢公之均平遵王公之簡易斟酌損益期於得中庶幾可以經久而無弊也

六曰平獄訟夫獄訟者民命所由繫也一失其平則感傷和氣天降之災故燕臣呼天六月雨雪漢婦寃死三年旱嘆由怨憤不平之氣上干於天能致戾也蘇州之郡地大人衆奸宄多而善良少其間獄訟千緒萬端豈能一一盡得其平蓋強辨者足以飾其非拙訥者不能訴其枉

理遲則或同於久禁決速將不得其眞情伏望精心推測更加訪察務得其平則人心和而天道順矣

七曰明聽納傳曰上有好者下必有甚焉者矣今閤下隆下士之風弘納言之道郡中能言之士將必慕義而咸集矣然人心之誠僞不同故言亦隨異若弘而不擇則妄誕得以行拒而不聽則忠益之言無自入要在辨之而已辨之之道無他公與私而已矣公言直而懇私言訐以回而復觀其行以驗其言因其言而揆其事則誠詐之分咸不能逃矣其或鄙樸之人言辭陋拙伏望假以顏色誘之使言事苟失倫置而不行不加之罪以來賢者之言也

八曰廣聰明夫牆之外耳所不聞也屏之前目所不見也郡守之所治遠則四境水陸數百里近則一城生聚數萬家耳目之所不及者豈特牆之外屏之前哉然則如之何而可耳目之寄不可不夆具也是故端

居一堂之上明見千里之外使人恐懼修省常若在其目前姦宄消而盜賊息者耳目聰明之效也然必得其人始堪信任不然將有竊弄威福於其左右者矣古云兼聽則明偏聽則闇當博以訪之參以覆之選擇以任之歷試以信之斯得其人矣昔漢趙廣漢之尹京兆黃霸之守潁川如本朝周新之按察浙江葉宗衡之知錢塘皆用此道也閣下能推而行之則廣漢霸新宗衡復生於今日也夫可言之事非特此也但事體有大小施行有緩急故以其大且急者先言之耳其他利害豈止數端伏望毅以行之漸以革之確以持之信以守之蓋毅則必行漸則有功確則難奪信則不變古君子之欲建功立業者不外此道也閣下其留意焉則闔境之民咸受其賜豈惟狂生某干冒威嚴不勝恐懼之至謹伏地待罪

與陳黃門玉汝書

近會沈啓南謝吾子所寄書尾有水利一事載與伍僉事言置鍔之所建白者噫是夫烏足以語此哉但能奉權貴通富豪以椿石爲名欲費國家數萬之金侵牟實私橐耳向非巡撫侶公巡按張公郡守孟公合力以遏之則是役成矣役成而有利於民何惜於所費但恐財盡而民窮水利無纖毫之益耳故建議之初上自侍從之家中至舉人之屬下及吏胥之流無不垂涎朶頤則其所以爲自謀者非淺淺也是夫也惡足以語此哉夫江南水之爲害者莫甚於湖州與蘇州松江三府地勢既卑百川奔湊湖州西連廣德宣州南接杭州嚴州諸山諸溪之水導於河而入於蘇太湖東南之巨浸也瀠滙渟滀過於江而達於松以放諸海則夫官是職者其可須臾而離此地哉其地勢之要害有非他州之可比也其他如常如鎭如杭如嘉地既高亢水不停瀦相視設施殊可少緩而當時議設水利官屬之始失於詳究特令帶銜浙憲彼庸常

之人莫不懷戀安逸沈酣聲樂嘯歌湖山利害不接於其目愁嘆不聞於其耳休戚不關於其心孰肯去妻子舍朋儔遠逸樂日趨於墊溺之鄉以親卑濕之事也哉不過歲一再行以避文法耳至於茭草之屬悉令估賣那東掩西蹤跡詭譎凡有小詞訟則一概行提人踰數百高擡紙價利其贏餘至於大水懷襄之際吾民曾不得望見其旌節尙何得其處分之萬一哉故自設官以來未嘗有一人稱職者豈人之性皆然由理勢與循習致耳莫若請選清強剛正郎中一員俾令挈其家屬建牙於蘇居數郡之中道里既均往來亦易又當其要害之處巡視相度不失機宜較之坐守一城之中其利害不可同日語也國朝永樂初年戶部尙書夏忠靖公治水江南亦以三府爲急巡行勞徠不常厥居以後通政使趙公踵而行之此卽往事之明驗也或者又以爲杭州地濱於海海患常作今年西湖水漂入城治水官屬雅宜居此某請有以答

之海水之嚙晢不爲常不暇遠舉姑以國朝言之永樂間海嚙仁和海寧此時雖有治水通政以爲泛而不專特遣張侍郎發民塞之成化十三年海嚙海寧今都御史佀公方以監察御史巡按浙江帥布按二司官屬塞之於時亦有水利吳僉事在未嘗與力也今年西湖上山崩水溢卒然湧入三司之官相率避於鎭海樓上水利僉事亦在其中未聞出一計設一策以退水也幸其倏來倏去不能爲災以此觀之則水利不居於杭無損於事明矣此則治水之官向年之常法也啓南又以爲若欲開洩壅滯任重而役大有非部屬之官所能獨荷必得重臣以專任之始克集事衆論以爲今戶部侍郎劉公璋克充此選某又以爲不然劉公循規蹈矩之人也昔爲布政今爲侍郎最爲得人若處之以方面恐其非應變之才也以耳目之所聞見者莫如湖廣按察使劉公喬當其知歸安也深恤民隱甚有能名講求水利最爲詳悉故獻議於巡

撫滕公奏設此官今本官敭歷中外某不相知者久矣不審其節行才名比前如何吾子必詳知之若使有加無替則舍斯人而莫可况其官資已高陟之執政其孰曰不宜其次莫如吾蘇前郡守孟公浚其爲人也毅而有守慤而有文謙而有禮但以前居蘇時屢忤權貴故得謗言天地鑒視日月照臨卒無纖毫之實也官資尚淺處之以京堂一職專以任之則其所行將必有大過人者某山澤鄙夫碌碌自守已無意於世今以吾子書中有及賤名故謬陳管見如右居廟堂而憂其民吾子之責也惟諒察萬萬不宣

與葉黃門廷縉書

夫東南水害爲日久矣歷代非無人言之而舉行者往往虛應故事不能大有設施如郟亶之言可謂深切著明而爲呂惠卿所沮卒至身辱子亡爲天下笑大抵沮之者有三權豪富盛之家占射浮漲以爲己業

若欲疏抉則痛入骨髓故捐厚幣出死力以爭之此其一也有司以期會簿書爲事苟且目前以圖自便無暇爲民建長久之計此其二也士大夫之或仕或處者災否不同其鄉愿之徒多欲掠美市恩於里尤造爲不根之語以聾瞽人之耳目凡欲爲國爲民者多指爲生事之人此其三也今閣下能不顧流俗之怨慨然上言興此利民之役使東南數百年沉痾之疾一旦釋去何其幸也若能每事如此一一進陳使君子進而小人退何古人之不可及哉茲因吳光臣之行奉書爲賀會晤未卜惟強飲食輔精神爲斯民自愛不宣

與祝冬官書

某本一介鄙夫行不能表俗才不能濟世自與田老野老爲伍耳閣下過聽治水之初躬先枉顧訪以行宜閫命惶恐欲辭不敢當事幾未定之秋閣下惻怛語必下淚使人感動卒致大功克成但某受任以來無

所裨益徒取憎於人此眞閣下以國士遇某某不能以國士報也及使車將北而某適有採薪之疾弗克拜送道旁怏怏不可言今夏水潦復作甚於往年然水得流通田不爲害此即往事之明驗也但恨當時欲速之心太盛不得從容講求以爲之故爲害者尚存一二假如吳江九里石塘及澈浦橋牛毛堆正係太湖下流入吳淞江咽喉之地而爲有力者占射故雖以亞卿公之令郡縣迄持不行張延賞有言錢至十萬可以通神良以此也往者壬子之秋西風狂急太湖水漲江口不流以致漂死六七十人而護之者尚以勞民傷財爲言是誠何心也然則安能知天下後世之無遺恨哉姚冬官來曾行一見亦嘗謬陳一二未知其肯信從否茲因汝其通貢士之便謹奉書以謝不敏罄二笏奉上聊助臨池之興相見未稽惟萬萬自愛

相喻

古人有言曰達爲良相不達則爲良醫何也蓋相所以繫國之安危醫所以繫人之生死迹雖不同而理無不同言者舉其所同不泥其所不同其亦善於取喻矣夫相之於國當其理也則夙夜在公業業兢兢防患於未然弭亂於未形夫然則用力少而功易成恐佚慾之蕩上心絕之不使啓其萌懼讒佞之傷善人斥之不使立於庭然後君德聖庶事明百姓和而萬邦寧矣值其亂也則徵兵選徒指授羣帥德刑禮義爲戰之器批亢而擣虛兼弱而攻昧或亟戰以挫其鋒或堅守以乘其弊地有所必爭城有所不棄圖萬全而不邀小利變化無窮縱橫自肆將使勇者不暇戰智者不暇計信乎不出樽俎而折衝千里之外矣及其定也則撫傷殘之卒懷降附之民牧養休息復其役而寬其征毋重困其身熙熙皞皞與物皆春民忘其敗而樂其生矣醫之於人也亦然當其安也則保其精神診其脈色知微預防六氣七情舉不能爲之賊矣

値其病也則明標本論陰陽不詭隨於病不遷就於方在血脉則針石於腠理則熨湯益之損之務得其當於死之中以求其生斯可復其故常矣及其愈也則調其食息謹其寒燠以毋罹於復復則元氣重傷重傷恐至於不祿矣由此則相與醫特達與未達之間耳其同時稱之非過也非過也吾蘇劉先生德美者醫之良者也其二子伯也習爲醫之業仲也學爲相之道皆良也予之室人患痼疾屈先生治之自壬辰至甲午三年矣自郡城抵吾家百里矣先生不以爲遠且煩而視益勤無倦色無厭辭而納於安焉嗚呼先生之德厚矣先生之賜大矣某謀所以報之爲之燕飲先生不嗜也贈之貨好先生弗受也然則欲致其區區者將何所施也作相喻

桂彥良傳

桂彥良者慈溪人也洪武中以文學爲司經正字事懿文皇太子於東

宮高皇帝甚重之常呼爲老桂而不名貴妃薨上詔皇太子服齊衰杖期太子曰在禮惟士爲庶母服緦大夫以上爲庶母則無服又公子爲其母練冠麻衣縓緣既葬除之蓋諸侯絕期以下無服諸侯之庶子雖爲其母亦厭於嫡母不得伸其私故權爲此制也然則諸侯之世子不爲庶母服也明矣今陛下貴爲天子臣雖不肖地居嫡長幸得備位儲副而爲庶母服期非所以敬宗廟明正體重繼世也上必欲太子服之太子終不奉詔上大怒顧取劍太子走上逐之羣臣震讋皆不知所爲彥良當上前跪抱上泣曰陛下之於太子愛之深故責之重也上爲之止彥良乃追太子及之諫曰貴妃逮事至尊殿下當緣君父之情爲之制服不可執小禮以虧大孝也因持衰衣之太子不得已乃服以拜謝上怒解擲劍於地曰老桂爾今日竟能和朕父子矣上嘗咏科斗詩曰池上看科斗分明古篆文詔彥良足成之彥良頓首曰只因藏水底秦

火不能焚上悅彥良後遷晉王府右傳致仕卒

姚善傳

姚善者湖廣安陸州人也字克一建文初知蘇州府蘇州承元季侈泰之後豪右田宅輿服多踰檢高皇帝制法整齊之誅夷狼籍譁者用是持人短長巧詐蜂起號爲難治善明達治體周知人情嚴而不刻容而不弛執而不泥簡而不遺煩而不苛又數請謁郡中名士錢芹王賓韓奕等訪問吏治得失民生休戚俗化淳漓以因革之由是吏民皆顧尙廉恥好善趨義不復爲非小大樂業化爲善俗郡中大治號爲天下第一芹初聞善命謂使者曰明公郡將也芹誠以得見爲幸然畏禮而不敢往也明公苟弘下士之風請伺月朔詣學宮時爲停須臾芹將走見也使者返命善許之至期先一日芹沐浴更衣適學宮夕焉坐以待旦須善至見之善嘗使吏餉芹祿米而吏誤送俞貞木家貞木往見善曰

竊聞錢芹絕粒久矣明公此舉當以歸之貞木自揣不得濫受此賜敢辭善知吏誤遽曰謝誠欲餽錢先生將因君爲介紹聊以藉手耳君毋庸辭錢先生別有餽也賓家在陋巷無妻子奴僕獨與母居善每候見賓輒舍輿屏徒從步趨至門以指扣門者三賓問曰何人則對曰姚善及賓往報謁輒於府門外投刺再拜而退及善知之自追延賓賓辭曰非公事賓不敢入也奕隱於醫聞善將來見之乃避於上方山善追至上方奕又泛小舟入太湖矣善歎曰韓先生所謂名可得而聞身不可得而見也後數因賓往請乃得見文皇帝稱兵南伐以誅君側之惡爲名索太常卿黃子澄等甚急南朝乃匿子澄於善所北兵日深善起兵拒之詔以善兼督蘇州松江嘉興常州鎭江五郡軍馬未及戰爲麾下許千戶等所縛幷縛子澄獻於文皇帝皆剮之夷九族後有沈魯者以詩弔之曰倉卒勤王五郡兵南風無力北風鳴清忠自托巴江月穢史

何曾說杲卿聞者悲焉同時有黃觀者池州人也洪武初以許觀中廷試第一後改黃觀建文中知安慶府加侍中帥勤王兵屯江上文皇渡江知事已去觀乃衣紅袍自沉於江死之文皇即位詔族其家以觀妻配象奴行至大中橋觀妻止橋上探懷中鈔授象奴紿云買餅餌飼所抱幼女伺象奴去急抱女溺橋下水中又有周是修者泰和人也爲衡府紀善與纂修翰林文皇兵入京城是修入應天府學文廟中自縊死是日有中書舍人聶同文因走迎新天子天熱走急死途中同文臨川人子大年以詩名

尹昌隆傳

尹昌隆者江西人也洪武中舉進士魁天下授監察御史建文初涖政視朝稍晏昌隆諫曰昔太祖高皇帝雞鳴而起昧爽而朝未嘗日出而臨百官百官於是乎戒懼故能庶績咸熙天下乂安也陛下嗣守大業

固宜追繩祖武兢兢業業憂勤萬幾未明求衣日旰忘食常如有不及焉蓋天下之大四海之廣兆民之衆不可不勤以撫之也今乃卽於宴安日刻甚晏猶未臨朝羣臣宿衞疲於候伺曠職廢業上下懈弛萬事隳壞臣恐播之天下傳之四夷非爲社稷之福也制以昌隆所言切中朕過禮部可徧行天下使朕有過人得而知之及太宗文皇帝舉兵南向昌隆上疏言今事勢日去而北來章奏有周公輔成王之語不若罷兵息戰許其入朝彼旣欲仲大義於天下不應便相違戾設有蹉跌便須舉位讓之猶不失作藩王也若沉吟不斷禍至無日進退失據雖欲求爲丹徒布衣不可得矣不報文皇帝入南京命補齊泰黃子澄方孝孺及昌隆等爲姦黨同驅出戮之昌隆當陛大呼曰臣當時曾上章勸以位讓陛下奏牘尙在可覆按也上乃命緩昌隆刑閱其奏上流涕曰火燒頭若早從此言則南北生靈受禍未至若是之酷朕亦無此勞苦

也詔特貸昌隆死且諭之曰朕長子在北京爾往事之爾能盡誠輔導朕不忘爾昌隆頓首謝永樂二年册立皇太子授昌隆左春坊中允前後在東宮隨時匡諫多所補益太子甚重之後陞禮部主事尚書呂震方承寵用事羣臣莫與比者當其獨處精思以手指括眉尾則必有密謀深計官屬相戒無敢白事者而昌隆適有專往白震怒不應昌隆未喻移時又白之震愈怒拂衣起曰事當行自行何問爲昌隆踧踖而退謀於所知者或謂之曰今既請不得公舊事東宮皇太子素知公何不啓取令旨行之昌隆從其計果得令旨依所請震大怒遂奏昌隆傲慢狠愎事多專行臣以職守相臨動爲所拒無屬官禮且身爲王官事無大小並須上奏而乃假托宮僚怙賴恩私陰欲樹結故不之父而之子其潛蓄無君之心可以槪見矣又言昌隆身事庶人名在黨籍僥倖苟免見利忘義其心叵測其行匪良不宜任用上乃命逮昌隆下獄尋遇

赦復官丁父憂歸後起復至京往謁震震溫言接之入理前奏詔繫昌隆錦衣衛獄且籍其家上方巡狩西京凡下詔獄者適輿載以從謂之隨駕重囚昌隆與焉後數年谷王謀反事發辭連昌隆以曾經保奏為長史乃坐以共謀詔公卿雜問昌隆初不服力辯不已震折之昌隆知不可免乃無語獄具上剮死夷其族是年震病面疽痛不可忍宛轉床褥間常號呼曰尹相尹相其妻子問之云見尹昌隆守欲殺之竟死

呂震傳

呂尚書震在禮部時文皇帝數自將兵伐北虜吏部蹇尚書義戶部夏尚書原吉皆切諫上上不聽一日上問原吉曰今糧儲足給幾年原吉意上又將出師因詭對曰纔彀半年耳上疑其誕乃令中官及御史按之則十年尚有餘也上大怒以夏原吉等朋黨欺妄居嘗憤詈時兵部方尚書賓提調靈濟宮會有中使至宮賜香數語賓以上怒故賓惶懼

自縊死朝房中有司以聞上立命剉其屍且械繫原吉錦衣衛獄以震兼領戶兵部事時變起倉卒諸大臣相繼罪死上怒不已中外洶洶咸不自保上慮震自危親諭之曰茲事卿本無與朕坦懷相期毋得自疑但當爲朕盡忠輔政耳又令校尉十人隨震起居以防之密敕曰震萬一自盡爾十人者皆代之死震乃頗自安震聰明絕人每朝奏請他尙書皆執副本又與左右侍郎更進迭奏震既兼三部奏牘愈多皆自專請對侍郎不與也情狀委曲千緒萬端一覽之後輒背誦如流未嘗有誤又嘗扈從上北狩上駐蹕虜地見碑立沙磧中其文具在卒從臣讀之後一年上與諸文學語及碑因詔禮部差官往錄之震奏曰臣當時亦與讀此今尙記憶不須遣使也遂請筆札於上前疏之上不信密使人至虜中拓其本回校之無一字脫誤其彊記如此

平思忠傳

平思忠者吳江人也少爲縣吏役滿歷京考選授禮部主客主事於時明興四十年矣中國強盛蠻夷嚮慕文皇帝方事招懷諸國朝貢者踵踵交於道路烏蠻驛至不能容勞贈宴犒館餼無虛日率主客主之思忠有精力勤敏過人遇事皆應機立辦尚書呂震雅器之陞爲郎中嘗以事下獄適北虜入貢新任主客者區畫多不稱旨上怒震因言思忠等以微累禁繫罪不至去官且習外國事乞宥之以收其後效旨可即日赦之復任初有楊弘者陝西西安府朝邑縣人爲刑科都給事中敢直言上特擢爲陝西左布政使吏部以弘陝西人例不該除上曰非爾所知也後不爲例弘亦以本貫辭不許蓋是時有楊太監者數人在陝西故上以弘往制之也他日上諭執政曰楊弘初去時頗肯言事近日又默然矣可選清強有膽氣者一人往參政以察之吏部以思忠應詔上素識其名命之往而思忠有養子曰平安者私以綾羅度潼關爲抱

關者所發解陝西布政司思忠時出行部弘命收而勿籍候思忠歸私以物還之思忠感愧不已竟不敢有言嘗有某府一推官錄事至司思忠知其素貪乃發怒杖之後其人解京因招嘗分事內某贓賂思忠刑部幷逮思忠就質適有例凡貪贓官吏妄訴不已者笞殺於市思忠乃誣服謫戍邊會太監劉馬兒奉詔市馬西域以思忠在主客久多識貢胡請以自從詔釋其戍給冠帶辦事隨馬兒西抵吐蕃烏思藏朶甘隴答等處赤斤蒙古罕東安定阿端曲先哈密等衛及火州亦力把刀撒馬兒罕哈烈于闐諸國而還復免官家居以漁佃自給又數十年卒初蘇州知府況鍾亦以吏員起家繼思忠爲主事及思忠參政又嗣其郞中寮寀交承情分甚密鍾來知蘇州思忠往見之鍾迎候甚恭呼其妻子出拜謂曰此吾舊長官也飲思忠酒時正署熱命二子扇之思忠辭鍾曰吾忝知貴郡非無僕隸可給使令但欲使小兒輩知公爲我故人

耳其敬之如此然思忠居貧自守未始以事干鍾人以此多之初思忠未貴時知縣蔣奎延一相者問休咎徧觀在座者其言皆不大了了思忠時給事堂下相者數目之奎因呼上使相相者曰此人他日當貴至三品然不終奎大笑相者去奎謂座客曰術士之妄如此一小吏安能頓至三品乎後奎坐事自殺同僚無一顯者思忠竟如其言

卷六　完

女兒緜祥校錄

卷七　邑後學　陳去病　纂輯

明一人

史鑑 見前

曾祖考清遠府君行狀

先君姓史氏諱仲彬字文質清遠其號也遠祖崇以功封溧陽侯遂家溧陽傳世二十有一而清河令諱惟肖徙終南又七傳而翰林集賢院學士諱懷則始遷吳中爲嘉興縣思賢鄉人族貴而蕃里中數十百家不問他姓人謂之史家村元季有黃翁者居吳江范隅鄉穆溪里史與黃雖異府縣然其居皆在兩境上往來甚密黃無子止一女故南齋府君以仲子婿焉實東軒府君也入國朝占籍吳江遂爲吳江人而嘉興今亦分爲秀水矣東軒生清遠府君府君幼佚宕不羈任俠行權喜趨

人之急洪武中法制未定貪縱者多勦民以自潤民怨苦之府君因民之欲與諸少年縛其魁獻闕下敷奏詳敏天子嘉之爲戮其罪人特賜食與鈔給驛舟傳歸於家遠近稱快而豪猾始斂手不敢爲非矣東軒公憂之曰我家世醇厚汝所爲若是非史氏之福也府君謝曰兒幼倘氣耳長當悛也亡幾忽謝遺故所與遊者改行自勵務爲恭謹每出入遇人無貴賤必先下之以儉自持常時一錢尺帛不妄用至所當爲雖甚費不靳也用能以力田起家甲其鄉推擇爲稅長時連歲水旱加以軍興調發劇甚民敝或逃去田多汙萊稅不入往往累及長府君曰田不闢而望稅之入得乎故所設施一以農事爲本又以爲農出於人力務愛養之使其不撓庶得盡力焉乃約束管內自已以下不得取民毫毛利民多感悅轉相告語流亡復歸當春則令田甲檢視耕墾五日一具報躬自考課有未闢者則召其人詰責之若缺農器及人力種子則

賙助之吏諭親戚假貸之計畝至秋責償或惰慢不繭則杖而狥於衆由是人相勸戒墾田大增府君又勞來不倦爲相視原隰所宜指授種樹之法糞治之方斂穫之節秋果倍收民皆有餘稅入居最縣官譽之薦之爲下其法諸鄉終洪武之世治水諸使行縣則推使居前應對遇有干生民利病必反覆申論之不以威惕而止洪熙初詔天下戶絕而田蕪者除其額許民自墾而薄稅之然法令重失實者官與長連坐死胥吏輩舞文要求百端譁者又持短長以快其私他人搖手觸禁不敢報府君獨慨然曰此天子德意也可懼禍以殃民乎遂條上奏可得減稅若干府君家無私焉老幼泣謝曰微公吾屬不沾上賜矣有黠民當運糧負其才力百計求賂冀一脫府君執不許其人憤而恥乃誣府君不法事臺下御史治會御史當代任逮府君下獄不即治府君竟死後御史至鞫所告事無纖毫實卽坐告者以死府君寃始白府君沉厚寡

言人不見其喜慍時臨事不計利害惟義之趨居家孝友待人不欺人亦樂爲之輸誠重然諾自結髮至老死未嘗食言春秋六十有七卒之日宣德二年三月十日也配孺人沈氏諱淑寧澄源鄉上沈村沈德載女少府君一歲生擇對不嫁年二十始嫁相府君大其家後三載卒合葬於小旬原子五人晟旻昊昌昂孫十有一人先君珩居長嫡府君嘗曰在禮嫡庶異禮秩吾當推行之一家故析產俾諸子不得與長子齒且曰後世子孫守此家法毋廢也嗚呼府君之所以勖宗肅後保我子孫於長久而墓上之石未有刻辭蓋將有待也今諸祖諸父殂謝略盡鑑屬當府君小宗之繼而不肖無似不能以致顯揚使有聞於時追維先德之在人猶耿耿未泯雖不逮事以考德論業然內侍家庭外詢故老亦略備矣用敢狀其萬一托立言君子以圖其不朽焉成化十五年三月曾孫男鑑謹狀

先考友桂府君行狀

先考諱珩字廷貴姓史氏號友桂人或稱桂軒居吳郡松陵邑范隅鄉穆溪里瀕溪多黃姓故又爲黃溪里其先世居浙之嘉興自東軒府君館甥於黃遂爲黃溪人至清遠府君力田起家爲稅長義不倍取治稅如治家事名藉甚生五子溪隱府君家嫡也性至孝不渝先志家事又甚理先君幼端重靜默不事事咸目以不慧清遠獨奇愛之嘗抱置膝上詫謂客曰他日佳器也第吾不及見耳瀕終析產諸子命不得與長子齒意欲以次傳及之且曰後世守此法毋變也十歲母黃氏歿祖母鞠撫之稍長嶄然露頭角出語驚人甫冠卽代父在官時郡縣多逋負朝廷遣使督之員衆館傳不能容散處祠寺中悉滿供億日靡不貲邑又當要衝道過者無寧日求索不問有無咸取辦於長長復箕斂民以應不寧厥居往往逋去稅入愈不充督者繼至吏卒手文檄日叫囂道

路間逮捕盈獄凡爲長多家破先君善應之無滯事亦無病民家得免
於毀邑長貳曰彬有孫矣推繼爲長不貸豪猾苟犯約必痛治繩削乃
已至細貧則時有縱舍未始肯獵民毫毛利民故畏其嚴懷其恕而服
其廉爭如期集稅爲一邑最居久之竟謝免強起之訖不肯就尙書比
部謝郎中巡撫東南嘗召問利病先君條對甚悉因訪以學以不學辭
曰汝富家子年少今不學何待先君聞語痛自勵日取諸書課讀雖甚
冗不廢間從明師友相質問凡有關倫理則默識思踐行之餙章繪句
之習一不加之意也又善記資治通鑑論上下數千年間治亂賢不肖
如指諸掌初谿隱嘗作祠堂甫成而卒先君考禮作祭器務合乎古不
詳備不止將有事得日則宿其族人昆弟臨事齋灌必親視鼎器必親
饌爨胾葅醢必親薦慤而信如見其所祭者卒事會餕獻酬畢各就位
爵行無算盡歡乃罷或一事不盡則不懌累日擇鍏字圖常稔田八十

餘畝以供祀事既徵文示子孫又定約若干條幷刻石祠下大抵以嚴
嫡庶盡誠敬務豐潔爲教尤懇懇於怠忘之戒闢家塾延周伯器夏原
善主之命鑑從之遊里中來學者不計也二女兄蚤寡家業復凋謝姻
親無一闞其門先君撫成諸甥於淩氏甥尤加意焉爲之冠爲之娶爲
之田爲之室廬蓋張氏甥稍自樹也重然諾苟一語出口雖百費不爲
惜或譏笑之曰財可得信不可失也嘗與人期將行適貴客至行則慠
客弗行則失期曰吾豈可負成約乎訖謝客以行尙氣敢言遇可言處
雖王公大人不爲屈人有過面數之至頸赤毛豎不少恕然不許以私
故人亦不甚怨閭里鬨交惡者咸來詣先君先君出片言決之卽定其
用心平持論公好惡無所偏一以義爲準不期服人而人自服之故爲
不義者每相謂曰史桂軒得毋知之乎知之將不直我乎士有挾一藝
者造門識不識皆賓禮使人人得盡其情其學行名海內者尤慕之如

飢渴隨所至折節下之不敢以年望故驕士士以此益親附之故先君名得士酷不信佛老巫覡斥絕之使裹足不入門尤嫉堪輿家言以爲興廢貴賤夭壽天也豈術所能移初祔葬母於姑側及葬翁隱將遷柩合葬議者謂不利後人譬止之先君一不聽曰吾得朝合葬父母即夕死無憾矣利不利勿論也嘗作亭道旁買田具漿茗飲道暍者爲棺槥以葬貧者不喜飲而喜客客至無不留或三日客不至則悵然如有所失有吳某者嘗坐事亡抵先君衆爲之懼先君曰其兄吾友也苟事覺吾當連坐卒脫之於死竟不一詣謝衆爲怒先君曰吾豈責報哉遇之如初隣郡無賴者數輩日淩轢吾士輒飛文以誣得賄則已與較則連結奸吏爲蠹緣多不得直遂大爲奸利奴視吾人指取所欲得如已有先君屢使人諭之自若也度不懲艾不已遂白諸官咸伏法父老泣謝曰微君吾屬盡矣邑大夫聞先君名屢招赴鄉飲辭曰齒與德俱未奚

可哉卒不赴邑大夫屢虛其席歲大祲出粟七千石以賓邊及賑飢天
子嘉之錫之命服仍詔有司旌其門曰尙義先君拜命退避若不敢當
一日忽爲書召嘗所往來者與飲告以付家事於鑑鑑泣涕辭不許衆
爲鑑固辭先君曰當容我以娛老遂不敢辭自是日婆娑於宜晚樓中
不復問人間事琴詩自娛甫一年忽得疾疾三日家人禱不使知先君
微聞曰我未死汝曹遂欲壞家法耶死生命也鬼神何心哉又六日瞑
成化丁亥六月七日上距其生之年永樂甲午四月十日壽五十四先
是與數客避暑贍綠亭各賦詩刻竹上客有張子靜者末二句云白髮
侵侵人易老南風亭館幾回來先君歎賞以爲有理諷誦至再三客去
疾作竟不復一登不處其爲讖也未五十時已預治後事棺槨衣衾之
屬無不具至是盛暑中得以斂弔者皆歎其識之過人先君修髯長身
風度凝遠每出入道路咸指目之其胸次豁如也內外一致不諂笑不

作媚人語不匿情飾貌待人不欺人亦不能欺不干人以私人亦不可干以私也家衆數千指一以至公馭之賞當其功罰當其過信任當其才無甚愛亦無甚惛者垣屋什器不苟作作必工緻朴古下至草木几格食飲器亦斬斬中繩墨雖有疾衣冠見人坐立整如也初娶張氏郎先妣同邑爛溪里人本凌姓今太常卿信從姊也因大父胥壻張氏父昱冒焉永樂甲午十一月十日生生十七年歸先君歸如其生之年以正統丙寅十一月二十九日卒繼娶朱氏嘉興人遺孤二長郎不肖鑑娶麻溪李氏次曰鐸妾張氏出也未娶孫三人男曰永錫永齡女曰素潤卜以明年九月四日葬所居南小甸園之原祖塋西二十武遷祔先妣嗚呼我先君志希乎古人行出乎今人澤及乎後人而不獲膺大任享榮名躋上壽天乎天乎而有是耶而有是耶孤不肖不敢郎死泣血以狀其萬一哀不能文質不敢誣惟立言君子矜而賜之銘庶幾永傳

不朽嗚呼哀哉嗚呼痛哉謹狀成化三年七月晦日

繼母朱孺人行狀

繼母姓朱氏諱淑清嘉興秀水縣思賢鄉人也大父建父忠母張氏正統十二年繼母年三十二來歸先君爲繼室先君家故多蠶然不能歲盡善間一二歲輒有敗者繼母業善蠶其初收也以衣衾覆之晝夜程其寒煖之節不使有過過則有傷是爲護種其初生也則以桃葉火炙之散其上候其蠕蠕而動濈濈而食然後以鵝羽拂之是爲攤烏其既食也乃熾炭于筐之下并其四周剉桑葉如縷者而謹食之又上下抽番晝夜巡視火不可烈葉不可缺火烈而葉缺則蠶飢而傷火致病之源也然又不可太緩緩則有漫漶不齊之病矣編稈曰蠶薦用以圍火恐其氣之散也束秸曰葉墩用以承刀惡其聲之著也是爲看火食三四日而眠眠則擿眠一二日而起起則餧是爲初眠自初而至二自二

而至三其法盡同而用力益勞爲務益廣是爲出火蓋自此蠶離于火而葉不資于刀矣又四五日爲大起大起則𧄍𧄍則分箔𧄍早則足傷而絲不光𧄍遲則氣蒸而蠶多濕疾又六七日爲熟巧爲登簇巧以葉蓋曰貼巧驗其猶食者也簇以稾覆曰冒山濟其不及者也風雨而寒則貯火其下曰炙山晴暖則否三日而闢戶曰亮山五日而去籍曰除托七日而采繭爲落山矣凡蠶之性喜溫和而惡寒熱太寒則閟而加火太熱則疏而受風蠶房宜卑卑則溫蠶簇宜高高則爽又其收種時須在清明後穀雨前大起須在立夏前過此不宜也至于蠶葉尤宜乾而忌濕少則布挹之多則箔晞之凡此成法而織母獨得其妙他人效者莫能及又能節其寒煖時其飢飽調其氣息常使先不踰時後不失期而舉得其宜一時任事諸女僕又相與起率勵厥精其能故所收率倍常數傳者始而驚中而疑終而信也其後益加講求爲法愈密所

產益良前後幾二十年歲無敗者時咸謂吾家有養蠶術焉歲時得以充賦稅供衣服佐婚嫁者蓋不少也而祿命家之言又以先君始生之日爲癸丑歲在午月建己巳午火爲癸之財蠶命屬午死于巳繼母年月日皆爲丙申其干與納音盡屬火故宜蠶云然徒委諸命不資人工非所以爲訓也初繼母無子愛某如已出後側室生子曰鐸均其愛于鐸又聘其妹之女張氏爲鐸婦先君卒鐸幼繼母所以爲鐸慮者無所不至也成化十九年三月二十八日卒壽六十八卜以是年十二月二十五日奉柩葬于小旬原從先君兆先君姓史氏諱珩字廷貴號桂軒世家蘇州吳江縣范隅鄉穆溪里先十有六年卒子男二不肖鑑鐸孫男二永錫永齡孫女三曾孫男二曾同曾大嗚呼我繼母之歿不肖孤某不敢稱述先德惟是墓中之石宜有刻也謹掇其大者著于狀托立言君子以圖其不朽焉謹狀

故中憲大夫江西南安府知府汝君行狀

君諱訥字行敏蘇州吳江黎里人也姓汝氏肇自商之汝鳩汝方賜姓受氏其後晉大夫叔齊以知禮寬以善諫見於春秋魯相郁以德化人著名後漢降及魏晉南北朝由隋歷唐至於五代下逮宋元未聞有顯者國朝汝氏居吳江者最多惟黎里爲然十室其五他處所無也君之先故巨室以貲長鄉稅至璣丁歲荒民窮負稅不能輸乃毀家以紓責底於貧乏思遠自幼能樹立與其弟旻同心戮力經營外內弘濟艱難家用再起於前有加君生未齔思遠卒祖母呂碩人念其子之不克享也與旻撫教君兄弟尤篤稍長補學官弟子員景泰四年領應天府鄉薦四試禮部皆不中然其間卒業冑監入禮部書奏牘歷滿將選矣會選書英宗叡皇帝實錄君試在優等成化三年實錄成進御授中書舍人初考滿錫之勑命階徵士郎又贈君父思遠如君官階君嫡母黃氏

爲孺人封君少母許氏爲太孺人君妻陸氏爲孺人舍人之職以書誥
敕爲政績寮寀輪次當直蔑有多寡於是朝之公卿大夫士重君書迹
多蘄君書以爲榮故其書倍於他人者十數然能不辭勞不伐善且却
其潤筆不受時人莫不多之十四年陞南京兵部武選員外郎十八年
誥進君階奉直大夫加贈思遠爲員外郎黃氏爲宜人加封許氏爲太
宜人陸氏爲宜人尋遷郎中銓敘公平甄別精審人無間言尙書三原
王公標望絕人凡所與奪人以爲袞鉞獨器許君每退公則召君從容
雅論無所不至君亦感其知遇報之以不欺二十三年陞汀州府便道
歸省丁少母憂解任持服服除赴銓弘治三年改知南安府南安居嶺
徼下郡小土瘠而廣貨所由細民仰荷負爲食大姓則居積致貨不貲
且多與要官貴人交利出入郡縣爲聲勢君斥去以絕有犯顧法何如
耳迄無所下上至於細貧尤加意拊卹愛之如子欲置鞭撻於無用必

不得已而後施之厲而不苛容而不弛君子以爲得體六年朝京師時以外官年滿六十者詭君即日引歸未幾得疾患腰痛不能起面赤脣燥咸疑有内瘍而醫室執爲痰火以補劑主之完聚滋毒竟以死七月七日也年六十有一君襟度夷曠行履完潔好賢樂善凡知名之士無不與之交惟於貴勢若將浼之者避之如不及平易坦率表裏一致善謔以和略無貴官習氣尤好成就後進有顧景祥者貧而好學夜或不能具燈燭則露誦星月下爲常質魯且鈍教者多謝遣君獨憐之館於家躬親指授久而不倦景祥感奮成業卒登進士第由是學者日至稱爲周菴先生君生長富貴諸凡美麗皆其所固有而天性節儉服御飲食取給而已其於財利漠如也居官處家未嘗枉已干人苟一介之取有鬻田既受值臨當過册輒背約人爲之不平勸君訟君曰與小人較自失多矣卒讓與之故仕宦三十年田園第舍無所增益卒之日家無

遺財君爲文最長於詩格韻淸和興趣悠遠論者許爲合作有學鳴集北遊藁千餘篇藏於家陸宜人先君十年卒葬於某原至是君之子以明年某月某日奉君柩合窆焉三丈夫子曰舟曰礪皆業進士曰霖尙幼五女子長嫁工部主事吳盝次嫁金澤餘在室孫男一人某與君世通家少君一歲交於君者四十有三年始以友而終以姻鉅細隱見無不悉也故狀君行之實者托立言君子用圖其不朽焉

故奉訓大夫工部營繕淸吏司員外郎吳君行狀

蘇州府吳江縣范隅鄉非溪里吳君璠字朝用五世祖某讀書能文時邑人張淵以文辭字畫爲元趙文敏公所知許某與之交莫逆故其子贅壻于淵君之高祖也曾祖祖皆隱德弗耀至君之世父敏始大其家為稅長而君之父以季弟爲之服勞應役勤幹過人尤善於應對長吏說之事多得請生三子君其最少也甫九歲即補邑庠弟子員以勤自

課誦習不怠考輒與上第景泰七年以書經領應天鄉薦天順元年試
禮部中乙榜辭卒業太學八年選書英宗叡皇帝實錄成化三年實錄
成進御詔賜宴禮部授中書舍人而君之父母咸得食其祿同官以爲
榮六年初考滿吏部以最聞皇帝勅曰國家命令所以播告四方訓飭
有位布德惠而行信義者也而中書舍人實掌之職親地密不輕畀人
爾中書舍人吳璠發身科目擢任今官歷年既深益勤不懈宜錫恩寵
以旌其勞茲特晉爾階徵仕郎錫之勅命以爲爾榮夫居近侍典文翰
士之位乎此者可謂榮矣然朝廷縣爵祿以待士蓋進進未已爾尚專
心致志以成其名式副訓詞毋墮後效欽哉又封君父政爲中書舍人
封君母楊氏爲孺人封妻范氏爲孺人十三年君歷任三考矣待選吏
部久未得調例予告歸而先後丁外内艱十九年服闋起復之京明年
拜工部營繕司員外郎董理神木六廠神木廠掌大營造有官者主之

諸工匠咸屬焉役大人衆老奸巨蠹多竄其中皆根柢盤結枝輪糾繚不可動部官往涖者先以利啖之則牽掣操縱任其所爲往往鉗口噤聲莫敢誰何否則使其徒蟣染文致宦者又從中構之輒辜敗由是相率爲容默詭隨不可否事君獨能先機迎候探隱鉤深破其關鈕奸黨計窮氣沮訖不得施而陳少監者知稍自戢凡所隱占還之于官矣二十一年陝西大飢人相食廷議以太倉之積足支幾數年而河南偃師縣東所謂孫家灣者卽隋唐之洛口倉也故窖猶在宜減漕米之未過淮者八十萬斛令參將都勝往輸之移秦隴之民就食于彼而漕舟從淮入汴徒汴入河東南舟人不習河事先往者多遭覆溺宜選淸强廷臣先往相視水道疏淺濬淤及調習沿河水手分布漕舟使避河險于是工部尚書劉昭奏君名跡中選君受詔卽日上道馳至河南往來相度靡有寧居而河水苦淺漕舟阻閡處處停留遷延數月猶未能達秦

民又不時至君乃詢訪父老僉云大河之水其生有時正月曰信水二月三月曰桃花水四月曰荣花水五月曰麥黄水六月曰礬山水七月曰瓜蒂水八月曰荻苗水九月曰登高水十月曰復漕水十一月十二月曰蹙凌水君建議以爲瓜蒂水生猶膠淺若此常年荻苗水微所仰者登高一水耳水若不時秋高氣寒風水皆逆舟益濡滯延及嚴冬轉不可行此一病也秦人壯者已散之四方奚弱者饑困成病又顧戀老幼多不肯來假令能來關隘連屬路非平坦登頓顛踣多致殞斃此二病也米停在舟久不輸瀉動移氣序蒸熱隱盜耗失必多此三病也夫救荒之策利在急速今天時地利咸有所阻當爲權宜以濟之近來米商多從河南販往陝西故河南米亦翔貴貧者苦之今宜減價糶米易銀齎往陝西令彼自糴免其往復之勞爲利之一販者賤糴貴糶坐獲厚利其來必多不煩勸督載輓至彼不得不糶則陝西米價亦漸就平

爲利之二此旣減價糴米河南貧民亦霑其賜爲利之三漕舟旣瀉運卒獲歸爲利之四若堅守前策不知變通恐澤不施公私俱困進退失據矣郡官多是之卽署奏如君議詔曰可遠近稱便先是戸部侍郎李衎以提督陝西糧儲奏以漢唐建都關中自河入渭並通舟楫漕運轉輸以給京師遺跡俱在但三門集津河水悍急漕舟苦之請差官相度疏鑿以通轉運天子倂以命璠璠乃躬自按行浮汴入河歷澠池硤石抵陝州循砥柱觀三門考隋唐轉運遺跡盡得其說上疏曰臣愚不佞承乏任使周爰汴洛已歷十旬茫無寸效日夜憂惶方將歸罪司寇而詔命疊至令臣相度河渭將通漕舟聞命驚悸不知所爲但陛下憫念秦民軫其飢餓若切于躬而臣過爲退託非效忠盡力之義也敢不奔問官守磬竭狂愚臣自汴至河自河至洛自洛至陝中間登涉水陸相視山川稽諸故實參以民俗乃知三門集津之險天造地設有非人

事所能盡也擘自神禹始鑿龍門河流東注縣水如障流沫成雨砥柱
横截中流衝波蹙濤震蕩天地南曰鬼門中曰神門北曰人門鬼門神
門尤爲險惡自古及今蔑有行者惟人門稍通木筏乘流直下人伏筏
上與渦倶入與波偕出一遇崖石立爲虀粉矣故隋唐以來皆不能通
恢于水次置倉轉相灌注而已至唐裴耀卿創始于前劉晏講行于後
爲法轉密人習河險乃于河陰置河陰倉三門東置集津倉西置鹽倉
陝州太原倉使江船不入汴汴船不入河河船不入渭江船之運輸揚
州汴船之運輸河陰河船之運輸渭口渭船之運入太倉又于三門兩
倉之間鑿山刊道凡十八里河船既輸于東倉而陸運轉輸于西倉以
避三門之水險復以舟漕西至太原倉渭船始從受之也耀卿三歲漕
米七百萬石晏歲漕米百十萬石亡升斗溺者然水陸之值增以函脚
營窖之名亦糜耗不貲矣故當時有斗錢運斗米之説豈故爲是勞費

哉良以天險不可以人力勝也其間非無一二欲通三門者有燒石沃醯鑿山通道棄石入河水益湍怒有舟經砥柱覆者幾半河中有山號曰米堆舟入三門百日始上執標指麾名曰門匠諺曰古無門匠墓謂皆溺死也夫隋唐之君皆都長安務廣儲蓄以備水旱當時物力豐羨才智之臣後先柄用莫不規爲久遠之計講求區畫經數十年而卒不能通今乃欲一旦創行古人之所不能及者其亦難矣又況漕廢已久河不行舟岸崩木參所在斷絕山石鋭利芒如劍鋒若欲通漕並須修治爲費甚鉅不可以日月計也今關陝之民死亡略盡蕭條千里鬼哭獸遊寂無烟火河南之民亦困于供饋瘡痍未瘳就加保育猶愳不支乃復驅其傷殘使赴勞役此何異于迫而投諸水火也伏望明詔諸司以大饑之後當務安養毋興徭役以重其困則關洛之民生其死而肉其骨也若以爲關中要地屯戍相望當廣儲以足其食但擇才智之臣

任之使得推行耀卿晏法自足集事何必勞人益費以求必不可得之效乎疏上詔從其請初河南之民聞興斯役皆恐懼愁嘆及令下莫不大悅明年工部奏以君與監察御史監抽蕪湖竹木二十三年代還京師以邸舍未定寓崇文門外暴卒時四月十七日也君素強無疾是日朝退赴友人飲座客以年推君處首席君飲酒爲笑樂甚驩莫歸而寢不見其有異也夜漏未上欻然而起仆于地則已不能言而子金在太學邾孺人亟令人走報城門下鑰不得入而還氣已絕矣哀哉君爲人嚴毅居官有幹局家事甚治井井然聲咳氣嘆僮僕畏之有甚鞭撻者然知人善任人亦爲之盡力在中書時嘗頒慈懿皇太后遺詔至山東山東連率方伯憲使皆厚君以貨君却不受尋副駙馬都尉周景往平涼册加彰化王爲韓王王享于承運殿嘉其無違禮有使乎之褒君又能力辭其贈賄人以此多之范孺人君之元配也同邑人卒先于君十

年父大中早卒母淩氏以節自守詔旌其門節婦父顯工部主事弟信太常少卿於孺人爲大父舅也繼室郝氏東安人子男四人出范氏者曰金曰鑾俱太學生曰鎮曰某郝所出也女五人皆有歸金以弘治元年月日葬君于里之亢字原君之赴蕪湖也道歸吳江某從問陝洛事甚詳今又得君之遺事於其家請書其大者爲狀以授君之友爲誌其墓

卷七 完

同邑 柳棄疾 鄭璞 校錄

卷八　邑後學　陳去病　纂輯

明一人

史鑑 見前

李夢陽墓誌銘

李之姓有二一出唐虞理官皋陶後爲理氏至商有名微者改理爲李一出周柱下史老聃生李下因氏之皆其始也三代以下氏族之法廢二氏漫不可別歷秦漢三國晉南北朝至隋代有顯官令人要嚞其後也唐有天下李氏爲最盛然降虜叛臣往往賜姓以懷柔之由是李姓遂大亂君之始莫詳其所自出元時有秉彝者爲國子學錄居松陵澄源鄉子孫至今居之此君之先也曾祖九成祖仲圭咸隱於農無廣廈以居無高貲以雄於人然邑中推爲衣冠故家大姓富人其貲出李氏

上遠甚至論列家世則第其下莫敢望君諱熊吉端重靜默誠敬孝友稱其家不幸以成化十年九月丙辰年三十九卒九族之親與夫友而婣者來弔哭皆失聲識不識有語及君者皆爲流涕嗚呼君可謂善人矣天乎何不稍與之壽而使其至此極也爲之父者老而不逮養爲之子者幼而不得教窮天下之悲而莫與爲伍也且世俗之說以爲壽夭富貴貧賤皆善惡所致嗟夫君豈有不善哉又自其先世以來率修身謹行非有勢位氣力可以驅迫人而君卒止此非命也夫昔劉虞恭己愛民卒爲公孫瓚所敗縛日中曰天苟雨吾不殺爾天竟不爲雨姚萇以臣叛君苻堅親往攻之絕其汲道而天雨營中由此觀之謂天道有耶無耶此皆理之不可曉者或者又以堅殺萇兄萇復其仇故天佑之然則虞何爲不道瓚復何仇耶此又理之不可曉者至若耳目所聞見有蹈道依仁與物無競而權橫夭或窮困至死不振者比比皆是其或

姦回詐險嗜利無厭流毒殃民者反貴壽富盛其故何哉然君子期於盡其在我終不以此易彼也君父廷芳母計氏配錢氏子二曰來復七歲曰來賓纔四周以明年二月甲申葬天宇原仲圭君兆右君初字伯陽嘗以爲雷於柱下史將改而卒其妹壻史某追成君志請易之爲夢陽又買石而納諸墓銘曰爲惡而壽謂天匪明叶 爲善而夭於君何傷我銘不私尙永無忘

叔母陸孺人墓誌銘

成化九年六月十日某叔母陸孺人卒葬有日叔父稼軒君命某曰吾妻之服勤處順在衆罔不知然詳而悉者莫若爾爾其有以銘某受命不能辭乃志而銘之志曰陸氏在吳爲著姓自吳鬱林太守績以下代有聞人其後子孫衆多蔓延一郡中或仕或隱元至正中有名秀甫者居松陵邑范隅鄉穆溪里生三子其季曰天祐天佑生權權娶楊氏生

孺人我祖考谿隱府君居同里閈聞其賢故爲稼軒君聘焉宣德九年孺人生十九年矣來嬪吾宗內外上下罔不稱慶我顯妣淩孺人相爲娣姒怡怡愉愉久而彌篤間言無聞其孝義不獨於舅姑然也性勤且儉每鷄鳴而起治飲食外躬事紡績訖夜分乃罷雖侍媵不見其有逸豫時嘗以爲錦繡纂組害女紅之尤者故未嘗措諸手而被其身中歲室燬於火累世之積皆埽地無遺稼軒君撥拾煨燼戮力以事耕織築垣屋治器用百廢具舉又婚嫁羣子女克稱財禮不數年能復其所失視舊有加實孺人克相之其母老而貧惟數餽食與衣至於財貨稼軒君不命不少假借也君子以爲知禮孺人諱素瓊壽五十八生二男三女男曰鏞曰鐙女盡嫁爲士人妻孫男三鳳祥永安麟祥孫女三稼軒君名璜字廷智稼軒其自號也墓地曰小珦葬以成化十一年十二月九日銘曰男主乎外成之既艱女主乎內守之維難婉婉有儀家順以

治銘而藏之以永厥世

處士朱君墓誌銘

君諱忠字思誠姓朱氏其先吳江同里人也大父福洪武中徙居嘉興思賢鄉宣德五年割思賢鄉等數鄉爲秀水今爲秀水人父達務本業致富長其鄉稅娶翁氏生二子君其長也甫弱冠見其父以稅殿被笞即流涕走縣官白以身代民聞咸奮曰不可累吾孝子繈屬以輸不絕稅入吏居最初浙右多豪猾倘兼幷苟利人田宅子女則百計圖之必得乃已至有殺人者郡縣多爲所餌陽黜而陰縱之民死齰舌莫敢吐一語根盤蔓縳牢不可解君獨以非義不爲其儕輩皆笑之俄有聞於上上怒詔遣大理卿熊公偕中使來按民前被虐取者多白枝以訟熊公悉草薙而株逮之重者戮死收其帑輕者猶謫戍邊君管內以君故訖無一人訟者獨得免於禍家人輩竊相謂曰微乃公吾屬盡坐死矣

君生平事父母孝能不違其志雖白首猶嬉嬉如孺子父母卒號哭不舍晝夜聞者莫不洒泣妻歿後十年方繼士論尤多之成化辛卯十二月二日以疾卒春秋八十初娶同邑張宅女前君四十六年死生一子廷瓛女二長歸先君爲繼室次贅張璺再娶吳江孟盛女後君二年歿君天性整潔終日衣冠而坐如見賓客汛掃室內外一塵不生朋遊飮宴歲時問遺寧厚無薄未嘗計家有無其視財利漠如也或推與人不惜家用是頗落有張某者嘗貸人百金靳得君一言成要約後其人負約不償君代之償昆弟或相怨尤君笑曰是誠在我也遇之如初廷瓛卜以卒後五年丙申二月十日葬君於中李原張孺人墓中而祔孟孺人於左命其子源來請某銘某義居君外孫分卑而無文辭不敢銘繼母曰禮雖不爲吾黨服然詳我父行業者汝也汝其毋庸辭乃不果辭既爲之誌又銘曰人競取以爲多君獨少也彼凶於其家居何切僞宗克

保也世無淵明徒唐何切往行莫能道也

亡妻李孺人墓誌銘

亡妻姓李氏諱桂清吳江人也五世祖秉彝仕元國子學錄曾大父九成大父仲圭父廷芳母計氏李故邑中名族吾妻生又與某同歲我顯考桂軒府君顯妣淩孺人爲某聘之既納幣而孺人歿兩家持成約不變某免喪受醮於廟往迎諸李氏以歸端靜柔懿謙納畏謹閫有過失居先君喪義不顧私訖三載始歸寧父母嘗以不逮養先姑爲恨故禮姑之家特加厚焉凡歲時問遺俾李氏悉後之不得與爲比某所交多當世知名士每相過從笑語窮日夜不止供給不問有無吾妻嘗極力營辦僮僕頗厭苦之輒戒曰凡人鮮不有所好第主君能好此視他好不既多乎家小大事必以咨某未嘗自決一錢尺帛不妄有所與所親或譏病之謝曰專擅非婦人事也成化十二年二月十日暴得疾不能

言惟引首觸子婦身是日某偶他出歸張目注視淚涔涔弗收羣醫袖手莫能療又三日瞑年僅四十三某哭之慟初吾妻弗娠先君爲嗣續憂命某卜妾得蕭氏吾妻能惠無妬心生二男一女男曰永錫永齡女歸吳鎣嗚呼吾妻與某同憂患服勞苦者二十又七年今衣食粗給男婚女嫁亦抱孫矣而竟以夭死可痛也夫天未悔禍我繼祖母蘇孺人又卒銜哀茹毒杖而將事故吾妻之葬也緩明年九月二十日始克葬於小甸原廬其左以待祔銘曰坤道順婦道從使有聞家乃凶繄爾德靖且恭在中饋維女紅胡夭札壽止斯子失母夫失妻坎以藏掩虆梩尙永世無害菑

鴻村居士張氏墓誌銘

張氏之孤曰淵將葬其父泣告於嘗所往來史某曰嗚呼先君不逮養而卒也不肖孤淵不敢稱述先德惟是窀穸之事宜有刻敢以累吾子

又泣曰昔吾祖困於役瘐死獄中家破先君無一椽之居一金之產倀倀皇皇拮据勤勩積四十餘年乃克有濟也依於人而不負其德復先業而不有其分成孤姪而不望其報與所以蓋覆其子若孫者無所不盡其心今則已矣吾子名能文辭且辱與淵友其賜之銘是先君得不朽之託亦少逭孤淵不孝於萬一也某以爲近世吳興詩人惟淵最晚出君子以其言雅馴一時作者莫能及是居士爲有子矣斯可銘遂敘而銘之敘曰居士諱恭二歸安縣泰原鄉後巷里人晚家鴻村人稱爲鴻村居士諱明二者其祖諱秀一者其父姓朱氏者其母成化十二年十二月十八日卒年八十一妻沈氏先二十有七年卒居士不再娶故其子無繼母子男一卽請銘者女一孫男三葬爲字原用明年十一月十六日銘曰嗚呼居士其生也難其成也難有子有年銘以永傳

故永寧縣主簿諸君墓表

江西吉安府永寧縣主簿諸勝受檄治一府九縣盜以景泰四年巡撫江西都察院右僉都御史韓雍上䟽曰臣聞去姦以制任人以才古之善教也江西十有三府地大而多險人衆而雜居地大則襟帶江湖包絡山澤姦宄易于亡匿人衆則善惡混淆無賴之徒萌櫱其間盜賊斯出矣今法禁彰明比歲豐給猶竊發若此倘不幸有水旱之災物力匱竭則強者奮臂而倡呼弱者聞風而響應恐饒信以西安袁以東未有寧居也於時始警而謀之其可及乎臣深爲此慮故府委一官專令逐捕盜賊以防其微以杜其漸然人之賢否不齊才力亦異故有出此入彼不能窮其巢穴也惟吉安寧府永縣主簿臣勝受任以來夙夜在公至不顧省其家勞心盡力不避艱險故能時月之間擒戮渠魁徒黨解散民安常業而又精爽詳審人不能欺既無濫及亦無倖免人稱爲平蓋其才畧信有大過人者臣愚以爲宜令專督屬府之盜然職分素卑

人不稟畏謹按江西布政司故有捕盜經歷闕者缺于選補今臣勝屢著勞效第以詘在下寮上無由知臣請授勝茲職俾之巡管徼內不惟少旌其能使人知勸而盜賊亦可以漸而戢矣臣雍昧死以聞制下吏部吏部以勝資淺寢不行明年始有文綺之賜用前奏也當是時吉安人多當道文淵閣則陳循蕭鎡大學士吏部則王直尚書都察院則蕭維禎羅通左右都御史餘以侍從卿丞給史布列清要者不可勝紀其子弟親屬僮奴率怙權使氣恣橫部中輒橐盜以居利守令莫敢誰何君獨持法直行無所假借推情立義尋繹鉤探窮竟根柢衆以是大怨君乃共爲蜚語誣之于巡按御史項璁璁時與韓巡撫以鄉曲更相責望不相能欲去君以快忿念無以爲之罪乃攟摭修學時減尅穀價坐之奪其職當逮繫京師君聲寃事下都察院維禎入私言望君不與辯君遂持維禎陰事維禎恐使所親橐白金賂君蘄解君弗許上書告其

居喪時受郡縣貨財具有左驗維禎大懼盡用其貲求救于中貴人興安興安教其上章自愬從中下其事錦衣衛捕君繫詔獄與刑部大理寺雜治之諸大臣咸訢君莫肯白其枉者惟鎮撫門達于衆中責數君曰此豈爾求直時耶故事當參請置對今是何等時也卒成案傅以誣詆大臣上請報可戍鐵嶺時七年三月二十八日也明年改元天順其年三月二十六日君卒于戍所年六十二家人負其遺骸歸其子中郎葬于錢塘東山衖後二十年君配馮氏卒中以成化十四年九月二十四日自東山衖啓葬君于大慈鄉資崇塢丁家嶺之西馮從葬焉君字廷義其先祥符人宋南渡居仁和祖嘉徙鹽官父敬復居仁和君有吏才負直尙氣常慷慨思樹功業吏杭州從事工部尙書李友直采官材四川典史鉛山父喪去官卒喪改桃源考滿遷主簿永寧所至皆能興利除害恭勤不懈愛民如子桃源當南北要衝民疲于挽送死傷滿道

君身任之煦嘔噢咻民忘其死其在永寧尤剛腸嫉惡故不容于權臣竟以戍死悲夫中以改葬之墓未有刻語其友史某曰子雖不與吾父接然詳吾父事業者莫如子子又辱與中遊墓上之石將子是託焉某辭不獲乃爲之書曰嗚呼人能自視重則外物輕當五六公柄用時噓枯吹生傾動海內自藩臬以下莫不曲意事之以規進取君寧不知能少詘其志以比阿之則高官要職可坐致也而守正不撓至罹毒螫卒之劘其牙而膏其吻身死名僇爲流俗笑者由其自視重也嗚呼賢哉屬者有巡撫使臣奏江西盜倚大臣家爲扞蔽時李孜省之黨方盛諱惡其言立貶斥居外則其姦王法亂吏治賊民生者有不待君一人之言而具也傳有之深山大澤寔生龍蛇又曰觸犯人主罪或見原牴牾勢臣死在不救信然是用表之于墓覽者將哀君之不幸且爲世道慨焉嗚呼蹈此轍者微獨江西哉

南莊李公墓志銘

君姓李氏諱蘭字廷芳吳江人世家澄源鄉麻溪里長田莊人謂之李莊君以南莊爲號志所自也其先族大以蕃成殖貨以相夸尚有諱秉彝者獨績學業文比諸生元季由薦起爲國子學錄君之曾祖也諱九成者其祖諱璠者其父皆以隱終君生三歲喪母王氏又十歲喪父祖母潘氏撫教之家空業單以孤童自立無族親朋友之助而能媷穢薙蕪補漏苴罅用濟其艱難使門戶不墜事繼母鮮于氏尤盡孝母亦慈愛備至贅其所自出以專意於君當時稱慈母孝子者必曰李氏云君樸直無僞或以僞加之信而不疑人有一飧之惠雖已報猶念之不置性嗜酒且喜客客至則必擊鼓吹簫飲窮日夜樂之不厭客或不至亦引觴獨酌陶然就醉若與世相忘也晚年連喪一子二女季子又贅嚴氏諸孫皆幼長者未能負薪家事日摧落悲傷無聊遂成疾死時成化

十四年五月丁亥也年七十有六將死念與某一訣使家人輩速呼意若囑以後事者數問史壻至否曰吾死不瞑也時某在遠卒未至竟不及與歛事嗚呼哀哉君凡再娶皆計氏初娶東計女早死繼娶北計女生子男二熊吉熊祥女三東計名球北計名鏞東貧而北富鏞又雅敬君諸凡貧給者甚至然君不忘故妻事球與事鏞不異子女亦嬉嬉然不見其爲孰親孰疎人以君又能化行於家也其冡婦錢氏與熊祥謀所以葬君者於某某曰以家有無葬禮也明年二月壬寅葬君於天字原先人之墓某少君三十一歲以執雁見君顧我獨厚不以尊自居接見若賓友然天禍衰門遽奪我伉儷臨終之訣眞若有負於君者其將何以爲懷耶然墓上之不則不得辭銘曰天與之年彌因切而嗇其施早厄中仲晚歲又乖公回切尙其後人永嗣弗隳

尹孟容墓志銘

君諱寬字孟容其先吳縣人也至君贅於吳江汝氏今爲吳江人君自幼穎敏喜爲詩汝氏故大家紛華美麗焜熠耳目君雖日周旋其間固未嘗留意獨取唐人諸名家詩日夜涵詠審其音聲究其興趣融液浸灌以成其言尤得於許用晦集中之詩爲多故其所發渾而不俗清而不寒華而不靡一時諸老先生咸許爲合作君亦自信不疑每酒酣耳熱歌其詩擊缶爲節嘐然以天下爲無人汝氏之長嘗畀君以重貲俾乾沒荆楚間君遇佳山水處輒徘徊嘯咏終日不以出入經心故大亡其貲然詩則益奇矣成化十九年八月十九日病以卒春秋五十八君祖懋父杲母陳氏皆葬會隆山至是其子以君歸葬先人墓中遷汝氏之柩祔焉時九月十七日也汝卽其配先卒權厝於靑字圍歷十七年始克合葬君所命也子男女四人出汝氏者二女男曰勇曰毅君善鼓琴作字能六書與人交有信義久處約臨財不肯苟取晚年愈困至無

屋以居邑大夫合川馮侯欲爲買宅而侯坐在上者累被逮不果買流俗多侮笑君以不能得尺寸自潤由好詩故嗚呼彼多藏厚亡之家亦盡以詩然耶借使其不亡身死名滅不啻如聲之過耳色之閲目曾不能須臾有焉豈若君生有聞於人其言之可傳後世者無窮也初君病革時以書告其友史某曰吾已不食數日矣子能速來倘可一見緩則不及也某往與之訣君曰墓遠兒弱以後事累子某泣應曰諾既爲作銘又經紀其喪有吳鑾者聞之曰吾父友也不可其費獨丈人出遂相之竟賴以葬銘曰干將補履不如錐騏驥捕鼠不如貍乃知利鈍遇所移嗟哉尹君數之奇生世不諧鳴以詩會隆之山先世埋君藏首丘銘著之

亡姑張烈婦墓版文

烈婦諱慕貞姓史氏我祖考谿隱府君之長女也谿隱諱晟娶黃氏烈

婦長嫁里中張俊俊之父譽譽之父孝安皆有名鄉曲譽爲府從事終考京師當得官以不樂仕進丁憂歸服闋不肯起爲人所訟時法禁甚重譽乃逃奔京師郡縣械俊兄弟往代譽會赦得釋俊歸死邳州道中從者火其屍負函骨歸烈婦號慟氣欲絶者一晝夜始蘇卽惡衣醜形以死自誓於時年始二十六也其二子長曰安六歲次曰寧纔三周皆撫敎之以成安改名塤寧改名篪爲娶而生子矣篪尋瘵塤溺水相繼死又爲敎其孤孫男女凡六人悉婚嫁之孤苦勞瘁自少至老未嘗少寧家空業殫所居不蔽風雨而堅確之志潔白之操始終不渝歲大飢某嘗欲迎養烈婦曰我張氏老婦也分死於是他非所知也卒不許君子以爲知禮成化二十年丁未以疾卒年七十五其孫麟卜以十二月壬午葬大陳原張氏墓中從俊之兆嗚呼某少失母族親無憐者惟烈婦哀之恩勤鬻閔有同其子而頑鄙無狀見棄於人力不能致吾姑之

節以白於世痛其有窮耶遂濡血以書其酷不能爲之辭

何以高墓誌銘

成化十有一年歲乙未冬十二月戊戌金陵何以高卒明年丙申春正月丙辰其家卽葬於江寧縣新亭鄉王墓村岳家山之原後閱月友人松陵史某始聞君之訃旣爲位哭亟使人以幣走弔何氏且寓書告于府軍衛千戶姚世昌曰以高吾子之友也今不幸死其子幼未能乞銘敢以累吾子又曰凡今之得銘於墓者率多有勢力之家其貧而與無後者蓋闕如也夫以高之賢而不獲銘使天下後世無知以高者吾黨之責也吾子苟出而圖諸是不惟以高之爲亦以爲吾黨說也越十年某克走金陵訪而問焉見其二子曰瑭與琳者瑭之言曰吾父死時瑭生九年矣尙能記其執瑭手泣曰爲吾謝史君不可復見也矣問其居曰貧不能存已售諸人矣問其墓曰邱木爲族人所斬矣墓田爲他人

所奪矣嗚呼生不能周其困喪不能致其哀歿不能恤其孤吾負吾友矣夫乃從塘錄其族世名字買石而誌其墓辭曰何氏之先江都人有諱海者以閭右衛南京尋調北京而其子諱淸者實從焉今有爲府軍衛指揮其孫也淸之弟諱信者留家南京是生君君諱昂以高其字也性聰敏好讀書初事舉子業尋棄去學爲詩造語淸麗嗜酒善音酒酣悲歌慷慨旁若無人家素多財嘗愁遷江湖間所至與其賢豪相徵逐嘯咏窮日夜不厭父卒君不能自出畀所親往賈而共其利信而不疑不與較盈縮故所貲日損晚年度不自振益肆意縱敖酒館間以取適遂成疾以死壽五十二配石氏無子先君卒而妾產子男卽塘琳女長嫁馮玉留守後衛千戶次尙幼姚世昌諱福一字天錫于時號能古文與以高交最厚以高死後亦死故不克銘今年乙巳實二十有一年云系曰學不求仕貲以爲詩貰不競餘乃喪其持得則爲譽失則取譏嗟

哉何君竟藏於斯

桐村繭室蓋石文先生諱字父母妻年壽葬地已見記中茲不書者懼再告也惟郡邑姓氏父祖諱外祖姓諱則詳書之以補記之未備云

維成化二十有二年疑舫先生周氏自記其桐村繭室之成蓋絕筆也以十一月二十一日卒哀子有庠卜先遠日得明年九月二十四日葬焉則是記也當爲坎中之藏及門之士咸以爲先生澡行焯華聲實流著光遠有耀者自謙而不言不可以不載也謂某宜論次其後某人微而言淺續之則似伉銘之若以尊自居皆不可也用敢取柳宗元之說假託之蓋石而書焉先生敏叡夙成生五六年客有舉其名戲曰周鑄九鼎則應聲曰舜彈五絃識者固知其不凡矣稍長學春秋於鄉貢進士蔡應祥不數月悉通其義例然厭科舉之習益務博極羣經氾及史子挼獮刳剔以涵以揉儲爲已有山峙海含發爲文章汪洋恣肆遒厲

峭絕蛣屈盤紆如山澤氣升蒸而爲雲霍忽騰沓彌布六合雷轟電掣萬怪呈露須臾廓然消散天宇朗豁泯無一迹焉讀者初莫知其端倪徐而察之其有不合乎法度者蓋鮮矣學者連州跨邑交走道中先生隨其材之高下誘掖摩厲率多有成正統六年淛江柯察使屈先生爲子弟師乃賓先生名承差籍中以避嫌先生固辭竟不許滿三年上吏部時沐陽榮襄伯金濂方尚書刑部初設奏議科辟先生從事其中且使二子師之凡政之未允獄之有疑常與密議焉例止得驛丞先生固不樂乃謝病歸十三年閩寇鄧茂七作亂攻圍延平時僉都御史張楷參二劉一陳三都督軍以討之栝賊葉宗留咋諸途陳都督敗死請濟師制詔寧陽侯陳懋拜征夷將軍帥保定伯梁瑤平江伯陳豫都督同知范雄都督僉事董興左右副參四將軍刑部尚書金濂參贊軍務大發兵往討之金尚書乃聘先生賓幕下凡籌策號令調度賞罰文檄悉

以委之先生殫竭心膂彌縫匡贊知無不言十四年春師次建寧而鄧茂七先爲延平官軍所殺餘黨推其兄鄧伯孫爲主幕府議進取諸將言人人殊先生曰閩地林叢深阻山石磽确曾不得方丈之平以托足其勢不可成列以趨接軫以驅也而賊竄伏草莽伺間竊發官軍單行星散首尾縣絕卒然遇之將坐致潰敗矣宜軍便地爲營遣人四出招降降者復縱令相招明立賞格能擒殺其黨與斬敵同其有負固不服者然後進軍剿之誅其首惡舍其脅從其衆可不攻自破矣幕府如先生策多所擒斬降者相繼衣冠之族汙衊於賊者先生爲之湔洗全活甚衆有老人言賊在尤溪山中欲降宜遣人往可撫而有也衆疑憚之莫敢往惟先生與千戶龔遂奇毅然請往卒數騎入深山中可五六十里至老人家或言老人亦賊也遂奇恐欲起去先生不爲動徐呼老人諭以禍福老人闔家叩頭謝無有且設草具先生飲食意氣揚揚如平

時食竟徐起就馬抵巢穴盡降其衆而還是日遂奇食幾不能正七箸
道謝曰某生長行伍身經戰者亡慮十數常自謂天下健兒今日乃爲
儒者服矣蓋初發難時凡不從賊者皆死老人先從作賊賊屢敗乃請
降耳又賊將張留孫勇而健鬭自茂七起事常在行間伯孫尤倚仗之
先生乃寓書留孫告之逆順許其自新使諜佯若誤者傳致之伯孫伯
孫果疑留孫殺之由是賊將人人自疑棄伯孫來降伯孫竟敗走被執
賊衆遂散閩地悉平師還幕府上功兵部時新被狄難用事者方大保
護京師之功格其賞勿行久之始授沐陽典史初僉都御史王竑董漕
事而巡鹽兩淮監察御史陳綱與竑不相下揚州知府邱陵素爲竑所
厚綱每以吏事責陵輒舉先生以爲況陵以怨於竑竑銜之未發也景
泰四年先生以漕行道中竑令人錄先生行橐得白金三數錢文致爲
民財先度不可與辯引垢誣服家人訟諸朝事下法司讞天 順元年

更化先生事白復官因致仕歸先生年益高德益劭文益奇四方求文者日集其門崖鐫野刻照映山澤部使者藩布參憲使副時具書幣走吏卒候起居先生往謝則處以賓位送迎必及門儒者榮之先生孝友誠慤事親色養備至親卒身親負土爲墳畚鍤不去手鄉人義而助之逾年墳高數尺廣千數百步樹皆成林用古人族葬之法令兄弟子孫敍昭穆以葬不限居之同異曰吾寡宗族吾親所生惟我兄弟二人吾何愛數尺之地而令遠我親乎莘川先廬火遷居大桐村先廟而後寢嘗疑朱子家禮四龕以西爲上之說循習唐制非古禮也乃爲三龕中祀所繼之宗而祖禰以昭穆處左右門人問先生曰此固朱子意也其祭用古今禮先生天分絕人書一過目則背誦如流終身不忘爲文章未嘗檢書一字不悞竟死聰明不變燈下能蠅頭細書詩文數千篇皆手自選錄其立意造語往往出人所不到學之者弊精苦思終莫能近

之嗚呼天之降才也得其全者寡惟先生之修於身行於時傳於後者不專乎一本末咸具可謂茂德懿材矣然以前跋後疐與時相齟齬竟弗克大究厥施惜哉將葬有庠前數日死哀孫賜既以是日葬先生及費孺人且奉其父柩祔之先生之祖農圃先生諱德行其府君號耕鑿諱復觀稼徵士姓淩氏諱孟復乃其外祖也莘川里大桐村桐崗阡舊屬嘉興今分爲嘉善疑舫亭寓居在邑中好事者構屋名借舫亭候其至迎居之桐村牧者蓋倣太史公牛馬走之說云龔遂奇好學善屬文居貧授徒自給征閩回口不言功默默守故職貧益甚時叡皇帝北狩歸景帝尊爲太上皇居南宮一時用事諸大臣方倡與子之說遂奇獨草疏請還政叡帝未上而語泄景帝大怒下遂奇獄將殺之會赦猶杖之幾死攣不得行者數年叡帝復辟始授指揮僉事云

張子靜墓誌銘

成化二十二年十一月十日吳興張先生卒年五十八明年正月二十日葬爲字原其嘗所往來松陵史某爲誌與銘門人史鏻買石以刻之誌曰先生姓張氏名淵字子靜歸安人也曾祖明二祖秀一父恭二世力耕稼恭二娶沈氏生先生自幼喜讀書年十四五卽抗顏爲里中童子師里中童子皆畏敬之如嚴師久之有浮屠氏請先生敎其徒郡中時邱大祐唐惟勤方倡爲詩先生時質所業勁果踔絕往往出流輩上大祐亟稱於人曰張淵之進日以加吾未見其止也惟勤亦曰子靜之才如騄驥絕塵奮迅騰躍殆不可控御先生益自刻勵探隱擿微抉鬼拾瑣居畜委積無所不有然後引而伸之大放於辭雲蒸川湧翕張斂散激射旋轉殊形異態層見疊出觀者心顫目慴不能言其狀先生之於詩可謂進乎技矣郡中有富人以財自雄慕先生名覬一至門爲榮數遣客鈎致先生謝不往富人乃取便過先生家先生又不往最後粱

參議以閣復詩集爲名強先生往取之而先生不得已始爲一往然非其志也先生長髯秀目儀貌朴野吳吳作湖語見者未之奇及其微酣發興以手拄頰瞠目直視且思且草俄盈十數紙人始歎服其見人文章議論有概於心者則感激流涕或至抗聲慟哭世以比之唐衢云初娶朱氏生子曰鼎再娶徐氏生子曰彝曰卣初先生嘗夢東坡性又嗜坡詩故號夢鶴杜用嘉更爲夢坡從用嘉言晚年挈幼穉徙烏程水北又號水北村農嗚呼先生奮自農晦家無一札卒能崛起成一家之言名蓋郡邑蔚爲儒宗豈非所謂豪傑士歟銘曰河之流兮活活土之封兮閉閉叶其上暴然其下闕嗟哉張君閟斯穴更千萬年亡爾撥

李公廷芳繼室孟計墓志銘

孟計諱金姓計氏嫁李廷芳爲繼室年七十七以成化二十二年十一月十四日卒將葬其長女之壻史鑑徵其行之應銘法者三刻石納諸

壙中以爲銘初廷芳喪其妻求婚於孟計孟計之父母以廷芳貧且再婚不許其祖曰李氏名族也吾家雖豐盛敢妄扳乎今其來求不可以失此乃許之廷芳孝其繼母鮮于氏孟計來嬪尤能順適其意不敢以富驕故姑喜謂鄰媼曰吾近添一女爾知之乎媼罔測姑指孟計曰此是也廷芳有贅妹共居鮮于出也孟計至以家政委之鮮于卒服除後每歲時省墓猶感愴泣涕者凡十餘年乃已廷芳前配亦計姓以乳死無子其父嘗德廷芳幼孤孟計能承夫志事球夫妻敬而能和愛而能別見者初不覺其爲異源也僧尼以因果誑人女婦之惑者滋甚而孟計獨不信之曰吾不審其爲福又安知其爲禍耶祖諱彥行父諱鏞母富氏富彥才女能樂府歌詞廷芳諱蘭先八年卒諱秉彝者其曾祖諱九成者其祖諱瓊者其父王氏其母皆松陵邑澄源鄉麻溪里人生五子二丈夫長曰熊吉次曰熊祥熊吉先廷芳死四年三女皆相繼死惟

熊祥爲贅壻嚴氏獨存弘治元年正月七日葬孟計於天字原廷芳墓中者其孫來復也系曰世之繼室水火其前虐視子女以及彼親淑哉孟計所履獨否其逢其處咸得乎厚姑曰孝婦猶已出女夫禮婦黨新舊聿齊融融洩洩不見崖異有論其賢徵此瘞志

翁朝珮墓志銘

某之同姓弟端爲翁氏之孤鎡請銘其父之葬曰鎡之望子猶飢者之於食寒者之於衣也子其有以副之某曰夫地之厚者其為高也必崇水之淺者其爲載也必小舉世皆然也今踐華而登要執珪而綰組修辭而舉業者可指而數也鎡不之彼而之此毋乃惑乎子其更諸端曰不然飛走不可以兼致舟車不可以混施理之所有也故名位之顯晦文章之工拙不可得而並言也今子乃欲一之以謙自退托非鎡之所望也子其毋庸辭某曰銘志之作所以論撰其先世之美也然徵之實

者其辭彰飾之虛者其辭愧某恐不能滿其孝子慈孫之心也子其以是復於鎡他日鎡來拜且請曰先生之言是也言浮於實鎡不敢望也某曰諾於是遂敘其族世名字行事而銘之序曰君諱宗瓛字朝珮松陵人也世家穆和溪之陰祖子昇父達皆以務本致富子昇近百歲而終天子每行優老之典子昇輒與上賜君生自富厚而幼無子弟之過性闓直遇人無賢不肖率破戶接之洞見底蘊無所隱伏每旦雞鳴而起則炳炬火親箕帚躬掃外內爲常然特嗜酒浮白大噱身世兩忘弗恤也成化二十二年爲樓四楹閒北津多貯酒食婦女召故與遊者晝夜痛飲縱樂其閒明年正月瘍發左頷昇歸至廿七日卒壽五十一娶陳氏生二男一女男曰鎡曰鐸君與人交財人多稱其寬其爲稅長時儕輩皆務掊取嗜膚鹽腦劃刮捆載以肥其家君獨弛然解落排一漏百不復校其出入無何負稅乃發其故所藏以足之由是更爲尅急然

性本通脫時縱舍不爲盡取也人亦不甚怨之故卒之日有出涕者君先世皆葬大婁卜人云其前近水其東且北爲新墓以葬君其月日則九月廿四云銘曰君墓維新君藏維深弗遠於先以利其後人卜年萬千

吳廷貴妻董氏墓誌銘

董氏其先吳興人世傳其家有十丈梅當宋高宗居德壽宮日嘗候其華輒駕幸視之故號曰梅林董云國朝永樂間梅林之後有字廷章者贅吳江錢氏爲之壻遂爲吳江人碩人考妣也碩人諱如玉嫁爲同邑吳廷貴妻性慈孝貞靜事舅姑無違禮婢使小有過差未嘗笞之其聲氣笑言不聞屛幃吳氏方聚居羣從兄弟十數人一時娣姒多出諸大家咸以侈麗相尙錢與董又富傾邑中而碩人泊然無好其被於首服於身者皆嫁時所具不少益也廷貴性喜客餽贈飲燕務過於厚家或

不足至假貸給之其季中書舍人朝用久官不歸諸女之既嫁者凡歲時問遺暨吉凶慶弔廷貴率顧恤之如已女碩人相之無難色朝用喪其妻京師書來欲廷貴往商家事廷貴爲之往以疾卒碩人惟慟哭而已無怨言婚嫁諸子女以家有無大小適稱無私厚成化二十三年九月二十四日以疾卒年五十五生四男四女男曰銘曰釗曰鉞曰鈇女長三人皆有歸其幼未嫁而殤孫男四人孫女七人將葬銘來請銘予惟世之女婦專恣者往往逞其才辯蔪自表見雖其夫與子共存皆莫能制之故有接賓客縱燕遊湆僮僕以爲能殊不自知其非使聞碩人之風宜若少媿矣然有見而不悛者獨何人哉則碩人之賢其可不銘之以警若所爲者是爲銘銘曰維成化二十三年其歲丁未其月癸丑其日壬申哀子銘奉其母董氏之柩祔於父吳廷貴之墓鄉曰范隅川曰韭谿原曰兆宅既寧且利以永昌於世世

李叔陽墓志銘

嬴秦氏贅子之說行遂延蔓於天下後世而吳俗爲特甚蓋女氏或溺情於所愛男家或靳費於所乏故相市以爲利相資以爲生及其既久往往以愛衰憎至累重吝生則前之所利者適足爲之病也求其利不至病愛不至憎累不至吝者吾邑得二家焉壻曰麻溪李氏婦曰楊匯嚴氏皆因其偶然而順道之不溺不靳彼此交盡可謂之宜在李叔陽之行與葬見之叔陽諱熊祥李廷芳仲子也廷芳爲叔陽擇婦得嚴公理之女已納徵矣公理之子夭求贅叔陽焉自此爲嚴氏服勞勩應徭役事幹蠱者餘二十年公理晚得子乃館叔陽於居之東偏無何嚴子又殤而公理病矣妾產子爲後公理卒叔陽亦卒以水澇之非時不克葬者五載至是其妻嚴氏謀歸葬叔陽先人墓中嚴媪曰生於吾乎力死於吾乎葬義也吾墓左右有隙地爾其擇焉庶幾二孤克相保也乃

卜用其右鄉曰震澤原曰盈字叔陽爲人柔和恭謹遇人無疾言厲色三族之人無不喜之以弘治二年二月十四日卒壽五十一子男一曰鐩女二皆嫁士族其幼者先死葬之日爲六年十一月二十九日云銘曰東望爾鄉西望爾姻兩間有歸是爲公墳

石橋居士史君墓誌銘

史氏之孤端將以弘治三年十二月庚申合葬其顯祖考石橋居士顯祖妣伯嬴孺人於大洛原某書石以誌之辭曰居士諱昂字公望吳江范隅鄉石橋里人父曰廷用由學官弟子貟貢禮部入太學歷事秋官選知桂陽縣縣故多豪有朱楚達者其魁也羣黨更數十家羽翼之奸禁亂法倔強深山中吏莫敢闖其門縣務廢不治前長吏往往坐罪去而豪益驕揚自如桂陽君廉知楚達當過近郊伏吏卒擁之至楚達猶抗倨庭中桂陽君手捽之踣鞭撲亂下幷擒其助亂者五六人悉死於

杖下由是桂陽始可理然其黨懷怒伺間竟縛桂陽君至京師時方厲縛官之禁羣凶十餘人悉論戍遼左猶免桂陽君爲庶人桂陽君生七子居士其仲也富家破產析之後躬節儉務耕織兼廢舉家用再起爲上農時斥羨餘葺垣屋具器用有衣冠家故習人謂桂陽君爲有子成化十八年三月癸巳壽八十四而卒伯嬴氏黎川里人秦弘毅之女弘毅秦王府審理正弘昭舊同桂陽君遊學故伯嬴歸史氏甚宜其家先一年卒壽七十八生四男一女男曰俊傑英雄女有歸皆前死惟一庶女在孫男女十三人端俊子也某與居士同姓而異出桂陽君之姑嫁黃氏生子中某之顯祖妣中女也故先君子舅居士而端視余以兄銘其可辭耶系曰豈不終斯渥凶節有卒乃貞吉微兮妙兮賢者效兮不肖者誚兮

沈希明墓誌銘

沈先生吳人也性嗜學於書無所不讀尤長於易及老聃莊周列禦寇之言縱橫鈎貫汜濫浸漬大得也其性靜其志專其行潔性靜故居四通五達之逵望其門悄然履其庭寂然上其堂闃如在山澤也志專故自壯至老守道彌篤不惑志於富貴不改節於貧賤不吝情於去就其介然之分確乎不移也行潔故一介之利不以取諸人一力之役不以煩諸人人請教子弟則往請與燕遊則未嘗往也其見先生者不與之言先生終日不言與之言則世道之升降物理之變遷人事之得失若決江疏河而注之海滔滔汩汩莫有終極也中歲常用薦者言起試禮部一不利卽歸杜門不復肯出市人罕識之惟鄉先生少詹事劉文恭太僕少卿李貞伯南安守汝行敏陳留令王抑夫布衣杜用嘉賀美之時與交往初先生遇秦僧弘慈濟授祿命及飛白術祕其書不肯示人間與一二知者衍其說自以爲天下之人莫能踰其祿命曰格局格之

數三百有六十局之數萬有一千五百二十格有相同局人人異且世運無窮造化迭變前乎甲子之一周後乎甲子之一周其間干支雖同壽夭富貴貧賤不同也而今之術者以一定之說槪之宜其不驗矣余之所謂八字者元會運世年月日時也非世人所謂八字也曰五星自唐一行創爲十三家之言其歷各有時在唐爲歷象在五代爲轆轤在宋爲殿駕南渡爲喬奧在元爲邪律在國朝爲空實往者如彼來者可知也其飛白曰定位曰飛流曰直殿曰交會得此失彼未爲全利也若吉凶參焉則以其要者爲用舍世之所行惟紹興數卽定位耳其三者無聞焉此其大較也其他因事徵驗觸類引喻更千數百條辭多不能盡紀弘治六年先生年七十七正旦忽謂妻子曰吾將死矣問其故不答至三月盡焚所秘書囊其灰投橫澤水中五月病作預剋死日曰我必以乙卯日寅時死既而果然先生諱誠字希明父諱彥中母某氏初

娶周氏生子一曰孟母子皆前死再娶邱氏生二子曰雍曰泰以某年月日葬先生於太平鄉梅家灣先塋其門人都穆哀師之道不行恐死遂泯滅無聞買石請銘於史某某最爲知先生且數接其言論者也銘曰衡門卑棲其蓄不讐從者如雲虛往實歸先生已矣人將誰諮太虛冥冥不死者神招之或來莫聞其言我銘無愧以告後人

太學生崔淵父墓誌銘

太學生崔澂弘治六年年廿九九月廿八日卒將葬遺孤二尙幼其父以澂友汝維賢所爲事狀徵銘於某某一再辭不獲命乃考姓氏載行業以銘其墓其姓氏曰崔本鄭姓其先維揚人宋靖康間有六七朝奉者辟地吳興改姓爲崔其子百九秀遷於松陵懼失其實因兩存之其後去鄭而存崔國朝有曰齡者以人才選主刑部事齡生逵逵生雲雲生文文生澂也齡之字大年逵之字孟達雲之字望宗文之字友文澂

之字淵父其行業曰事祖望宗也敬而愛惟恐弗順焉事父友文也愉而婉未始有違焉執母黃氏之喪也哀而慤不敢有忘焉他如建祠堂修譜牒皆先意啓之厥祖若父嘉其能秉禮以陪已惟其言而莫之拒也自其居家塾入邑庠升國學即已厭場屋之習以爲有戾於古人故絕意進取日夜以五經四書十九史與夫百家之言縱觀而博取焉又徧謁當世諸文章家質疑訂惑必撣其底蘊而後已其言貌退然若不足以有爲然立志之堅確用意之懇到嚮往之蹈厲猶山峙川流屹然沛然有不可撼搖而遏塞也天下之人其知淵父者皆期之以遠大其不知淵父者莫不以爲迂且腐笑之然淵父弗卹也爲之益力竟死乃已其墓地曰角字原葬其配錢氏者自望宗始前三四年淵父之妻淩氏卒將祔葬忍自念多疾恐他日不得致力於父母乃竁土爲穴者四誠信堅密有出於前人之所未到者至是望宗以其柩瘞焉七年三月

十七日也嗚呼自王安石經義之說行累朝循是道不變世徒知以明經爲尙殊不知其割絕章句觖裂文義以苟合有司之程度可醜也其間非無豪傑之士思欲振起之然國以之取士父以之敎子兄以之詔弟卒不能易天下之滔滔此有志之士所嘗歎息也淵父以渺然一書生獨甚覺其非力追古不已而天遽奪之使不底於有成將斯文之運未復耶然則豈獨崔氏一門之不幸哉可惜也已可惜也已是爲銘

亡妾叔蕭氏墓誌銘

某之亡妾叔蕭氏名蘭徵同邑梨川人父曰宗母陸氏初某妻伯李氏無子某以先君之命內叔蕭焉生子二永錫永齡女子一嫁吳縈伯李卒攝內事者十有八年弘治六年八月乙亥日病以死年六十三明年十二月壬申葬翳字圩之原叔蕭性柔婉精女紅事舅姑及女君無違禮舅姑視之如嫡焉女君親之如娣焉愛敬交盡訖無間言女君卒後

其禮女君之黨逾己親喪焉哭之婚焉相之乏焉賙之雖政自某出然由其先意而啓臨事而贊不靳費不後時某獲免忘故妻之諸叔蕭之助也故卒之日女君之黨哭之如己親而其子復悲思嫡母之亡詹識者有以知二婦矣其他可推也其待二子若子之妻子禮秩如一愛憎無偏宗姻每舉以爲況前數年予家燬於火亡片瓦尺椽之庇叔蕭相予弘濟於艱難拮据卒瘏未嘗自寧今幸麤就緒而死不克享悲夫自始死至於葬使其子主之禮也不訃于親友非伉儷也不反哭於祖弗與祭也不祔於祖姑祀别室也子之喪十五月而禫既禫而除屈於尊也猶持心喪伸其私也銘曰女婦之德無聞斯賢矧爲人妾處之猶難寵則爲變疏則致怨若叔蕭者卑以下人慈以畜己得夫以爲家有子以爲似斯焉永藏其尚何傒

谿隱府君侍姬於氏墓誌

於氏名靜漣字仲於吳江人幼入史氏我祖考谿隱府君喪繼室以仲於侍巾櫛謙謹靜默常服菲食雜婢使中人不見其有異越三年府君再繼娶將嫁之仲於誓不許又十五年府君卒自保益謹孀居一室人無闞其戶者更四十三年年八十卒始仲於當府君時力能豐渥而不爲後日計取毫毛利自私府君二子四孫諸婦及以下凡數十人有同居者有不同居者一待以信順不相左右家之燕會未嘗肯與冬日屹屹若作某屢請之止輒曰我不可無事而食病且革始休弘治七年十二月初九其卒之日也卒三日而殯殯十七日而葬地曰小珦原府君封後六步之外某屬府君小宗之繼即子若婦躬視斂瑚祀於他室矣府君之遷乃已先是成化十九年三原王公巡撫江南首彰節孝有司以仲於名藉巡撫聞之天子朝廷方有事西北竟寢不行仲於僅得扁額人咸惜之而仲於猶自以爲過也嗚呼賢哉刻其事於石納諸墓爲

志

卷八 完

女兒緜祥校錄